BEHINDERT UND STOLZ

TEILHABE IST MENSCHENRECHT!

LUISA L'AUDACE

BEHINDERT UND STOLZ

TEILHABE IST MENSCHENRECHT!

Warum meine Identität politisch ist und Ableismus uns alle etwas angeht

Eden BOOKS

I wanna see a feisty group of disabled people around the world ... If you don't respect yourself and if you don't demand what you believe in for yourself, you're not gonna get it.

Ich möchte eine kämpferische Gruppe behinderter Menschen auf der ganzen Welt sehen ... Wenn du dich selbst nicht respektierst und einforderst, woran du für dich glaubst, wirst du es nicht bekommen.

Judith Heumann

The world doesn't want us around and wants us dead. We live with that reality, so there's always gonna be, uh, ›Am I gonna survive? Am I gonna push back? Am I gonna fight to be here?‹ That's always true. So, if you wanna call that anger, I call it kind of drive. You know, you have to be willing to thrive or you're not going to make it.

Die Welt will uns hier nicht, sie möchte uns tot sehen. Wir leben mit dieser Realität, deshalb müssen wir uns immer fragen: ›Werde ich überleben? Werde ich mich wehren? Werde ich kämpfen, um hier zu sein?‹ Du kannst das Wut nennen, aber ich nenne es eine Art Antrieb. Weißt du, du musst es schaffen wollen, sonst wirst du es nicht schaffen.

Corbett O'Toole

Inhaltsverzeichnis

Ein paar Worte vorweg

Dieses Buch ist für all diejenigen, die anerkennen, dass diese Welt nicht gerecht ist. Für all diejenigen, die die Strukturen und Systeme besser verstehen wollen, die unseren Alltag bestimmen. Für all diejenigen, die den Mut haben zuzugeben, dass sie längst nicht alle Lebensrealitäten mitdenken – und die dies ändern wollen. Inklusion geht uns schließlich alle etwas an.

Dieses Buch ist aber vor allem den Menschen gewidmet, die sonst nicht mitgedacht werden. Es ist für all diejenigen, die vom System diskriminiert und unterdrückt werden. Ihr tollen Menschen da draußen, die ihr täglich in einer Welt klarkommen müsst, die nicht für euch gemacht ist. Ihr da, die jeden Tag mit Mikroaggressionen* und Vorurteilen konfrontiert werdet. Ihr da, die nicht ins System passt.

Dieses Buch soll einen Teil des Loches füllen, das sicherlich viele behinderte Menschen im Herzen tragen. Vielleicht findest du dich in der ein oder anderen meiner Erfahrungen wieder, und vielleicht trägt es auch dazu bei, dass du verstehst, *warum* dir gewisse Dinge passieren. Genauso wie ich erst verstehen musste, dass ich nicht die Einzige bin, die solche Erfahrungen macht – dass ich nicht allein bin. Dass ich nicht schuld bin. Ich schreibe dieses Buch in der Hoffnung, dazu beitragen zu

* Der Begriff »Mikroaggressionen« wurde von dem afroamerikanischen Psychiater Chester Pierce in den 1970er-Jahren geprägt. Dabei handelt es sich um alltägliche Äußerungen oder subtile Verhaltensweisen, die ein Mitglied einer marginalisierten Gruppe herabsetzen, ausschließen oder bevormunden.

können, dass sich nie wieder eine behinderte Person so allein und missverstanden fühlen muss, wie ich mich lang gefühlt habe.

Dies ist der Versuch, ein Buch zu schreiben, das ich selbst gut hätte gebrauchen können. Um früher von all den Dingen zu erfahren, um die es hier gehen wird. Aber auch, um es anderen Menschen an die Hand zu geben, von denen ich mir damals gewünscht hätte – und noch immer wünsche –, dass sie mich besser verstehen. Denn auch wenn behinderte Menschen eine der größten marginalisierten Gruppen weltweit darstellen, leugnet unsere Gesellschaft nach wie vor unsere Existenz, gibt sich alle Mühe, uns kleinzuhalten und unsichtbar zu machen.

In ein Buch allein passen nicht Hunderte Jahre der Unterdrückung. Ich werde hier längst nicht alle Strukturen beleuchten können, durch die behinderte Menschen in unserer Gesellschaft diskriminiert werden – denn das sind einfach zu viele. Auch repräsentiere ich allein nicht die gesamte marginalisierte Gruppe behinderter Menschen. Wir brauchen viele verschiedene Stimmen und Perspektiven, und ich hoffe, dass mein Buch dazu beitragen kann, dass die Gesellschaft das endlich versteht. Ich könnte noch so viel mehr zu diesem Thema sagen. Mein Anspruch ist es jedoch, mit diesem Buch überhaupt erst mal ein Grundverständnis für Ableismus zu schaffen und dafür, wie vielschichtig er ist. Ich möchte dich dazu motivieren, die Strukturen, von denen du in diesem Buch erfährst, auch in deinem eigenen Alltag zu erkennen und auf andere Situationen zu übertragen, wachsam zu sein, dich selbst weiterzubilden und zu recherchieren.

Während du dieses Buch liest, wirst du, gerade wenn du selbst nicht-behindert* bist, höchstwahrscheinlich früher oder später ein unangenehmes Gefühl tief in deinem Bauch verspüren. Ein Gefühl von Scham, gefolgt von einer Art Abwehrhaltung. Dieses Gefühl kenne auch ich sehr gut. Es tritt immer dann auf, wenn wir hören, dass wir uns diskriminierend verhalten oder zumindest diskriminierende Denkmuster reproduzieren. Wir möchten daraufhin sofort alles von uns weisen und rufen: »Halt, nein! Ich bin doch eine*r von den Guten!« Dabei geht es hier gar nicht um die Unterscheidung zwischen »gut« und »böse«. Auch wenn die Annahme, dass nur »böse« Menschen diskriminieren und dass Diskriminierung immer etwas mit Intention zu tun hat, weitverbreitet ist. Doch hier kommt die bittere Wahrheit: Wir alle haben uns schon mal diskriminierend verhalten, und schätzungsweise werden wir auch nicht heute schlagartig damit aufhören. Schließlich reicht es nicht, sich einfach verbal von jeglichen -ismen zu distanzieren und zu sagen, man sei gegen Diskriminierung. Das wäre nicht mehr als ein performativer Akt und würde die wahre Problematik nur weiter unsichtbar machen.

Wahre Antidiskriminierung tut weh, denn wir müssen uns mit unseren eigenen Denkmustern auseinandersetzen, sie

---

* In diesem Buch habe ich bewusst die Schreibweise »nicht-behindert« mit Bindestrich gewählt, weil sie in meinen Augen besser lesbar ist. Im Gegensatz zu »nicht behindert« betont »nicht-behindert« außerdem, dass es sich dabei um eine eigene, komplexe Kategorie handelt und nicht einfach nur um eine Gruppe von Menschen, die nicht über das Merkmal Behinderung verfügt. »Nicht-behindert« zu sein, ist eine Eigenschaft, die das Leben der betreffenden Menschen maßgeblich prägt und ihnen viele Privilegien verschafft – auch wenn sie selbst sich dessen nur in den seltensten Fällen bewusst sind.

reflektieren und anschließend aktiv verlernen. Doch dieser Schmerz ist nicht ansatzweise mit jenem zu vergleichen, den strukturelle Diskriminierung bei marginalisierten Gruppen verursacht. Und deshalb bitte ich dich: Solltest du an einen Punkt in diesem Buch kommen, wo du diese Gefühle empfindest – versuche, sie einfach mal einen Moment lang auszuhalten, und mach dir bewusst, dass anzuerkennen, dass wir alle Teil von diskriminierenden Strukturen sind, ein unverzichtbares Fragment dieses Prozesses darstellt.

Um die in unserer Gesellschaft wirkenden Strukturen und Mechanismen anschaulicher zu erklären, habe ich mich dazu entschieden, in dieses Buch auch autobiografische Teile mit einfließen zu lassen. Dabei lege ich jedoch keinen Wert auf Vollständigkeit, sondern konzentriere mich stattdessen gezielt auf Momente, die greifbar machen, wie komplex die ableistischen Strukturen innerhalb unserer Gesellschaft sind. Diese kleinen Ausschnitte und teilweise intimen Details aus meinem Leben preiszugeben, war meine eigene Entscheidung. Das heißt jedoch nicht, dass behinderte Menschen im Allgemeinen irgendjemandem Rechenschaft über ihre Geschichte, ihre Diskriminierungserfahrung oder ihre Behinderung schuldig sind. Behinderte Menschen sollten nicht immer und immer wieder anhand von Beispielen beweisen müssen, dass sie strukturelle Diskriminierung erfahren – denn auch das ist Teil ihrer Unterdrückung. Ableismus ist eine Tatsache, und wir sollten als Gesellschaft längst über den Punkt hinaus sein, dass wir diese Tatsache anzweifeln.

Zu dem Zeitpunkt, an dem ich dieses Buch schreibe, gibt es kein vergleichbares Werk in deutscher Sprache. Dementsprechend ist der Druck hoch, gerade weil es kaum Studien gibt, und die wenigen, die existieren, leider selten für Nichtakademiker*innen wie mich zugänglich sind. Gerade deshalb stelle ich den Anspruch an dieses Buch, Ableismus* für alle begreifbarer zu machen. Schließlich betrifft er überdurchschnittlich oft insbesondere die Menschen negativ, die keine faire Chance auf Bildung hatten. »Wie bitte? Sie hat nicht mal Abitur und spielt sich als Expertin auf?«, höre ich schon die ersten Kritiker*innen schimpfen. Als behinderte, queere Frau ohne Abitur, ohne abgeschlossene Ausbildung oder Studium bin ich es gewohnt, dass mir meine Kompetenz und meine Expertise abgesprochen werden. Jedoch gibt es Dinge, die kann man nicht studieren. Die muss man erlebt haben. Damit sage ich nicht, dass jede Person, die Ableismus erlebt, automatisch Expert*in für Inklusion und Antidiskriminierung ist. Allerdings ist es eine Grundvoraussetzung dafür, um Expert*in zu werden. Und sollten nicht gerade Menschen wie ich wissen, wovon sie reden, wenn es um fehlende Zugänge in Bezug auf Bildung und den ersten Arbeitsmarkt geht? Ich bin quasi der wandelnde Beweis dafür, dass unser Bildungssystem nicht inklusiv ist. Wer sollte also besser wissen, wo es hakt, als Menschen, die selbst auf genau jene Barrieren gestoßen sind?

In diesem Buch geht es um verschiedene Diskriminierungsformen und deren Auswirkungen. Um darauf hinzuweisen, wie schädlich diese sind, werde ich ableistische Sprache und diskriminierende Denkmuster reproduzieren müssen. Ich hoffe, dass eine solche explizite Nennung in der Zukunft irgendwann nicht mehr nötig sein wird, weil ein allgemeines Bewusstsein

* Ableismus bezeichnet die strukturelle Diskriminierung behinderter und chronisch kranker Menschen. Im Kapitel »Was ist Ableismus?« gehe ich ausführlicher auf diesen Begriff ein.

über ableistische Strukturen besteht. Im Moment lässt sich dies jedoch leider noch nicht umgehen. Wenn du also selbst von einer oder mehreren Diskriminierungsformen betroffen bist, gib beim Lesen bitte acht auf dich.

Alle hier vorkommenden Begriffe und Bezeichnungen habe ich nach bestem Willen und Wissen gewählt und hatte dabei stets die Absicht, alle Menschen in meiner Sprache mitzudenken und zu inkludieren. Sollte mir dies einmal nicht gelungen sein, oder sollten Begrifflichkeiten, die ich hier verwende, mittlerweile überholt sein, bitte ich dich, dich sprachlich nicht an dem vorliegenden Text zu orientieren, sondern dich stattdessen bei Betroffenen über aktuellere antidiskriminierende Begriffe zu informieren.

Born this way

Als ich noch klein war, dauerte es eine ganze Weile, bis ich verstand, dass ich mich durch gewisse Dinge von den Kindern in meinem Umfeld abhob. Und noch viel länger dauerte es, bis ich verstand, dass ich weder Einfluss auf diese Unterschiede hatte noch, dass sie meinen Wert als Menschen ausmachen.

Ich wuchs in einem kleinen Dorf in Hessen auf, in dem ich das einzige behinderte Kind war. Ich wusste nicht, woran es lag, aber von klein auf war da so ein Gefühl, als hätten alle Menschen um mich herum eine Bedienungsanleitung für ihr Leben erhalten und als wäre nur meine irgendwo verloren gegangen, bevor ich sie hatte lesen können. Doch obwohl sich mein Leben in einigen Bereichen von dem der anderen Kinder unterschied, konnte ich einfach nicht benennen, was der Grund dafür war, und vergrub dieses Gefühl tief in mir drin. Ich kann mich noch sehr genau an den Tag erinnern, an dem ich in meinem Kinderzimmer vor dem Hochbett mit der Rutsche stand, während meine Mama vor mir kniete und sagte: »Morgen bekommst du dein erstes Korsett angepasst.«

Ich war damals vier Jahre alt, und man hätte mir wahrscheinlich genauso gut erklären können, dass ich morgen einen Porsche bekommen würde. Das hätte ich vermutlich genauso wenig verstanden. Also fragte ich einfach nur neugierig: »Ein Korsett?«

»Ja, das soll dir helfen, damit dein Rücken wieder gerade wird«, erwiderte sie. Ich spüre ihre Hände heute noch auf meinen Rippen, wie sie – auf meine Frage, wie sich das wohl anfühlen würde – meinen Oberkörper vorsichtig in eine aufrechtere Position schob. Doch im Gegensatz zu ihren warmen Händen erwartete mich ein paar Wochen später eine kalte Plastikschale, die mich vom Schlüsselbein bis zur Hüfte einengte und die ich von nun an acht Jahre lang 23 Stunden am Tag tragen würde. Zugegeben, manchmal waren es nur um die 15 Stunden, denn im Alter von acht oder neun Jahren hatte ich den Dreh raus, wie ich mich nachts heimlich aus dem unbequemen und unnachgiebigen Negativabdruck meines Oberkörpers herausschälen konnte. Kurz bevor der Wecker klingelte, zwängte ich mich dann wieder zurück in dieses ungeliebte Objekt. Ich hatte nicht genug Kraft in meinen kleinen Händen, um die unnachgiebigen Plastikschnallen zu verschließen, die die Gurte mit Klettverschluss festhielten und sicherstellten, dass sie sich um keinen Zentimeter lockerten. Um dennoch nicht aufzufliegen, entwickelte ich eine Taktik. Ich nahm zwei oder drei Schritte Anlauf und warf mich mitsamt dem Korsett leicht, aber gezielt gegen die Wand, sodass die Schnallen beim Aufprall zwischen dem harten Plastik des Korsetts und der Raufasertapete meines Kinderzimmers zusammengedrückt wurden und gar keine andere Chance mehr hatten, als endlich nachzugeben und einzurasten.

Es waren besonders jene Schnallen sowie die obere Kante des Korsetts, die mich bereits früh störten, standen sie doch immer etwas hervor und zeichneten sich durch so gut wie jedes T-Shirt deutlich ab. Was mir aber noch deutlich mehr zu schaffen machte, waren die Kinder im Kindergarten sowie der Grundschule, die manchmal sanft, manchmal weniger sanft auf meinem Bauch herumtrommelten und fragten: »Na? Trägst du wieder deinen Panzer?« Oder: »Bist du etwa eine Schildkröte?« Für manche Kinder in meiner Schule gehörte der Knuff in meinen Bauch regelrecht zur Begrüßung dazu. In den seltenen Fällen, in denen ich das Korsett wegen Druckstellen oder besonderen Anlässen zu Hause lassen durfte, landeten ihre Fäuste ungebremst in meiner Magengrube.

Vermutlich gehörten diese kleinen, aber doch so gewaltvollen Gesten zu den frühesten Diskriminierungserfahrungen, an die ich mich aktiv erinnern kann. Dabei waren es sicherlich nicht die ersten. Ich hatte die abfälligen und bewertenden Blicke schließlich auch schon gespürt, als meine Mutter mich im Kinderwagen durch die Stadt geschoben hatte, während andere Kinder in meinem Alter bereits ausgelassen neben ihren Eltern herumhüpften und sie am Arm zogen, weil es ihnen nicht schnell genug gehen konnte. Ich hatte diese Blicke damals nur nie deuten können. In den Neunzigern und frühen Zweitausendern war es einfach noch nicht so üblich gewesen, Kleinkindern einen Rollstuhl anzupassen, wenn diese in ihrer Mobilität eingeschränkt waren. Es gab diese Möglichkeit zwar, jedoch war dabei vermutlich ein entscheidender Faktor, dass ich nicht dem klassischen Bild einer Rollstuhlfahrerin entsprach, so wie die Mehrheitsgesellschaft sich diese nun mal vorstellt. Dabei haben viele Rollstuhlfahrer*innen eine sogenannte Restgehfähigkeit. So wie auch ich. Zwar machte ich erst sehr spät meine ersten Schritte, und es waren mehrere Operationen dafür nötig gewesen, aber als ich dann eigenständig gehen konnte, hätten mich die wenigsten Menschen als behindert gelesen. Allerdings konnte ich eben weder lange Strecken noch besonders schnell laufen, musste mich dabei sehr konzentrieren und fiel regelmäßig hin. Doch die Tatsache, dass ich mich dennoch irgendwie, wenn auch eingeschränkt, fortbewegen konnte, hatte Ärzt*innen scheinbar davon abgehalten, darüber nachzudenken, ob ein Rollstuhl meine Mobilität verbessern könnte. Auch die fehlende Diagnose, die ich schließlich erst im Alter von 22 Jahren und infolge einer schier endlos langen Suche erhalten würde, war dabei vermutlich ein entscheidender Faktor. Dabei ist es gerade für Kleinkinder so wichtig, sich frei im Raum bewegen zu können, um Selbstständigkeit zu erlernen. So sind es doch insbesondere die ersten drei Lebensjahre, in denen ich nicht hatte laufen können, die entscheidend für die Entwicklung eines Kindes sind. Doch während ein Rollstuhl genau dafür gesorgt hätte, mir mehr Selbstständigkeit und Teilhabe zu ermöglichen, verbinden die meisten Menschen ihn bis heute noch mit etwas Negativem. Etwas, was einem Aufgeben oder einem Schritt zurück gleichkommt. Selbst viele Ärzt*innen scheinen die positive Wirkung von Hilfsmitteln bis heute oft nicht auf dem Schirm zu haben, und so schob mich meine Mutter also bis zu meinem fünften Lebensjahr im Kinderwagen herum. Es war ein faltbares Modell, das sie neben uns herschleppte oder -schob, während ich lief, und das sie auseinanderklappen konnte, wenn ich mit meinen Kräften am Ende war oder wir schneller gehen mussten.

Doch auch wenn ich Schwierigkeiten bei der Fortbewegung hatte, so stellte dies in meiner kindlichen Wahrnehmung erst mal nichts Auffälliges dar. Ich stürzte ständig, jedoch nahm ich die Veilchen unter meinem Auge, die aufgeschürften Knie, die blauen Flecken und die blutige Unterlippe, wie sie eben kamen. Auch mehrere fast schon akrobatische Stürze von den obersten Stufen der steilen Treppen unseres alten Fachwerkhauses erachtete ich nicht wirklich als etwas Außergewöhnliches, wobei ich aus heutiger Perspektive wirklich riesiges Glück hatte, dass ich nie schwerere Verletzungen davontrug. Doch die Logik einer Sechsjährigen lautete nun mal: Kinder fallen eben hin, Erwachsene nicht mehr.

Ich kann mich noch genau an einen warmen Sommertag erinnern, an dem diese Annahme bis in ihre Grundfesten erschüttert wurde. An jenem Tag besuchte ich mit meiner Mutter und einer Nachbarin einen Flohmarkt. Er befand sich in der Nähe von einer Art Acker, jedenfalls war der Boden, auf dem wir liefen, nicht befestigt. Ich hielt die Hand meiner Mama fest und hatte alle Mühe, einen Fuß vor den anderen zu setzen, ohne dass sie sich in einer Wurzel verkeilten oder über einen Erdklumpen stolperten. Dazu schien die Sonne erbarmungslos hell in unsere Gesichter, was das Vorankommen nicht leichter machte. Konzentriert auf meine Füße, zuckte ich plötzlich zusammen, als rechts von mir ein kurzer, aber durchdringender Schrei ertönte. Unsere Nachbarin, die bis eben noch rechts von meiner Mutter gelaufen war, war gestürzt und hockte nun etwas verdattert neben uns auf dem erdigen Boden. Die Situation löste sich beinahe genauso schnell auf, wie sie gekommen war. Die Nachbarin rappelte sich wieder auf, murmelte ein paar Worte und klopfte sich den Schmutz von der Hose. Ihr war nichts passiert, aber dieses Erlebnis erschütterte meine kindliche Welt zutiefst. Wahrscheinlich bestand in diesem Moment sogar kurz Verwechslungsgefahr zwischen mir und diesem Emoji, dem vor lauter Verblüffung der Kopf explodiert. Erwachsene Menschen konnten also auch hinfallen? Was, wenn ich, entgegen meiner Annahme, das Hinfallen also doch nie verlernen würde?

Das mit dem Hinfallen wurde zu meiner eigenen sowie der Freude meiner Mutter und der gestressten Ärzt*innen in der Notaufnahme zum Glück irgendwann wirklich weniger.

Jedoch lag das wohl kaum an einer tatsächlichen Verbesserung meiner Körperkoordination, sondern an meiner wachsenden Vorsicht, weil sich nach und nach immer mehr Metall zu meinen Knochen gesellte und mir klar wurde, dass Stürze Konsequenzen mit sich bringen konnten. Es änderte sich jedoch nichts daran, dass ich weder besonders schnell noch besonders lang laufen konnte, und auch meine Motorik blieb weiterhin eingeschränkt. Und so stieß ich regelmäßig an meine Grenzen.

Bevor die Gefahr zu stürzen schließlich irgendwann zu groß wurde, durfte ich viele Jahre auf den Pferden einer Bekannten reiten. Ich muss heute noch schmunzeln, wenn ich daran denke, dass ich mit drei Jahren die ersten Schritte machte und mit vier bereits jede Woche auf einem Pferd saß. Nicht das klassische Reiten mit Gerte und Trense, sondern sogenannter Horsemanship, eine Reitweise, bei der es um den fairen Umgang und das Vertrauen zwischen Mensch und Tier geht. Ich liebte das Reiten so sehr, und es gab mir viel Selbstbewusstsein, als so kleiner Mensch ein so großes Pferd mit so wenig Kraftaufwand steuern und lenken zu können. Als meine Freund*innen ein paar Jahre später ebenfalls mit dem Reiten anfingen, überholten sie mich und meine Reitkünste jedoch innerhalb weniger Monate, und mein Selbstbewusstsein verpuffte genauso rasch, wie es gekommen war. Während es mir aus ärztlicher Sicht strengstens verboten war, auch nur ein kleines Hindernis mit dem Pferd zu absolvieren, wechselten meine Freund*innen schnell zu elitäreren Reiterhöfen und räumten Pokale bei Springreitturnieren ab.

Zum Rope-Skipping – ein Sport, bei dem die Teilnehmenden besonders schnell über spezielle Seile springen und Kunststücke machen –, zu dem ebenfalls nahezu alle gingen, wäre ich gar nicht erst zugelassen worden. Nach einem frustrierenden Nachmittag in unserem Hof, an dem es mir auch nach stundenlangem Üben nicht einmal gelungen war, drei Sprünge hintereinander über das giftgrüne Springseil zu machen, gab ich frustriert und gedemütigt auf. »Guck mal, Luisa, wie toll die Stefanie seilspringen kann! Würdest du mehr üben, würdest du das auch können«, bohrten sich die Sätze von Familienmitgliedern in mein Herz und lösten einen noch größeren Schmerz aus als das dünne Gummiseil, das mir bei meinen Versuchen unzählige Male gegen die Schienbeine gepeitscht war. In dem Dorf, in dem ich wohnte, war es üblich, als Kind viele Hobbys zu haben. Manche Eltern schienen sich regelrecht darüber zu definieren, wie gut ihre Kinder in den jeweiligen Sportarten oder beim Spielen eines Instrumentes abschnitten, und konnten es sich leisten, jeden Monat Hunderte von Euros in Unterricht, Ausstattung und Reisen zu Turnieren zu stecken. Vielleicht suchte ich auch deshalb ständig nach neuen Hobbys, in der Hoffnung, endlich etwas zu finden, worin nur ich gut war. Ein Hobby, dem sonst niemand nachging, der*die mich wieder mit Leichtigkeit darin würde überholen können. Auch meine Familie war privilegiert genug, um mir zu ermöglichen, mich in verschiedenen Bereichen auszuprobieren. So versuchte ich mich beispielsweise jahrelang am Klavier und für ein paar wenige Monate sogar im Ballett. Dass ich weder professionelle Ballerina noch virtuose Pianistin geworden bin, muss ich wahrscheinlich nicht erwähnen. Heute kriege ich nicht einmal mehr den Flohwalzer zusammen.

Aber auch der unschuldige, naive Spaß an meinen Hobbys, den ich beim Reiten noch so intensiv empfunden hatte, war mittlerweile längst auf der Strecke geblieben. Es ging um Leistung und darum, besser zu sein als andere, weniger um Spaß und das Abschalten vom sowieso viel zu leistungsorientierten Alltag. Das hatte ich bereits früh gelernt. Die fast schon verbissene Einstellung vieler Eltern übertrug sich natürlich schnell auf ihre Kinder, und so merkten sie schon bald, dass sie mir in körperlicher Hinsicht überlegen waren, und nutzten diese Erkenntnis, um sich über mich zu erheben. Auf dem Schulhof sollte ich irgendwann nicht mehr mitspielen, und bei den Bundesjugendspielen demütigte mich meine Sportlehrerin jedes Jahr aufs Neue, indem sie mich zur Teilnahme am Hundertmeterlauf aufforderte, obwohl wir beide wussten, dass es jedes Mal damit enden würde, dass ich viele quälend lange Sekunden mehr brauchen würde als selbst die langsamsten meiner nicht-behinderten Mitschülerinnen. Solche Momente verliefen für mich wie in Zeitlupe. Ich sehe noch heute die Gesichter der Schulkinder am Rand der Laufstrecke vor mir. Wie sie zuerst irritiert und dann abfällig zu mir herüberschauten. Wie mein Körper brannte und mich anflehte aufzuhören, während ich meinen kompletten Fokus darauf legte, nicht zu stürzen, und noch viel wichtiger: nicht zu weinen. Als ich dann endlich die Ziellinie erreichte, stieß nur meine Sportlehrerin noch ein paar halbherzige Jubelrufe aus. Die Traube der Schulkinder am Rand der Laufstrecke hatte sich längst aufgelöst, sie widmeten sich bereits der nächsten Disziplin.

Mit etwa zwölf Jahren wehrte ich mich zunehmend gegen das Tragen des Korsetts und konnte mit meinen Argumenten schließlich meine Mutter überzeugen, die wiederum meine Ärzt*innen überzeugte, sodass ich die starre Konstruktion aus Plastik von da an nicht mehr länger tragen musste. In diesem Alter spielte das Aussehen eine zunehmend wichtigere Rolle, und ich hatte aufgrund des Korsetts immer mehr direkte Anfeindungen durch meine Mitschüler*innen erfahren. Doch neben diesem Umstand und dem altersgemäßen Wunsch, auch endlich ein Spaghettiträger-Top tragen zu können, ohne dass sich die Schnallen meines Korsetts deutlich abzeichnen und die Kanten unter den Rändern des Kleidungsstücks hervorquellen würden, waren bei dieser Entscheidung auch noch andere Faktoren ausschlaggebend. Davon abgesehen, dass es unfassbar unangenehm war, von der Hüfte bis zu den Schultern in ein starres Plastikgebilde geschnürt zu sein, in dem ich mich jeden Sommer kaputtschwitzte und von dem ich dauernd neue Druckstellen davontrug, stellte das Korsett auch einen riesigen Zeitaufwand dar. Die Klinik, in der ich von klein auf alle paar Monate zu Röntgenkontrollen und Korsettanpassungen vorstellig werden musste, war weit entfernt, und so besteht ein erheblicher Anteil meiner Kindheitserinnerungen aus stundenlangen Autofahrten mit immer neuen Kassetten und CDs, die meine Mutter anschaffte, um mich bei Laune zu halten. Waren wir dann endlich da, hieß es, die schier endlosen Wartezeiten auf den ironischerweise sehr unergonomisch geformten Holzbänken im Wartebereich der orthopädischen Ambulanz totzuschlagen, während wir uns die Zungen an mittelmäßigem Kakao und Kaffee aus dem Automaten verbrannten.

Wenn man einen heranwachsenden Körper in einen starren Plastikabdruck steckt, geht dies immer nur für eine kurze Zeit gut, bevor sich der Körper an dem unnachgiebigen Material stößt und aufreibt, und zwar so lang, bis der Abdruck irgendwann nicht mehr zu dem Körper passt und ein neuer gemacht werden muss. Dafür mussten wir jedes Mal in den Keller der Klinik. In einem kalten Raum, der von oben bis unten gefliest war, wurde mein Oberkörper in die gewünschte Haltung gebracht und schließlich mit endlos langen, vor Feuchtigkeit triefenden Gipsbahnen umwickelt. Und während diese eben noch eisig kalt gewesen waren, wurde es, während der Gips trocknete, beinahe unerträglich heiß darunter. Danach wurde mit viel Kraftaufwand ein breiter Plastikschlauch herausgezogen, der mit eingegipst worden war, um sicherzustellen, dass genug Platz zwischen Haut und Gipsschicht bestehen würde, um diese anschließend mit einer speziellen Schere aufzuschneiden. Das Ratschen dieser riesigen, zangenartigen Schere, die sich durch die dicke weiße Gipsschicht biss, hatte mir schon immer Angst gemacht. Besonders weil sich der Mitarbeiter, der den Abdruck nahm, regelrecht in sie hineinstemmen musste, bis das harte Material endlich zwischen den Schneiden der Schere nachgab. Doch meine Angst stieg ins Unermessliche, als mich das riesige Instrument eines Tages erwischte und mir in den Bauch schnitt. Ich kann mich heute noch daran erinnern, wie ich völlig unter Schock und weinend in der Dusche des gefliesten Raumes stand, während die Menschen um mich herum versuchten, die Gips- und Vaselinereste von meinem Körper zu waschen, ohne dass dabei etwas in die blutende Wunde an meinem Bauch gelangte. Nach diesem Erlebnis hatte ich große Angst vor den Abdrücken.

Wer denkt, dass das Korsett, das ich als Resultat dieser Prozedur einige Wochen später erhielt, dann einwandfrei saß, hat sich übrigens getäuscht. Wir verbrachten endlose Stunden in den winzigen Räumen der Werkstatt, in der mein Korsett und andere Orthesen immer und immer wieder aufgeschnitten sowie erwärmt und verformt wurden, bis sie schließlich den Vorstellungen der Orthopädiemechaniker*innen entsprachen.

Es war ein schier endloser Kreislauf aus Anprobieren, Schmerz, Ausziehen, Warten, Anprobieren, Schmerz, Ausziehen, Warten ... Die ersten Tage mit neuem Korsett waren meist mühsam, und das Wissen, dass all der damit verbundene Aufwand schon bald wieder von vorn beginnen würde, machte es nicht leichter. Bis zu dem Tag, an dem ich mein Korsett ablegte, verschliss ich auf diese Weise ganze 15 Korsetts innerhalb von acht Jahren.

Ein deutlich geliebteres Hilfsmittel erhielt ich dann im Alter von 14 Jahren. Als ich damals nämlich endlich meinen ersten eigenen Rollstuhl bekam, flitzte ich damit gleich euphorisch durch die Gänge des Krankenhauses, in dem ich zu der Zeit einige Monate lebte. Zum ersten Mal in meinem Leben konnte ich mich fortbewegen, ohne konzentriert auf den Boden oder meine Beine zu schauen und gleichzeitig ständig abzuwägen, wie weit ich es noch schaffen würde, permanent Ausschau haltend nach der nächsten Sitzgelegenheit. Es war, als hätte ich vorher Scheuklappen getragen, die ich mir nun mit einem Mal vom Kopf riss. Zum ersten Mal konnte ich den Himmel sehen, während ich mich fortbewegte, mich auf Gespräche fokussieren, ohne die ständige Angst im Nacken, ich könnte stürzen.

Doch mit dem Rollstuhl war nicht von heute auf morgen alles gut, denn durch ihn wuchs auch die Ablehnung, die mir entgegenschlug. Kaum bewegte ich mich abseits des Klinikgeländes, bestimmte von nun an nicht mehr nur ich, welchen Laden, welches Kino oder auch welche Verwandten ich zu Hause besuchen wollte. Es bestimmte ab jetzt immer die Barrierefreiheit mit, oder viel eher gesagt: die fehlende Barrierefreiheit. Das ist auch heute noch so. Denn auch wenn ich zumindest über eine Restgehfähigkeit verfüge, lässt sich diese nicht jederzeit ohne Weiteres abrufen. Doch wie tief der Ableismus in unserer Gesellschaft verankert ist, spürte ich nicht nur durch fehlende Barrierefreiheit, sondern auch durch die Ablehnung von Menschen in meinem direkten Umfeld. »Voll uncool! Wenn du dabei bist, spricht uns nie ein Junge an«, zeterte zum Beispiel einmal eine Freundin, während wir in einem Shoppingcenter vor einem H&M standen und auf meine Mutter warteten. Ich lief knallrot an und verstummte. Doch anstatt mich empört abzuwenden und ihr zu sagen, wie verletzend und diskriminierend diese Aussage war, schaute ich meine Freundin nur entschuldigend und beschämt zugleich an. Es musste stimmen, was sie sagte. Viele dachten so, also musste das doch stimmen, oder nicht?

Und auch wenn ich schon immer behindert gewesen war, schien es so, als hätte erst der Rollstuhl dafür gesorgt, dass mich Menschen einer gewissen Schublade zuordneten, aus der ich nun gefälligst genauso schnell wieder herauskommen sollte, wie ich ihrer Meinung nach dort hineingekommen war. Ganz nach dem Motto: »Was soll das denn jetzt? Mach das gefälligst wieder rückgängig!« Es war für diese Personen scheinbar nicht ersichtlich, warum ich an dem einen Tag noch gelaufen war und ein paar Wochen später plötzlich in einem Rollstuhl vor ihnen stand. Als könnten sie all meine Krankenhausaufenthalte, die Operationen und das jahrelange Tragen eines Korsetts einfach nicht mit dieser Situation verknüpfen. Das zeigt erst mal, wie einseitig und ignorant die Sicht der Gesellschaft auf Behinderung ist. Hätte mein Umfeld damals verstanden, dass Behinderungen genauso unterschiedlich wie Menschen sind, und hätte es verstanden, dass man nicht erst als behindert zählt, wenn dies für Außenstehende unübersehbar ist, dann wäre es vielleicht auch mir leichter gefallen, mich mit meiner Behinderung zu identifizieren.

»Du kannst doch noch laufen. Rollstühle sind nur was für Querschnittsgelähmte«, tönte es stattdessen aus dem Mund eines Familienmitglieds, dessen »Meinung« ich vorher nie infrage gestellt hatte und es auch zu diesem Zeitpunkt noch nicht tat. Ich schreibe hier »Meinung« in Anführungszeichen, da Diskriminierung keine Meinung ist, egal wie vehement dies so manche*r verteidigen mag. Heute würde mir beim Anblick eines 14-jährigen Mädchens, das seit Kurzem einen Rollstuhl nutzt, vieles einfallen, aber nicht, dass sie es dadurch leichter hat. Und dennoch hallen die unreflektierten Worte jenes Familienmitglieds bis heute in meinem Kopf wider. »Du machst es dir zu leicht, indem du dich einfach in dieses Ding setzt«, sagte diese Person mit künstlicher Besorgnis in ihrer Stimme. »Dadurch verlernst du das Laufen doch erst recht.«

Der Irrglaube, dass alles, was unsere Körper können, und wie sie aussehen, beeinflussbar ist und dass wir alles erreichen können, wenn wir nur fest daran glauben und hart dafür arbeiten, ist bis heute weitverbreitet. Und auch ich glaubte nach diesen Aussagen viele Jahre daran. Und so verschwand mein Rollstuhl also vorerst im Keller und mit ihm auch meine neu gewonnene Mobilität. Ab diesem Moment gab ich mir besonders große Mühe, als nicht-behindert durchzugehen. Ich erfand allerlei Ausreden für Dinge, die ich nicht konnte, trug Schals und ließ meine Haare lang wachsen, um meine sich zunehmend verkrümmende Wirbelsäule zu verstecken – eine Entwicklung, die auch das Korsett nicht hätte verhindern können. Meistens gelang mir dieser Kraftakt auch, doch nannte mich doch mal jemand »Quasimodo«, »Missgeburt« oder »Krüppel«, so traf mich das tief und ich ärgerte mich über mich selbst. Ich ging schließlich immer noch davon aus, dass ich nur hartnäckig genug versuchen musste, meine Behinderung »zu überwinden«. Auf dieses unfassbar schädliche Narrativ möchte ich später noch einmal zurückkommen.

Dass all diese Dinge, die mir passierten, zu Unrecht geschahen, war mir zu diesem Zeitpunkt nicht klar. Dass es sich um Diskriminierung beziehungsweise um Ableismus handelte und dass all diese Gedanken und Erlebnisse meiner Identität als behinderte Person zuzuordnen sind, sollte ich erst viel später verstehen. Denn auch wenn ich mich in all diesen Situationen unwohl fühlte, fehlten mir immer die Worte, um dies zu beschreiben und richtig einzuordnen. Stattdessen schob ich alles auf mich und verlor keinen einzigen Gedanken daran, dass auch mein Gegenüber im Unrecht sein könnte.

Was ist Ableismus?

Menschen, die selbst wenig eigene Diskriminierungserfahrungen gemacht haben, schauen mich häufig völlig entgeistert an, wenn ich ihnen erkläre, dass man auch als marginalisierte Person – also als eine Person, die über ein oder mehrere Merkmale verfügt, aufgrund derer sie strukturelle Diskriminierung erfährt – meistens erst lernen muss, was Diskriminierung überhaupt ist. Und noch viel unglaublicher für mein Gegenüber: Dass marginalisierte Menschen erst lernen müssen, dass sie selbst von Diskriminierung betroffen sind. Denn mal ehrlich: Welche (mehrfach) marginalisierte Person weiß bereits im Kindergarten die verletzenden Bemerkungen der Kinder um sich herum richtig einzuordnen? Welches Schulkind verfügt bereits über das nötige Wissen über gesellschaftliche Strukturen, um zu erkennen, dass seine Lehrer*innen es nicht aus reiner Willkür anders behandeln? Welche*r Jugendliche*r trägt die Stärke und das nötige Selbstvertrauen in sich, um die Menschen um sich herum auf ihr diskriminierendes Verhalten ihr*ihm gegenüber anzusprechen? Wer wird schon mit dem nötigen Weitblick geboren, um zu erkennen, dass nicht sie*er das Problem ist, sondern die Gesellschaft und ihr zwanghafter Drang, alles in Schubladen zu stecken? Nur um direkt im Anschluss die Schubfächer mit Etiketten zu versehen, auf denen geschrieben steht, wie die Person, die in dieser Schublade gefangen gehalten wird, zu sein hat und wie nicht und ob dies gut ist oder nicht, ob dies erstrebenswert ist oder nicht.

Ich muss immer wieder erklären, dass es eben nicht so ist, dass wir sofort einordnen können, was uns passiert und vor allem, warum uns das passiert. Ich muss erklären, dass wir selten von vornherein für uns einstehen, weil wir zuerst einmal selbst verstehen müssen, dass wir im Recht sind und dass bestimmte Erlebnisse uns nicht durch Zufall, nicht aus Pech oder durch reine Willkür widerfahren, sondern weil dahinter ein System steckt. Und was in meinen Augen fast das Wichtigste ist: Wir müssen erst lernen, dass wir aufgrund dieser Erfahrungen verletzt, sauer und enttäuscht sein dürfen, auch wenn die Gesellschaft, in der wir leben, dies nicht so sieht.

Wenn ein Wort in diesem Buch häufig fallen wird, dann ist es »Ableismus« oder »ableistisch«, und ich wünschte, ich könnte hier nun mit einer schnellen, knackigen Definition starten. Doch genau das ist das Problem bei Ableismus, wie bei allen anderen -ismen auch. Er ist nicht so leicht zu erfassen und schon gar nicht leicht zu erklären. Kommt es nun doch dazu, dass ich in wenigen Worten erklären soll, worum es bei diesem Begriff geht (und das kommt sehr häufig vor, denn sind wir mal ehrlich: Wie viele Menschen in deinem Umfeld kennen das Wort »Ableismus«?), dann versuche ich es so: Ableismus ist die strukturelle Diskriminierung von behinderten und chronisch kranken Menschen. Das heißt, Ableismus findet auf allen Ebenen, also zum Beispiel der institutionellen, der wirtschaftlichen oder der kulturellen Ebene, statt. So haben behinderte Menschen beispielsweise nicht die gleiche Chance auf Bildung, sind häufiger von Armut bedroht und erfahren kaum angemessene Repräsentation in Medien und Co. Bei unseren Diskriminierungserfahrungen handelt es sich also nicht um Einzelfälle, denn sie lassen sich durch diskriminierende und unterdrückende Strukturen erklären, die sich in unserer Gesellschaft oft über Jahrhunderte hinweg verfestigt haben und so schon fast automatisch weiter und weiter aufrechterhalten werden.

Ableismus gehört zur sogenannten Behindertenfeindlichkeit, bezieht sich dabei aber vielmehr auf die Strukturen und Denkweisen dahinter, die in ihrer Verbindung ein ganzes System ergeben. Im ableistischen System werden behinderte und chronisch kranke Menschen benachteiligt und unterdrückt, während nicht-behinderte Menschen als einzig wahre »Norm« dargestellt werden und von dieser Kategorisierung profitieren. Aus der Abwertung einer marginalisierten Gruppe resultiert also immer die Aufwertung derer, die ihr nicht angehören. Dabei müssen nicht-behinderte Menschen von dieser ungleichen Machtverteilung nicht einmal etwas merken. -ismen funktionieren in unserer Gesellschaft eben gerade so gut, weil sie von den wenigsten als solche wahrgenommen werden. Dabei ist Ableismus in uns allen, denn wir wachsen alle innerhalb dieser Strukturen auf und kennen einfach nichts anderes. Das heißt, wir sind alle ableistisch sozialisiert – auch ich als behinderte Frau. Daraus folgt schließlich, dass wir ableistische Denk- und Verhaltensweisen gar nicht mehr unbedingt als diese erkennen und somit auch keine Intention vorhanden sein muss, um Ableismus zu reproduzieren. Ich muss demnach nicht ableistisch sein wollen, um ableistisch zu sein.

Es ist also unerlässlich, von »Ableismus« zu sprechen, um das System dahinter deutlich zu machen. Immer nur von »Behindertenfeindlichkeit« zu sprechen, nur weil wir befürchten, dass unser Gegenüber den Begriff »Ableismus« nicht versteht, trägt lediglich dazu bei, dass er weiterhin nicht verstanden wird. Dabei ist es so wichtig, dass dieses Wort, das unsere Lebensrealität so maßgeblich beschreibt, endlich auch im Mainstream ankommt, sodass es irgendwann zum Vokabular eines jeden Menschen gehört. Und dies geschieht nur, wenn wir Ableismus immer und immer wieder benennen.

Der Begriff »Ableismus« leitet sich aus dem Englischen *to be able* ab, was auf Deutsch übersetzt so viel wie »fähig sein« bedeutet. Wie die Wortherkunft schon vermuten lässt, beruht das ableistische System darauf, den Wert eines Menschen an seiner Leistung festzumachen und gewisse Fähigkeiten wie Sprechen, Sehen, Hören, Gehen etc. als essenziell zu erachten, während Menschen, die nicht oder nur teilweise über diese Fähigkeiten verfügen, als »unvollständig«, »kaputt« oder weniger wert gelten. Doch es geht bei Ableismus nicht, wie viele Menschen fälschlicherweise glauben, ausschließlich um die Bewertung der tatsächlichen Fähigkeiten eines Menschen. Es geht auch um Vorurteile und Narrative, also Geschichten, die der Verallgemeinerung, Entmenschlichung und Stigmatisierung gewisser Gruppen dienen und die sich durch alle Bereiche unserer Gesellschaft ziehen. Auf diesen Punkt werde ich später noch genauer eingehen.

Auch die Abgrenzung zwischen »uns« und »den anderen« spielt bei Ableismus eine wichtige Rolle – das sogenannte Othering. Diese vermeintliche Unterscheidung macht es möglich, diskriminierende Strukturen zu rechtfertigen. Ganz nach dem Motto: »Du bist anders, deshalb gelten für dich andere Regeln als für mich.« Diese Vorgehensweise sorgt aber auch dafür, dass wir uns in Bezug auf durch Ableismus verursachte Missstände weniger schlecht fühlen. Denn wer möchte sich schon vorstellen, dass Menschen wie du und ich in eine Situation geraten, in der wir existenzielle Nöte haben und uns nicht einmal unserer Menschenrechte sicher sein können? Da ist es schon deutlich einfacher, vermeintliche Unterschiede in den Fokus zu rücken und sich einzureden, dass das einem selbst ja niemals passieren könnte.

So lässt man behinderte Menschen beispielsweise auch gern glauben, sie oder ihre Anforderungen seien »speziell«, »außergewöhnlich« oder »besonders«. Dies entmenschlicht uns nicht nur, indem uns all unsere Facetten abgesprochen werden, während wir allein auf das Merkmal Behinderung reduziert werden. Es soll auch die Abgrenzung zwischen »uns« und »den anderen« aufrechterhalten und uns signalisieren, dass wir nicht dazugehören. Eine daraus resultierende Grundsatzdiskussion, die ich regelmäßig mit nicht-behinderten Menschen führe, ist beispielsweise, warum ich mich entschieden gegen die Behauptung wehre, behinderte Menschen hätten »besondere Bedürfnisse«. In Wahrheit unterscheiden sich unsere Bedürfnisse nämlich nicht im Geringsten von den Bedürfnissen nicht-behinderter Menschen. Lediglich die Voraussetzungen, die für uns erfüllt sein müssen, um diesen Bedürfnissen nachzukommen, sind unterschiedlich. Wir haben zum Beispiel genauso Durst wie nicht-behinderte Menschen, nur brauchen manche behinderte Menschen eben einen Trinkhalm oder andere Hilfsmittel, um zu trinken. Genauso wie eine nicht-behinderte Person möchte ich auch in den dritten Stock eines Gebäudes gelangen, allerdings benötige ich dafür einen Aufzug, während sie mit einer Treppe auskommt, die im Gegensatz zu einem Fahrstuhl weniger kostenintensiv und daher im Kapitalismus gern gesehen ist. Generell hat Ableismus viel mit Kapitalismus zu tun – aber dazu später mehr. Wir sehen also: Unsere Bedürfnisse unterscheiden sich eigentlich überhaupt nicht von den Bedürfnissen nicht-behinderter Menschen. Letzten

Endes wollen wir einfach genauso am Alltag teilhaben wie jede*r andere auch. Es ist ja schließlich nicht so, dass wir verlangen, jeden Vollmond in einem Whirlpool mit rosa Schaum zu baden, während uns ein*e Pianist*in *Für Elise* auf einem weißen Flügel vorspielt. *Das* wäre ein besonderes Bedürfnis.

Und während man nun denken könnte, dass nicht-behinderte Menschen natürlich etwas von mir – einer Person, die Ableismus seit 26 Jahren am eigenen Leib erfährt und sich seit Jahren intensiv mit den Strukturen dahinter beschäftigt – lernen könnten, ist es doch so, dass sie sich in Wahrheit oft über mich stellen, meine Argumente untergraben und meine Erfahrungen relativieren. So gehören also auch das Einfordern der Meinungshoheit über Lebensrealitäten, die gar nicht der eigenen entsprechen, und die Forderung, die nicht-behinderte Perspektive als die einzig richtige herauszustellen, zu unserer ableistischen Sozialisierung. Als behinderte Expertin kann ich dementsprechend die fachlich fundiertesten Aussagen treffen, und dennoch wird meine Stimme dreimal mehr hinterfragt, meine Fehler wiegen dreimal schwerer, und meine Expertise wird dreimal öfter angezweifelt.

Besonders von Menschen, die, wie sie sagen, »mit behinderten Menschen arbeiten«, zum Beispiel in Sonderwelten wie Pflegeheimen, Förderschulen oder anderen Einrichtungen, erhalte ich regelmäßig Nachrichten auf Social Media, in denen sie meine Aussagen untergraben und sich mit ihrem vermeintlichen Fachwissen über mich stellen. Was diese Menschen dabei allerdings nicht hinterfragen, ist, dass sie dieses Wissen nahezu ausschließlich von nicht-behinderten Ausbilder*innen und Dozent*innen bezogen haben. Von einigen tollen und durchaus lernbereiten Personen, die in diesem Feld arbeiten, weiß ich zum Beispiel, dass dort bis heute noch gelehrt wird, dass man von »Menschen mit Beeinträchtigung« sprechen solle anstatt von »behinderten Menschen« oder »Menschen mit Behinderung«. Und das, während betroffene Expert*innen wie ich seit Jahren die wertfreie Verwendung des Wortes »behindert« fordern.

Obwohl es so einfach sein könnte – denn es ist doch ziemlich logisch, dass wir Menschen so nennen sollten, wie sie genannt werden möchten –, spricht auch hier wieder das ableistische System aus meinem Gegenüber, wenn es, wie so oft, irritiert die Augen aufreißt und ein »Nein, du bist doch nicht behindert! Du bist nur ein bisschen gehandicapt!« ausstößt – eine Aussage, die verletzender kaum sein könnte. Denn die betreffenden Personen sprechen mir mit diesen Worten nicht nur meine Selbstbezeichnung ab, sondern auch einen Teil meiner Identität und die damit verbundene Diskriminierungserfahrung, wodurch die Strukturen, die behinderte Menschen unterdrücken, nahezu unsichtbar gemacht werden. Gleiches gilt für Aussagen wie »Ich sehe deine Behinderung nicht« und alle anderen Euphemismen – also Worte, die etwas vermeintlich Negatives positiver umschreiben sollen –, die anstelle von »behindert« oder »Behinderung« eingesetzt werden. Doch die Frage ist ja: Warum etwas positiver umschreiben, wenn es nichts Negatives ist? Warum hat jemand, der*dem ich erkläre, dass ich behindert bin, sofort das Bedürfnis, mir meine Selbstbezeichnung zu entreißen und sie durch Worte wie »Handicap«, »Beeinträchtigung« oder »besondere Bedürfnisse« zu ersetzen? Die Antwort ist ganz einfach: Weil wir mit der Denkweise aufwachsen und diese ständig durch unser Umfeld reproduziert wird, dass Behinderung zwangsläufig mit Schicksalsschlägen,

Leid und Wertminderung verbunden ist. Dazu kommt die bevormundende Annahme, dass nicht-behinderte Menschen besser wissen, was für behinderte Menschen gut ist.

In meinen Vorträgen sage ich manchmal scherzhaft, dass das Thema Behinderung von unserer Gesellschaft wie Lord Voldemort höchstpersönlich in den *Harry Potter*-Filmen behandelt wird. Wir wissen alle, es gibt sie, aber wir möchten sie nicht beim Namen nennen und uns schon gar nicht mit dem Thema auseinandersetzen, es sei denn, wir können selbst etwas daraus ziehen. Die unausgesprochene Annahme dahinter lautet: Behinderung gilt in unserer Gesellschaft als das Schlimmste, was einer*einem passieren kann. Würden wir uns jedoch einmal ernsthaft mit dem Thema befassen und könnten wir einen Moment lang über unsere Vorurteile hinwegsehen, so würden wir schnell verstehen, dass das Problem woanders liegt. Dass das, was eine Behinderung tatsächlich dramatisch macht, nicht zwangsläufig die Behinderung an sich ist, sondern lediglich die Art und Weise, wie unsere Gesellschaft mit dem Thema umgeht und wie sie behinderten Menschen die Teilhabe verweigert.

Was tun wir also, wenn wir von »Handicaps«, »Beeinträchtigungen«, »besonderen Bedürfnissen« und Co sprechen? Wir signalisieren, dass Behinderung etwas Negatives und Unangenehmes ist, was beschönigende Worte dringend nötig hat. Dabei sprechen wir dem Thema seine tatsächliche Neutralität ab und tragen zu dessen Tabuisierung bei. So schieben wir es immer weiter in eine dunkle Ecke. »Aber dieses Wort ist so negativ belegt!«, höre ich oft. Und frage mich dabei: Ist es nicht ziemlich ironisch, dass vielen Menschen der Begriff »behindert« leicht über die Lippen geht, wenn er ihnen als Schimpfwort dient oder sie zumindest nichts dagegen sagen, wenn ihr Umfeld den Begriff in dieser Weise missbraucht – und die gleichen Menschen sich dann aber weigern, tatsächlich behinderte Menschen auch als solche zu bezeichnen?

Von klein auf habe ich »behindert« als Synonym für Schimpfworte aller Art über den Schulhof schallen hören, während ich tief in mir drin wusste: Ich bin wirklich behindert. Auch wenn ich dies lang nicht aussprach und nur in allergrößter Not mal einen der oben genannten Euphemismen über die Lippen brachte, denn auch ich hatte gelernt, dass behindert zu sein etwas Negatives zu sein schien. Und so habe ich bis heute vollstes Verständnis dafür, wenn Betroffene Euphemismen als Selbstbezeichnung bevorzugen. Sie haben jedes Recht der Welt dazu, und dies gilt es zu akzeptieren, während nicht-behinderte Menschen keinen Grund dazu haben, sich Euphemismen anzueignen und Betroffene mit Fremdbezeichnungen zu betiteln. Sind wir uns nicht sicher, wie wir eine Person ansprechen sollen, dann können wir auch einfach nach der Selbstbezeichnung dieser Person fragen. Ist jedoch allgemein die Rede von behinderten Menschen, sollten wir diese auch als solche bezeichnen. Dahinter stehe nicht nur ich als Luisa, sondern alle behinderten Aktivist*innen, die den progressiven Inklusionsgedanken vertreten und sich mit dem gesamtgesellschaftlichen Einfluss von Sprache auseinandersetzen.

Während ich also vor wenigen Jahren selbst noch um das Wort »behindert« herumtänzelte, sehe ich es mittlerweile nicht mehr ein, immer und immer wieder das Feld für nichtbehinderte Menschen zu räumen. Mich zurückdrängen zu lassen, mich ganz kleinzumachen. Denn angenommen, wir würden nun einen komplett neuen Begriff mühevoll und über viele Jahre hinweg prägen, um das Merkmal Behinderung zu beschreiben, dann würde es sicher nicht allzu lang dauern, bis diese neue, neutrale Bezeichnung wieder in den Dreck gezogen werden würde. Und was dann? Wieder ein neuer Begriff? Ich glaube nicht, dass das eine Lösung darstellt. Es gibt Tausende und Abertausende Schimpfworte, doch dieses Wort gehört uns. Darauf bestehe ich heutzutage.

Jedoch nicht nur, wie wir behinderte Menschen bezeichnen, spielt eine wichtige Rolle im Hinblick auf Antidiskriminierung. Auch darin, wie wir Menschen bezeichnen, die es nicht sind, spiegelt sich unsere Sicht auf Behinderung wider. So sind Bezeichnungen wie »gesund« oder gar »normal« absolut zu vermeiden, wenn wir in Wahrheit von nicht-behinderten Menschen sprechen. Denn beide Begriffe sind wertend und setzen dazu noch falsche Tatsachen voraus. Fakt ist, dass nicht jede Behinderung zwangsläufig mit einer Krankheit zu tun haben muss und dass das Wort »normal« ohnehin problematisch ist. Was normal ist, gibt die Dominanzgesellschaft vor, und was nicht diesen oft kaum erreichbaren Anforderungen entspricht, wird schnell als »abnormal« oder nicht der »Norm« entsprechend abgewertet. So trägt die Bestimmung von vermeintlichen Normen zwangsläufig zu diskriminierenden Strukturen bei. »Nicht-behindert« dagegen ist ein neutrales Gegenstück zu »behindert«.

Das vorhin genannte Othering kann aber auch bedeuten, dass einer marginalisierten Gruppe, im Fall von Ableismus behinderten Menschen, gewisse Merkmale oder Charaktereigenschaften zugeschrieben werden. Dann heißt es: »Behinderte Menschen sind ja immer so und so.« Oder: »Kennst du Person xy? Die sitzt auch im Rollstuhl.« Durch solche Aussagen und Denkmuster verweigern wir Mitgliedern marginalisierter

Gruppen jegliche Art von Individualität, ganz nach dem Motto: »Kennst du eine*n, kennst du alle!« Ist man sich als Betroffene*r erst einmal bewusst, dass alles, was man tut, sagt oder eben nicht sagt, verallgemeinert und auf eine riesige Gruppe von Menschen projiziert wird, lastet von dort an ein unfassbar schweres Gewicht auf den eigenen Schultern. Zu wissen, dass ich nicht als Individuum gesehen werde, sondern schnell meine ganze Community »repräsentiere«, nimmt mir die Leichtigkeit. Was, wenn ich ausnahmsweise mal keine gute Laune habe und an der Supermarktkasse bei meinem Wocheneinkauf nicht zurücklächle? Würde der*die Kassierer*in dann bei dem*der nächsten Rollstuhlfahrer*in davon ausgehen, dass diese*r genauso unfreundlich ist wie ich? Was, wenn ich in meinem Job einen Fehler mache und mein*e Arbeitgeber*in in Zukunft keiner einzigen behinderten Person mehr die Bewältigung dieser Aufgabe zutraut? Generell dürfen sich behinderte Menschen viel weniger Fehler erlauben. »Ich habe mir doch gleich gedacht, dass das eine Nummer zu groß für dich ist«, heißt es sonst. Chance vertan. Eine zweite kommt nicht mehr.

Eine weitere Herangehensweise im ableistischen System ist die Zentrierung von nicht-behinderten Menschen. Geht es beispielsweise um das Thema Barrierefreiheit, so wird als überzeugendes Argument nicht selten angebracht, dass Rampen ja auch Eltern mit Kinderwagen zugutekämen und Untertitel auch praktisch seien, wenn man ein Video ohne Ton, beispielsweise auf dem Nachhauseweg in der Bahn, anschauen wolle. In diesem Moment stimmen nicht-behinderte Menschen der Teilhabe von behinderten Menschen also nur unter der Bedingung zu, wenn sie selbst davon profitieren können oder sich zumindest keine vermeintlichen Nachteile oder gar Mehraufwand für sie daraus ergeben. Ein weiteres Argument in diesem Kontext lautet: »Jede*n kann es treffen! Wir können alle mal behindert werden.« Hierbei sind neben dem bereits genannten Punkt noch zwei weitere Faktoren problematisch. Erstens wird Behinderung als Drohung eingesetzt, was dazu führt, dass das negative Stigma aufrechterhalten und suggeriert wird, man müsse Angst vor einer Behinderung haben. Zweitens resultiert diese Aussage aus der Annahme, dass man sich nur um das Thema Behinderung scheren müsse, wenn es eine*n selbst trifft oder zumindest treffen könnte. Auch hier werden also wieder nicht-behinderte Menschen in den Fokus gerückt, so als wolle man sagen: »Allein für die behinderten Menschen ist es das nicht wert. Wir müssen schon auch selbst etwas davon haben.«

Doch sogar vermeintliches Lob kann in Wahrheit ableistisch sein. Denn was meinen wir eigentlich, wenn wir behinderte Menschen dafür loben, dass sie ganz alltägliche Tätigkeiten ausüben? Wovon geht die Person aus, wenn sie überschwänglich ruft: »Mensch, toll, dass du trotzdem noch einkaufen gehst!«? Davon, dass behinderte Menschen pauschal gewisse Dinge nicht bewerkstelligen können. Die Person, die eine solche Aussage tätigt, hat also gewisse Vorurteile und fasst nun die Verwunderung darüber in Worte, dass sich diese Stereotype nicht bestätigen. Doch anstatt diese Vorurteile nun als solche zu erkennen und darüber nachzudenken, dass man das wohl doch nicht so verallgemeinern kann, kommt der*die Aussprecher*in des Lobes einfach zu dem Schluss, dass es sich hier wohl um eine besondere Leistung der behinderten Person handeln muss.

Auch vermeintlich positive und wertschätzende Aussagen wie »Ich finde es so mutig, dass du dich so zeigst!«, wie ich sie immer wieder in den Kommentarspalten unter meinen Instagram-Posts zu lesen bekomme, strotzen in Wahrheit nur so vor Gift und Galle. Denn was soll mir das genau sagen? Dass Behinderung eigentlich so abstoßend und schrecklich ist, dass sie versteckt werden muss, sodass ich infolgedessen ja nur mutig sein kann, wenn ich mich »trotzdem« so zeige?

Anhand all dieser Beispiele sehen wir: Ableismus ist unbedingt als ein komplexes System zu begreifen, das so viel mehr umfasst als ein stumpfes »Ich hasse behinderte Menschen!«. Es sind oft kleine, beiläufige Bemerkungen, Gesten oder Blicke, durch die sich Ableismus ausdrückt. Es ist ein »Dafür, dass du im Rollstuhl sitzt, bist du echt hübsch!«; ein mitleidiger Blick in der Straßenbahn; ein »Guck da nicht so hin!« einer Mutter, die ihr Kind von mir wegzieht; eine fremde Hand an den Griffen meines Rollstuhls, die mich, während ich in der Schlange vom Bäcker warte, zur Seite schiebt, weil ich augenscheinlich »im Weg« stehe. All das sind sogenannte Mikroaggressionen, die für sich allein vielleicht harmlos wirken und von den wenigsten Menschen direkt als diskriminierend wahrgenommen werden, die aber in ihrer Gesamtheit einen unvergleichlichen Schmerz auslösen, den nur Mitglieder marginalisierter Gruppen nachvollziehen können. Ableismus ist Gewalt und kann schlimme und sogar tödliche Folgen haben, auf die ich in diesem Buch noch genauer eingehen werde.

Und wer nun denkt, dass nur behinderte und chronisch kranke Menschen von Ableismus betroffen sind, die*der irrt. Denn in einem System gibt es immer Menschen, die davon profitieren, wenn andere unterdrückt und benachteiligt werden.

Auch hier ist keinesfalls eine Intention vonnöten, denn selbst wenn eine nicht-behinderte Person nun beschließen würde, nicht mehr von diesem System zu profitieren, so könnte sie sich dem dennoch nicht entziehen. Sie würde beispielsweise im Bewerbungsverfahren für einen neuen Job gegenüber ihren behinderten Mitbewerber*innen nach wie vor bevorzugt werden. Ob sie das möchte oder nicht, spielt dabei keine Rolle. Den durch Ableismus ausgelösten Druck, genauer gesagt den Druck, der vermeintlichen Norm zu entsprechen und Leistung zu erbringen, spürt hingegen auch sie, wie alle anderen nicht-behinderten Menschen übrigens auch. Mit dem entscheidenden Unterschied, dass nicht-behinderte Menschen diesem Druck, zumindest in Bezug auf die Erbringung von Leistung und das Entsprechen der nicht-behinderten »Norm«, weitestgehend standhalten können. Deshalb ist teilweise auch die Rede von »positiv Betroffenen«, also denjenigen, die im ableistischen System bevorzugt werden, und »negativ Betroffenen«, also behinderten Menschen, die durch das System benachteiligt werden. Durch diese Unterscheidung wird deutlich, dass Ableismus uns alle auf verschiedene Art und Weise betrifft und somit uns alle etwas angeht.

Ableismus ist in sich so komplex, dass selbst ich als betroffene Expertin, die ihn schon ihr Leben lang am eigenen Leib spürt und sich seit vielen Jahren bewusst damit auseinandersetzt, immer wieder neue Facetten und Zusammenhänge sehe. Aus diesem Grund will ich dir als Leser*in dieses Buches von vornherein die Illusion nehmen, dass du nach Beendigung der Lektüre alles, aber auch wirklich alles über Ableismus wissen wirst. Was ich aber versuchen möchte, ist, dir eine Basis an die Hand zu geben, auf die du, sobald du gewisse Tatsachen einmal verinnerlicht hast, immer weiter aufbauen kannst. Eine Basis, die in dir arbeiten und wachsen kann und die dir ermöglichen wird, Teile deines Alltags neu wahrzunehmen, wenn du es nur zulässt und weiter am Ball bleibst. Wenn du dich vor diesem Buch noch wenig bis gar nicht mit der strukturellen Diskriminierung marginalisierter Gruppen auseinandergesetzt hast, wirst du dir vielleicht irgendwann beim Lesen wünschen, dass ich dich niemals darauf aufmerksam gemacht hätte. Ähnlich wie wenn eine Person darauf aufmerksam gemacht wird, dass ihr Gegenüber auffällig laut kaut und sie dies plötzlich nicht mehr überhören kann, obwohl es ihr zuvor nie aufgefallen ist. Wenn du dieses Buch aufmerksam liest, wirst du von da an im Alltag an meine Worte denken. Vielleicht im Bus, während du auf eine Reklametafel schaust, in Gesprächen mit Freund*innen, die du zuvor für die antidiskriminierendsten Menschen der Welt gehalten hast, oder beim Schauen deines Lieblingsfilmes. Und du wirst die Leichtigkeit vermissen, die auch ich manchmal vermisse. Aber gleichzeitig wirst du dir auch dessen bewusst sein, dass genau diese Leichtigkeit nur den Personen vorbehalten ist, die sich ihrer Privilegien nicht bewusst sind und so diskriminierende Strukturen weiter aufrechterhalten. Diskriminierung hinzunehmen, um den eigenen Seelenfrieden zu wahren, ist daher nie eine Option – immerhin haben marginalisierte Gruppen auch nicht die Wahl, ob sie sich mit Diskriminierung befassen wollen oder nicht.

What doesn't kill you doesn't always make you stronger

Als ich etwa 13 Jahre alt war, brach die Hölle über mich herein. Ich kann es nicht anders sagen, denn es passierten so viele schreckliche und traumatische Dinge nahezu gleichzeitig, dass ich diese Monate bis heute als »die schlimmste Zeit meines Lebens« betitele. In der Schule hatte sich die Situation schon seit Jahren angebahnt. Bereits in der dritten oder vierten Klasse fingen meine Mitschüler*innen an, mich für Spiele, bei denen man springen oder rennen musste, regelrecht »auszusortieren«. Die Letzte, die im Sportunterricht gewählt wurde? Wie immer Luisa – das heißt Luisa und ihre Schulbegleiterin, denn in den ersten Jahren kamen verschiedene junge Frauen mit mir zur Schule, um mir zu assistieren. Sie trugen meine Tasche, halfen mir beim Aus- und Einräumen meiner Schulutensilien und begleiteten mich auf dem Schulweg. Vor allem aber zogen sie mir mein Korsett an und aus, wenn es zum Sportunterricht ging, bei dem sie mich außerdem beim Rennen an der Hand hielten, um Stürze zu vermeiden. Später kamen sie nur noch zum Sportunterricht, und als ich schließlich von diesem befreit wurde, kamen sie gar nicht mehr.

»Wenn Luisa mitspielt, dann verlieren wir!«, protestierte ein Mitschüler, während er ungeduldig am Rand einer kreisrunden Einbuchtung im Schulhof stand, die einem Spiel diente, bei dem man möglichst schnell eine hohe Stufe herunterspringen musste, um die Mitte zu durchqueren und schließlich auf der anderen Seite wieder hochzuspringen. Ich erinnere mich noch genau an die circa zwanzig Augenpaare, die, nachdem Kommentare dieser Art zugenommen hatten, aus dem Stuhlkreis rund um mich herum skeptisch auf mich gerichtet waren, während meine damalige Klassenlehrerin verkündete: »Die Luisa ist eben ein bisschen anders. Darauf müsst ihr einfach Rücksicht nehmen.« Einer von zwei kläglichen Versuchen meiner Lehrerinnen, das Mobbing, das mir in den darauffolgenden Jahren immer verstärkter entgegenschlagen würde, einzudämmen. Dabei war dieser noch der bessere Versuch, während mir meine Klassenlehrerin ab der fünften Klasse permanent das Gefühl vermittelte, ich sei selbst für das verantwortlich, was mir passierte. Sie beging also die klassische Täter*innen-Opfer-Umkehr, bei der den Opfern vermeintliche Gründe vorgetragen werden, die das Verhalten der Täter*innen rechtfertigen sollen und dem Opfer selbst die Schuld zuschreiben. Ich müsse einfach weniger in der Schule fehlen und mich mehr anpassen, dann würde das schon nachlassen, meinte diese Lehrerin damals zu mir. Es sei schließlich auch ein bisschen nachvollziehbar, dass meine Mitschüler*innen nicht damit umgehen könnten, dass ich vom Sportunterricht befreit und dazu noch dauernd krank wäre.

Es stimmt, ich war in dieser Zeit oft zu Hause geblieben. Jedoch hatte ich nie »krank gespielt«, wie mir ein Teil meiner Familie ebenfalls vorwarf. Schließlich war ich bereits mein Leben lang chronisch krank und behindert und hatte durch diese Tatsache nie die Kapazitäten, über die eine nicht-behinderte Person verfügt.

Dazu kommt noch, dass es eigentlich selbsterklärend ist, dass der Körper rebelliert, wenn er vermehrt Stress, Panik und Scham ausgesetzt ist. Welche Person geht schon gern in die Schule, wenn sie nie weiß, wo die nächste Schikane auf sie lauert? Auf dem Schulweg, auf dem du mehrfach fast auf die Straße oder auf die Bahnschienen geschubst wurdest? Im Zug, in dem deine vermeintlichen Freundinnen plötzlich demonstrativ ihre Schulranzen auf die Sitze werfen, auf denen du dich gerade niederlassen wolltest, oder eher gesagt musstest, weil es dir unmöglich ist, dich in einem anfahrenden Zug auf den Beinen zu halten? In der Eingangshalle, in der dir deutlich jüngere Schüler*innen problemlos die Tür zuhalten können, weil sie genau wissen, dass du nicht die Kraft hast, um sie einfach aufzuschieben? In der Mensa, in der deine Schultasche vor aller Augen immer und immer wieder ihren Weg in die Mülltonne findet? In der Innenstadt, während der großen Pause, in der dir deine Mitschüler*innen die Schuhe von den Füßen reißen und sich darüber amüsieren, dass du nicht hinter ihnen herrennen kannst – schon gar nicht ohne Schuhe? Im Bus, in dem dir der einzige freie Sitz erneut verwehrt wird und du als Einzige stehen musst, sodass du wie der Ball in einem Flipperautomaten hin und her geschleudert wirst, während deine Mitschüler*innen dich beleidigen? Oder auf schülerVZ, einer Social-Media-Plattform für Schüler*innen, auf der die anderen über dein Profil Mitschüler*innen anzügliche Nachrichten schicken, nachdem eine vermeintliche Freundin dein Passwort herausgefunden hat?

Die ganze Situation spitzte sich weiter zu, als ich erfuhr, dass sich meine Eltern scheiden lassen würden. Es fühlte sich an, als würde nun auch der letzte Zufluchtsort, an dem ich mich sicher fühlte, in sich zusammenbrechen. Haltlos taumelte ich durch meinen von Hass und Mobbing geprägten Schulalltag, ließ die Schikanen über mich ergehen, hielt mich an jedem Strohhalm fest. Als in der Schule bekannt wurde, dass sich meine Eltern getrennt hatten, vermischte sich die ganze ätzende Brühe zu einem unvergleichbar explosiven Gemisch. »Kein Wunder, dass dein Vater auszieht!«, grölten sie. »Einen Krüppel zur Tochter wollte ich auch nicht haben.« Das Verhalten meiner Mitschüler*innen war ab einem gewissen Punkt an Boshaftigkeit kaum noch zu überbieten. Sie drohten mir, forderten mich dazu auf, mir selbst das Leben zu nehmen, ließen mich immer wieder wissen, wie wertlos ich in ihren Augen war – und ich glaubte ihnen.

Auch die Trennung meiner Eltern lief alles andere als gemäßigt ab, und so war ein Teil meiner Familie regelmäßig damit beschäftigt, mir Schuldzuweisungen aufzuladen und irgendeine Form von Positionierung von mir zu verlangen. Zu viel für einen so kleinen Körper. Zu viel für jeden Körper auf dieser Welt. Nachdem ich bereits seit Monaten mit Panikattacken, Übelkeit und Suizidgedanken zu kämpfen gehabt hatte, brach ich irgendwann einfach zusammen. »Ich werde nie wieder einen Fuß in diese Schule setzen«, schwor ich, und so meldete mich meine Mutter für eine andere Schule sowie für eine Psychotherapie an.

Die neue Schule besuchte ich genau eineinhalb Tage lang, wobei ich an meinem ersten Schultag bereits fehlte. Zu tief saß das Trauma. Wie sollte man denn auch einem Körper, der seit Jahren Demütigung und Schmerz ausgesetzt war, erklären, dass das hier plötzlich anders sein sollte? Dass die Schule mit etwas Glück nun wieder ein einigermaßen sicherer Ort sein könnte? Hinter jeder freundlichen Geste meiner neuen Mitschüler*innen vermutete ich die nächste üble Schikane. So wie es meine vermeintlichen Freundinnen zuvor oft mit mir gemacht hatten, indem sie zuerst freundlich zu mir waren, nur um mich anschließend in die nächste Falle zu locken, in der sie mich dann, wie auf Kommando, bis auf die Knochen demütigten. Ich konnte niemandem vertrauen, sah hinter jeder nett gemeinten Geste meines Gegenübers die Absicht, mich erst einmal in Sicherheit zu wiegen, nur um mich danach noch tiefer verletzen zu können. Hinter jedem Lachen witterte ich ein Auslachen. Hinter jeder guten Miene ein böses Spiel. Dazu war der Schulweg weit und beschwerlich, und mein Körper rebellierte bereits vor Überanstrengung, bevor ich auch nur den Bahnhof meines Heimatdorfes erreicht hatte, von dem aus ich mit dem Zug ein paar Stationen fahren und dann erneut einen weiten Fußmarsch oder aber eine Fahrt in einem überfüllten Bus auf mich nehmen musste, um zu meiner neuen Schule zu gelangen.

Die Psychotherapeutin machte alles nur noch schlimmer. Sie schien sich mit meiner Symptomatik überhaupt nicht auszukennen, und so fand ich mich an einem Tisch wieder, an dem ich Kurzgeschichten möglichst gut vorlesen sollte, um – Achtung, jetzt wird's absurd – dafür Büroklammern zu erhalten, die ich wiederum gegen Zeit mit der Therapeutin eintauschen konnte, in der wir belanglose Brettspiele spielten. Wie unfassbar kontraproduktiv und schädlich die Message hinter dieser Vorgehensweise war, verstand ich natürlich erst, als ich mich als Erwachsene an diese »Therapie« zurückerinnerte – eine von vielen, die ich noch absolvieren würde. Was ich jedoch schon damals verstand, war, dass dieses Therapiezimmer kein Ort war, an dem ich mich jemandem anvertrauen konnte. Ich wollte keine Brettspiele spielen oder Kurzgeschichten lesen. Ich wollte über mein Trauma reden, über die emotionale

Erpressung, die ich, seitdem ich denken konnte, von einem Teil meiner Verwandtschaft erfuhr, über die mentale, aber auch physische Gewalt, die mein Körper erfahren hatte. Stattdessen füllte ich einen IQ-Test-Bogen nach dem anderen aus, wurde geschimpft, wenn ich darüber sprach, nicht mehr leben zu wollen, wurde geschimpft, als ich versuchte, diesen Wunsch in die Tat umzusetzen. »Versprich, dass du das nie mehr machst!«, hieß es von meiner Therapeutin. Danach: Brettspiele.

In meinem Therapiebericht stand von nun an neben einer diagnostizierten Angststörung, genauer genommen einer Sozial- und Schulphobie, das ironische Wörtchen »Anpassungsstörung«. Heute finde ich, es fasst kaum etwas unsere Gesellschaft besser zusammen als die Tatsache, dass einer mehrfach marginalisierten Teenagerin eine pathologische Ursache für ihr Leid unterstellt wird, anstatt die strukturelle Diskriminierung, die dieses Leid verursacht hat, als den eigentlichen Grund für ihre Verfassung zu benennen. Auch hier wird wieder bei den negativ Betroffenen selbst nach einer Begründung für die Erfahrungen gesucht, die sie machen. Es wird gesagt: »Du hast diese Probleme, weil du nicht in der Lage bist, dich anzupassen« – was zusätzlich auch noch impliziert, dass eine solche Anpassung immer in unserer Hand liegt.

Genau genommen schlägt das Wort »Anpassungsstörung« in die gleiche Kerbe wie das Wort »Integration«. Es sagt aus, dass sich das Individuum an die Gesellschaft anpassen muss. Dass es Wege finden muss, um von der Dominanzgesellschaft als eine*r der ihren angesehen zu werden oder von dieser zumindest in ihrem*seinem vermeintlichen »Anders-Sein« akzeptiert zu werden. Zum Beispiel indem es sich mit der Schublade zufriedengibt, in die es hineinbugsiert wurde. Indem es ihren Vorurteilen entspricht oder zumindest nicht widerspricht, wenn ihm diese Stereotype entgegengeworfen werden. Niemand fragt: Warum kann dieses Individuum nicht an unserer Gesellschaft teilhaben? Was hindert es daran? Was braucht es dafür? Was können *wir* tun, um seine Teilhabe zu ermöglichen? Und da wären wir schließlich bei einem deutlich passenderen Begriff angelangt: der »Inklusion«. Denn letzten Endes liegt es nicht an marginalisierten Gruppen, dass sie marginalisiert werden. Es liegt nicht an ihnen, dass ihnen die Teilhabe am Leben verwehrt wird, und es liegt auch nicht an ihnen, dass sie strukturelle Diskriminierung erfahren. Heutzutage setzt sich der Begriff »Inklusion« zum Glück immer mehr durch, auch wenn er in meinen Augen viel zu inflationär verwendet wird. In meiner Kindheit jedoch sprach mein Umfeld, wenn von mir die Rede war, noch von einem »Integrationskind«.

Nach vielen weiteren Fehltagen, Kurzgeschichten und Büroklammern-Zählen wechselte ich erneut die Schule. Ich bin mir sicher, hätte meine Mutter damals nicht alles getan, was in ihrer Macht stand, um mich irgendwie aus meinem Loch herauszuholen, wäre ich an diesem Punkt wohl einfach verloren gegangen. Stattdessen schleppte sie mich zu sämtlichen psychiatrischen Notdiensten und machte meine Schulwechsel-Odyssee anstandslos mit. Und auch wenn ein weiterer Schulwechsel an sich nicht die Lösung war, so hielt ich es an der nächsten Schule zugegebenermaßen ein wenig besser aus, und das, obwohl der Schulweg noch beschwerlicher war als bei der letzten Schule. Diese neue Schule hatte den Vorteil, dass meine Mutter dort als Lehrerin arbeitete, und auch wenn sie mir in meinem Schulalltag kaum begegnete, gab es mir Sicherheit zu wissen, dass da jemand war. Ich hatte zwar immer noch viele

Fehltage, kam im Unterricht gerade so mit und kämpfte nach wie vor mit meinen Ängsten, aber für einen kurzen Moment sah es so aus, als ob sich die Dinge einpendeln würden – bis ich für eine Routineoperation am Knie ins Krankenhaus musste.

Jedoch war an diesem Eingriff so ziemlich gar nichts Routine, es gab Komplikationen, es folgten weitere Krankenhausaufenthalte, Wochen im Liegen, bis all das schließlich von einem Reha-Aufenthalt gekrönt wurde, der grundlegend anders verlief als erwartet. Mein Knie war mittlerweile ins Unermessliche angeschwollen, und durch das ganze Liegen war meine Muskulatur stark zurückgegangen. Dass langes Liegen oder Stillstand an sich verheerende Auswirkungen auf Menschen mit neuromuskulären Erkrankungen haben können, ist bekannt. Was jedoch damals noch niemandem bekannt war: Ich war einer dieser Menschen. Nachdem meine Mutter nämlich eine Zeit lang so ziemlich alles dafür getan hatte, damit ihre Tochter endlich eine Diagnose erhielt, hatten wir mittlerweile nahezu kapituliert. Von »Du kannst gar nichts haben. Bist du sicher, dass du dir das nicht einbildest?« bis hin zu der Vermutung, ich könnte eine lebensbedrohliche Erkrankung haben, war bei den Untersuchungen mittlerweile alles dabei gewesen. Und als sich jegliche Verdachtsdiagnosen durch einen erneuten Gentest, das Vorsprechen bei neuen Expert*innen oder andere oft schmerzhafte Untersuchungen wieder nicht bestätigten, glaubte ich irgendwann selbst nicht mehr daran, dass wir jemals eine Antwort erhalten würden. Nach dieser OP und den darauffolgenden Komplikationen waren meine Muskeln jedoch so geschwächt, dass meine Bewegungs- und Koordinationsstörung, die andere Menschen zuvor eher nur mit geschultem Auge erkannt hatten, nun eindeutig nicht mehr zu übersehen war. In dieser Reha wurde also nicht nur mein Knie therapiert, es wurde auch die Diagnostik erneut aufgerollt – ohne Erfolg.

Ich blieb lang in dieser Klinik. Erst einen Monat, dann zwei, dann drei, und als mein Knie wieder nahezu den gleichen Umfang wie das andere hatte anstatt den einer Honigmelone, ging ich trotzdem nicht nach Hause. Der Psychologe, bei dem ich in diesen drei Monaten zur Therapie gewesen war, bot mir an, im Rahmen einer psychosomatischen Reha zu bleiben. Er übergab mich an die hauseigene Psychiaterin – ein richtiger Drachen, und auch ihre Therapie brachte mir gar nichts außer einer angedichteten Essstörung, deretwegen ich nun beim Essen beobachtet und jeden Samstag aus dem Bett direkt auf die Waage gezerrt wurde. Doch was zählte, war, dass ich bleiben durfte. Bei Menschen, die ähnliche Erfahrungen machten wie ich – oder total andere, aber bei denen ich dennoch einfach ich sein konnte und den anstrengenden Versuch, meine Behinderung zu verstecken, für einen Moment lang vergaß. Gleichaltrige Mädchen, mit denen ich die Wände unseres gemeinsamen Zimmers mit *Bravo*-Postern dekorierte, Mütter mit kleinen Kindern, die ich auf meinem Schoß mitfahren ließ, wenn ich mit meinem ersten Rollstuhl durch die Gänge flitzte. Sie alle kamen und gingen, ich blieb. Vier Monate, fünf Monate, sechs Monate. Die Physiotherapie war während dieser Zeit meine wahre Psychotherapie. Wie viele Male lag ich schluchzend auf der Liege und schüttete meinem Physiotherapeuten Ulli mein Herz aus. Es war ein bisschen wie Familie. Eine ältere Frau namens Lydia, die im Spielzimmer anzutreffen war und die eine*n jederzeit mit geschnittenem Obst und einer Menge guter Laune empfing. Die Pflegerin, die sich nach ihrer Schicht noch von mir schminken ließ, woraufhin alle anderen Pflegerinnen mein

Werk überschwänglich bewunderten. Meine Mitbewohnerin, die Verbrennungen an den Händen hatte, sodass ich kurzerhand das Flechten ihrer Haare übernahm und dabei die wildesten Frisurenkreationen entwarf. Wir alle waren aus einem bestimmten Grund dort, und das brach aus uns allen auch ab und zu mal heraus. Und so weinten wir zusammen und lachten zusammen und sprachen über ganz schwere Themen, um uns anschließend wieder über ganz leichte kaputtzulachen. Trotz der ständig wechselnden Patient*innen und Mitbewohner*innen war dies das Stück Beständigkeit, das ich zuvor so lang vermisst hatte. Unser eigener kleiner Kosmos, aus dem ich lediglich kurz heraustrat, wenn ich für eine Nacht pro Woche nach Hause fuhr.

Als ich vor Kurzem jemandem von dieser Zeit erzählte, nachdem ich dies wirklich lang nicht mehr getan hatte, sagte ich abschließend mit hochrotem Kopf und Tränen in den Augen: »Es war die schrecklichste und schönste Zeit zugleich.«

Eine Zeit lang konnte ich mir gar nicht mehr so richtig vorstellen, irgendwo anders zu leben als auf Station 6. Doch das ging natürlich nicht, und so verließ ich nach vielen Monaten meine kleine Welt mit einer Tonne Wehmut im Herzen, nur um lediglich ein paar Häuser weiter in die angrenzende Einrichtung für behinderte Menschen zu ziehen. Ich wollte nicht mehr zurück in meine alte Schule. Schon als ich zwischenzeitlich mit Krücken dort aufgetaucht war, hatte ich anhand der Reaktionen einiger Mitschüler*innen, aber besonders anhand der fehlenden Barrierefreiheit gemerkt, dass der Weg zurück nicht meiner war. Und wenn es mit Krücken schon beschwerlich war, wie würde es erst mit dem Rollstuhl werden? Das Internat, in das ich zog, gehörte zu einem riesigen

Campus bestehend aus unzähligen Häusern mit unzähligen Stockwerken. Hier lebten behinderte Kinder und Jugendliche zusammen in Wohngruppen, während wir alle aber in eine Schule gingen, die auch nicht-behinderte Tageschüler*innen besuchten. Ich hatte Glück, denn es war eine der ganz wenigen Inklusionsschulen in Deutschland, in der so ziemlich alle Schulabschlüsse angeboten wurden, und so besuchte ich eine Wirtschaftsschule. Dieses Umfeld wurde für eine Zeit lang eine Art »Safe Space«* für mich. Meine Mitbewohner*innen waren auf eine Art und Weise irgendwie alle wie ich – obwohl wir uns genau genommen natürlich auch sehr voneinander unterschieden. Genau benennen konnte ich das damals noch nicht. Heute weiß ich, dass sie alle schlicht und ergreifend über das Merkmal Behinderung verfügten, sodass ich mir weder Sorgen darum machen musste, ob meine Behinderung nun »zu sichtbar« wäre, noch ob ich im nächsten Moment darauf reduziert werden würde. Es spielte einfach kaum eine Rolle. Und damit meine ich, dass ich oft nicht einmal von meinen engsten Freund*innen sagen konnte, »was sie nun genau hatten«, wie es immer so schön heißt. Wir sprachen selten bis gar nicht über Diagnosen und all das. Es war einfach nicht von Bedeutung und verschaffte mir so ein paar Jahre einer ausgelassenen, wenn auch nicht sorgenfreien Jugend, die ich ohne diese Schule vielleicht so niemals hätte erleben dürfen.**

* Ein »Safe Space« ist ein sicherer Raum für marginalisierte Menschen, in dem sie keine diskriminierenden Erfahrungen zu befürchten haben.

** Warum ich so viele positive Worte für diese Einrichtung finden kann und dennoch den Abbau solcher Sonderwelten fordere, erläutere ich übrigens im Kapitel »Wie inklusiv ist unsere Gesellschaft wirklich?«.

Narrative und Vorurteile

Uns gegenseitig in Schubladen zu stecken, scheint in der Natur des Menschen zu liegen. Vorurteile erleichtern uns den Alltag, denn sie geben vor, dass wir aufgrund gewisser Merkmale logische Schlussfolgerungen treffen können. Durch Vorurteile ist es uns möglich, die komplexe Realität und die Individualität eines jeden Menschen auszuklammern und uns gar nicht erst die Mühe zu machen herauszufinden, wer oder wie unser Gegenüber tatsächlich ist. Um nicht zu sagen: Es erscheint uns schon nahezu unerträglich, nicht jede Person sofort einschätzen und bewerten zu können. Schließlich fühlen wir uns sicherer und überlegener, wenn wir bereits über vermeintliches Wissen darüber verfügen, wer unser Gegenüber ist und wie sein Leben aussieht. Kurz gesagt: Vorurteile dienen der stumpfen Vereinfachung und geben uns auf diese Weise das Gefühl, Gefahren frühzeitig erkennen zu können. Doch während sich die einen dadurch sicherer fühlen, sind diejenigen, die dadurch tatsächlich in Gefahr geraten, die Menschen, die durch diese Vorurteile stigmatisiert werden. Sie werden ohne ihr Zutun in bestimmte Kategorien gesteckt und werden infolge dieser Kategorisierung benachteiligt, erhalten weniger Rechte, sind mehr von Armut bedroht, mehr Gewalt ausgesetzt und erhalten weniger Schutz. Vorurteile dienen also auch und besonders der Aufrechterhaltung von ungleichen Machtverhältnissen.

Um Ableismus zu verstehen, müssen wir uns mit den bestehenden Narrativen über Behinderung befassen. Bei Narrativen handelt es sich ihrer sozialwissenschaftlichen Bedeutung nach um Erzählungen oder Geschichten, die wir uns immer und immer wieder erzählen und sie somit reproduzieren, bis sie uns irgendwann als Tatsache erscheinen. Diese Geschichten werden von der Mehrheitsgesellschaft geprägt und verteidigt, bis sie als unantastbare Fakten gelten. Dabei handelt es sich bei ihnen in Wirklichkeit lediglich um Vorurteile, die nicht ansatzweise der Lebensrealität der Menschen entsprechen, von denen sie handeln. In unserem Fall definieren also nicht-behinderte Menschen das Bild, das die Gesellschaft von behinderten Menschen hat. Behinderte Menschen haben auf dieses Bild nicht wirklich Einfluss und werden oft mit den vorherrschenden Narrativen konfrontiert, gerade wenn sie diesen nicht entsprechen.

Narrative dienen der Vereinfachung einer komplexen Wirklichkeit, indem sie vorgeben, dass bei der Erfüllung gewisser Voraussetzungen Schlussfolgerungen getroffen werden können, die nicht hinterfragt werden müssen. Vor allem aber dienen sie der Unterdrückung derer, gegen die sich diese Narrative richten. Narrative sind also auch ein Ausdruck von unausgewogenen Machtverhältnissen. Jedoch muss dies, so wie es generell nie bei Diskriminierung der Fall ist, gar nicht die Intention der Person sein, die ein Narrativ reproduziert. Sie weiß in den meisten Fällen nicht einmal, dass es sich bei dem, was sie sagt oder denkt, um ein bestehendes Narrativ handelt. Verstärkt werden Narrative durch fehlende Berührungspunkte und fehlende Repräsentation. Durch fehlende Möglichkeiten zur Teilhabe und fehlende Barrierefreiheit begegnen nicht-behinderte Menschen weitaus seltener behinderten Menschen, als sie es eigentlich sollten. Es entsteht der Eindruck, behinderte Menschen seien eine winzige Minderheit – dabei sind statistisch gesehen mindestens 9,4 Prozent der deutschen

Bevölkerung[1] und 15 Prozent der Weltbevölkerung[2] behindert. Ich sage mindestens, da anzunehmen ist, dass es in Wahrheit weitaus mehr sind, wenn wir die Dunkelziffer der Menschen berücksichtigen, die behindert sind, aber keinen Behindertenstatus erlangen. Schließlich beruht auch die Feststellung des Grades der Behinderung auf ableistischen Strukturen, in denen nicht-behinderte Menschen entscheiden, wer in die Schublade mit der Aufschrift »behindert« passt und wer nicht. Dazu kommt noch, dass viele Menschen, die durchaus Grund dazu hätten, sich als behindert zu identifizieren, Probleme mit dieser Bezeichnung haben, weil sie bis heute so negativ belegt ist. Außerdem werden in Statistiken oft erst Menschen ab einem gewissen Grad der Behinderung erfasst. Unter diesen Gesichtspunkten lässt sich annehmen, dass jede Person, die behauptet, sie würde in ihrem Alltag nie behinderten Menschen begegnen, falsch liegt. Letzten Endes meint diese Person damit nämlich lediglich: »Ich begegne keinen Menschen, deren Behinderung auf den ersten Blick sichtbar ist oder die meinem Bild von behinderten Menschen entsprechen.«

Doch was sind das genau für Bilder in unseren Köpfen? Nun, wo soll ich anfangen? Das am wenigsten komplexe und am weitesten verbreitete Narrativ ist wohl das, welches besagt, dass alle behinderten Menschen fürchterlich unter ihrer Behinderung leiden, dass diese selbstverständlich als Schicksalsschlag zu werten ist und dass das Leben dieser Menschen dadurch weniger wert ist. Die Mehrheitsgesellschaft ist also absolut davon überzeugt, dass Behinderung immer etwas Schlechtes sein muss. Und das ist auch kein Wunder, wo dieses Narrativ doch fröhlich immer weiter reproduziert wird, indem wir behinderte Menschen beispielsweise fast immer nur dann im Fernsehen zu Gesicht bekommen, wenn es darum geht, was ihnen denn Schreckliches passiert sei und welches schwere Schicksal sie zu tragen hätten. So höre ich selbst von Menschen, die ich sonst als relativ sensibilisiert für Ableismus eingestuft hätte, Sätze wie: »Aber du musst schon zugeben, dass es besser und wünschenswerter ist, nicht-behindert zu sein, oder?« Vielleicht braucht es an dieser Stelle für den*die eine*n oder andere*n Leser*in einen Vergleich, um zu zeigen, wie abwegig und verletzend diese Behauptung ist. Nehmen wir an, ein Mann sagt mit absoluter Selbstverständlichkeit zu mir: »Aber du musst schon zugeben, dass es besser und wünschenswerter ist, ein Mann zu sein, oder?« – wäre dies akzeptabel? Vielleicht merkst du jetzt, wie sehr Behindertsein vor Bewertung und Vorurteilen trieft. Vielleicht verspürst du jetzt aber auch den Impuls zu sagen, dass das nicht das Gleiche sei und man es daher überhaupt nicht miteinander vergleichen könne. Das zeigt jedoch nur, dass das Leid-Narrativ auch bei dir Spuren hinterlassen hat und du dies noch einmal überdenken solltest. Behinderung sollte nämlich als ein komplett wertfreies und neutrales Merkmal verstanden werden, so wie jedes andere Marginalisierungsmerkmal auch.

Das heißt übrigens nicht, dass behinderte und chronisch kranke Menschen nicht auch leiden dürfen. Ich selbst lebe mit chronischen Schmerzen und diversen chronischen Krankheiten, die ich den ein oder anderen Tag auch mal verfluche. Das ist jedoch meine individuelle Erfahrung, und nicht jeder behinderten Person muss es genauso ergehen wie mir. Was ich damit auch nicht sagen möchte, ist, dass behinderte Menschen es leicht haben. Jedoch würde ich sagen, dass mindestens achtzig Prozent der Probleme, die ich habe, existieren, weil ich in einem ableistischen System lebe, das die meisten von uns, ohne es überhaupt zu merken, aufrechterhalten. Ein System, in dem ich täglich Mikroaggressionen ausgesetzt bin, in dem ich nur begrenzt an Dingen teilhaben darf, die für die meisten Menschen selbstverständlich sind, und in dem ich gezwungen bin, mich permanent vor Institutionen zu rechtfertigen, um auch nur ansatzweise die Teilhabe zu erhalten, die mir zusteht. Indem wir uns immer nur auf das vermeintliche Leid fokussieren und die Behinderung als das Problem identifizieren, verdrängen wir das eigentliche Problem: die strukturelle Diskriminierung, die behinderte Menschen durch das System erfahren, in dem sie gezwungenermaßen leben. Narrative sorgen also auch gern mal für eine Verschiebung der Zuständigkeit. Anstatt die Strukturen, die uns unsere Teilhabe verwehren, zu kritisieren, machen wir das Problem an der Behinderung und/oder Erkrankung der Person fest.

Der Nationalsozialismus hat das Narrativ der leidenden behinderten Menschen zwar nicht erfunden, aber trieb es so ziemlich auf die Spitze, was bis heute noch Auswirkungen auf unsere Sicht auf behinderte Menschen hat. 1920 gab der Psychiater Alfred Hoche zusammen mit dem Strafrechtler Karl Binding eine Broschüre mit dem eindeutigen Namen »Die Freigabe der Vernichtung lebensunwerten Lebens« heraus. Diese Broschüre, die übrigens bis heute noch frei erhältlich ist, behauptet, man könne das Leben gewisser Menschen als »lebensunwert« einstufen. Im Januar 1934 trat dann das sogenannte »Gesetz zur Verhütung erbkranken Nachwuchses« in Kraft, das eugenische Zwangssterilisation legalisierte. Bei Eugenik handelt es sich um eine Ideologie, die gewisse Erbanlagen als positiv bewertet, während andere vermeintlich negative Erbanlagen ausgerottet werden sollen. Pure Menschenverachtung also. Während der NS-»Euthanasie«, die im Jahr 1939 durch einen Erlass Adolf Hitlers ihren Anfang fand, wurden systematisch mehrere Hunderttausend behinderte und (oft nur vermeintlich) kranke Menschen ermordet. Der Gesellschaft verkaufte man dieses Vorgehen jedoch als »Gnadentod«, also als die Erlösung dieser Menschen von ihren vermeintlichen Qualen. Auch bei dem Begriff »Euthanasie« handelt es sich in diesem Kontext um einen Euphemismus, weshalb er vor diesem historischen Hintergrund nur in Anführungszeichen verwendet werden sollte. Der Begriff stammt nämlich aus dem Altgriechischen und bedeutet so viel wie »schöner Tod« – keine besonders treffende Beschreibung für einen Massenmord und den Versuch, marginalisierte Gruppen ein für alle Mal auszulöschen.

Die Ermordung behinderter und kranker Menschen begründeten die Nazis jedoch nicht nur damit, dass dies besser für genau jene behinderten und kranken Menschen sei. Nein, es sei natürlich auch besser für die nicht-behinderten und gesunden Menschen. So wurden letztere davor gewarnt, dass sogenannte »Minderwertige« oder auch »Erbkranke« doppelt so viele natürlich ebenfalls »minderwertige« beziehungsweise »erbkranke« Kinder bekommen würden wie die »Erbgesunden« und damit »Höherwertigen«.[3] Aufgrund dieser Rechnung würde es, so drohten die Nazis, irgendwann dazu kommen, dass die »Minderwertigen« über die »Höherwertigen« herrschen würden. Doch dem nicht genug! Denn was ist dem Menschen im Kapitalismus wichtiger als alles andere? Natürlich das Geld, und davon müsse in einem solchen Fall der Staat und somit der*die Steuerzahler*in unfassbar viel für sogenannte »Versager« und »Ballastexistenzen« ausgeben.

»Täglich RM 5.50 kostet den Staat ein Erbkranker[,] für RM 5.50 kann eine erbgesunde Familie 1 Tag leben!«, heißt es auf einem Propagandaplakat.[4] »Volksgenosse[,] das ist auch Dein Geld!«, prangt es in roten Lettern auf einem anderen.[5] Kein Wunder also, dass sich das Narrativ, behinderte Menschen seien in jeder Hinsicht eine Belastung für die Gesellschaft, bis heute hartnäckig hält.

Und auch wenn die Mehrheit der Menschen dies vermutlich heute nicht mehr so direkt formulieren würde, ist eine der häufigsten ableistischen Aussagen, die ich während meiner aktivistischen Arbeit zu hören bekomme, dennoch die, dass wir doch gefälligst dankbar dafür sein sollten, dass wir heute nicht mehr behandelt werden wie früher. Im Klartext: »Wenigstens wirst du heute nicht mehr zwangssterilisiert und ermordet. Also beschwer dich gefälligst nicht!« Generell wird von behinderten Menschen regelmäßig eine Sache ganz besonders verlangt: Dankbarkeit. Dankbarkeit für das Fitzelchen Barrierefreiheit, das stellenweise vorkommt. Dankbarkeit dafür, dass wir existieren dürfen, obwohl wir eine vermeintliche Last für die Gesellschaft darstellen, und Dankbarkeit dafür, dass ja heutzutage *so viel* für behinderte Menschen getan werden würde. Von einer nicht-behinderten Person würden wir jedoch niemals Dankbarkeit dafür verlangen, dass sie an ihrem Alltag teilhaben kann, und das, obwohl ihr dies im Gegensatz zu uns möglich ist, ohne dass sie dabei ständig auf Barrieren stößt. Die Annahme, behinderte Menschen würden den Staat unendlich viel Geld kosten, wird durch das Vorurteil verstärkt, dass behinderte Menschen pauschal nicht arbeiten gehen und dementsprechend auch nicht selbst zu der ach so großzügigen Gruppe der »inklusionsstiftenden« Steuerzahler*innen gehören können.

Und wo wir schon mal beim Thema Dankbarkeit sind, können wir auch direkt bei denen weitermachen, denen wir behinderte Menschen – neben dem*der Steuerzahler*in natürlich – bitte besonders dankbar zu sein haben: Menschen, die sich freiwillig mit uns abgeben. Menschen wie zum Beispiel Pfleger*innen und andere Berufsgruppen, die sich unserer annehmen, obwohl unsere Bedürfnisse ja so »anstrengend«, unsere Geschichten so »tragisch« und unsere Existenzen so »unbedeutend« seien. Es gibt nur eine Personengruppe, der wir noch dankbarer sein sollen: den Menschen, die auch privat ihre Zeit mit uns verbringen, und dabei ganz besonders jenen, die eine romantische Beziehung mit uns führen. Erst vor zwei Wochen saß meinem Mann und mir wieder eine Mitarbeiterin des medizinischen Dienstes gegenüber, die mich vorwurfsvoll anschaute und sagte: »Da können Sie aber echt froh sein, dass Sie so einen tollen Mann haben. Das ist in Ihrer Situation nicht selbstverständlich!« Damit implizierte sie, dass mein Mann eigentlich eine Partnerin verdient hätte, die keine »Belastung« darstellt, und dass ich froh sein könne, dass er sich stattdessen weiterhin für mich »aufopfert«. Das Narrativ, behinderte Menschen seien eine Belastung und bei allen, die sich dennoch mit ihnen abgeben, handle es sich um wahre Held*innen oder aber zumindest um Menschen, die hoffnungslos dem Helfer*innen-Syndrom verfallen sind, hält sich also hartnäckig. Dass mein Mann genauso froh darüber sein kann, mich zu haben, habe ich währenddessen noch nie von einer außenstehenden Person gehört. Doch auch, dass unsere Partner*innen überhaupt als solche wahrgenommen werden, ist schon eine Seltenheit. Denn dass behinderte Menschen überhaupt romantische Beziehungen führen können, scheint für manche Personen so abwegig zu sein, dass sie unsere Partner*innen nicht selten für unsere*n Pfleger*in oder gar Betreuer*in halten.

Wie wir gerade schon gelernt haben, haben Narrative oft die Eigenschaft, von strukturellen Problemen abzulenken und die Verantwortung auf das Individuum umzulenken. Wir kennen zum Beispiel wahrscheinlich alle das »Vom Tellerwäscher zum Millionär«-Narrativ, das von Menschen aus einkommensschwachen Verhältnissen erzählt, die sich allein durch ihre Willenskraft bis ganz nach oben gearbeitet haben. Dabei sehen wir aber natürlich immer nur die Erfolgsgeschichten. Schließlich würde niemand ein Kamerateam zu einer Person schicken, die seit zehn Jahren Teller schrubbt und sich am Monatsende immer noch Gedanken darum machen muss, wie sie die Miete ihres Zwei-Zimmer-Apartments bezahlen soll. Und wenn doch, dann nur, um sich über sie zu erheben und darüber zu mutmaßen, was sie falsch gemacht haben könnte, um sich weiterhin in dieser Lage zu befinden. Wir klammern dabei die Tatsache aus, dass wir in einem System leben, dass nicht jeder Person die gleichen Zugänge und Aufstiegsmöglichkeiten bietet. Und während das »Vom Tellerwäscher zum Millionär«-Narrativ oder auch die Behauptung, wir könnten alles schaffen, wenn wir nur wollten, auf einige Menschen mit genau jenen Zugängen und Aufstiegsmöglichkeiten motivierend zu wirken scheinen, sind sie ein Schlag ins Gesicht für jede Person, die wegen verschiedenster Gründe bereits an die Grenzen des Systems gestoßen und somit mit der bitteren Realität vertraut ist, dass Willenskraft allein nicht reicht.

Vergleichbar damit ist das Narrativ, dass behinderte Menschen ihre Behinderung immer überwinden können und sogar müssen, bevor sie ein Teil der Gesellschaft sein können. Die

Vorstellung davon, dass behindert zu sein ein nicht zu akzeptierender Zustand sei, trifft hier auf die gerade erwähnte Theorie, dass wir auf alles Einfluss haben, wenn wir nur genug Willensstärke beweisen. So hören und lesen wir ständig, dass sich eine Person »zurück ins Leben« oder »heraus aus dem Rollstuhl gekämpft« habe, was behindert zu bleiben mit Versagen gleichsetzt. Behinderte und chronisch kranke Menschen werden regelmäßig mit dem Irrglauben konfrontiert, dass wir alle mit der richtigen Diät, der richtigen Therapie, den richtigen Pillen und dem richtigen Mindset geheilt werden können. »Du bist immer noch krank und/oder behindert? Dann musst du wohl was falsch gemacht haben!« In allen Fällen wird uns abgesprochen, dass wir gut sind, wie wir sind, und dass wir am besten wissen, was für uns funktioniert. Einmal mehr wird uns vorgeworfen, dass wir selbst für unsere Situation verantwortlich seien. Mit diesem Verhalten grenzen sich nicht-behinderte Menschen von dem Gedanken ab, dass eine Behinderung oder eine Erkrankung etwas ist, was nicht vollständig beeinflussbar ist. Eine Behinderung ist für sie so negativ belegt, dass sie sich einreden müssen, dass ihnen so etwas nie passieren könnte, solang sie sich an bestimmte Regeln halten. Und weil eine Behinderung ja so schrecklich ist, wollen wir sicherlich alle davon geheilt werden, nicht wahr? Falsch gedacht! Und dennoch wird mir beim Verlassen des Cafés regelmäßig eine gute Besserung gewünscht, oder ein fremder Mann auf der Straße fragt mich, ob er für mich beten soll. Was mir mein Umfeld also permanent spiegelt, ist: Du bist nicht okay, so wie du bist.

Eines der prominentesten und vor allem in den Medien verbreitetsten Narrative ist der sogenannte Inspiration Porn. Geprägt hat ihn die 2014 verstorbene Comedian, Journalistin und Inklusionsaktivistin Stella Young. Wahrscheinlich kennen wir alle die Fernsehbeiträge, in denen behinderte Menschen zu sehen sind, während im Hintergrund dramatische Musik läuft und eine Stimme aus dem Off darüber redet, dass sie das alles »trotz ihres schweren Schicksals« täten und sich davon ihre »Lebensfreude« nicht nehmen lassen würden. Und auch in den sozialen Medien tummeln sich Fotos von behinderten Menschen, die beispielsweise Sport treiben, über denen dann in großen Buchstaben so etwas steht wie: »Und? Was ist deine Ausrede?« Ein anderes Bild zeigt eine Person in einem elektrischen Rollstuhl. Über sie lehnt sich eine andere Person und küsst sie. Darüber steht übersetzt so etwas wie: »Kommt schon! Wenn selbst er dieses hübsche Mädchen kriegen kann, kannst du das erst recht!« Es reicht bereits ein Foto von einer glücklich wirkenden Person, die zum Beispiel eine Prothese trägt, damit Menschen in es hineininterpretieren, dass die abgebildete Person schreckliches Leid ertragen muss und es eine besondere Leistung darstellt, »dass sie ihren Lebensmut nicht verloren hat«. Na? Kommt die Vorstellung, dass eine Behinderung das Leben lebensunwert macht, der*dem ein oder anderen bekannt vor?

Inspiration Porn ist die Erwartungshaltung nicht-behinderter Menschen, aus der Existenz behinderter Menschen Inspiration ziehen zu können. Sie objektifizieren uns und stellen sich über uns, um sich besser, motivierter oder demütiger im Hinblick auf die eigenen Probleme zu fühlen. In Stella Youngs TED-Talk sagt sie: »Wir sind keine echten Menschen, wir sind da, um zu inspirieren. Und da ich [...] auf dieser Bühne sitze und aussehe, wie ich aussehe in diesem Rollstuhl, erwarten Sie schon, ein bisschen von mir inspiriert zu werden, richtig?

Meine Damen und Herren, ich befürchte, Sie da erheblich enttäuschen zu müssen. Ich bin nicht hier, um Sie zu inspirieren. Ich bin hier, um zu sagen, dass wir über Behinderung belogen wurden. Uns wurde Behinderung als etwas Schlechtes verkauft. [...] Und dass es außergewöhnlich ist, behindert zu sein. Es ist nichts Schlechtes, und es macht uns nicht außergewöhnlich.«[6]

Bei Inspiration Porn treffen die Vorstellung, man könne Behinderung überwinden, und das Leid-Narrativ aufeinander. Denn indem behinderte Menschen dafür gelobt werden, dass sie ganz alltägliche Dinge tun oder nicht-behinderten Menschen als Motivation dienen sollen, ganz nach dem Motto: »Wenn selbst diese behinderte Person das kann, kann ich das erst recht!«, wird uns immer und immer wieder vor Augen geführt, wie wenig behinderten Menschen zugetraut wird und wie sehr wir unterschätzt werden. Dabei vergleichen diese nicht-behinderten Menschen ihre persönlichen Probleme mit den vermeintlichen Problemen, die sie auf uns projizieren. Aufgrund des Leid-Narrativs gehen sie davon aus, dass behinderte Menschen permanent unter ihrem Zustand leiden, wodurch die eigenen Probleme natürlich kleiner und lösbarer erscheinen. Denn wenn selbst diese behinderte Person das kann, dann können das schließlich alle, richtig? Na, vielen Dank auch!

In einer Welt, in der Behinderung als etwas Negatives gilt, das unbedingt überwunden werden muss, unterstellt man uns außerdem eine besondere Willenskraft, wenn wir als behinderte Menschen dann »trotzdem« Lebensfreude empfinden, uns mit einer sichtbaren Behinderung auf Social Media zeigen oder einfach nur unserem Alltag nachgehen. Dabei stehe ich morgens nicht mit dem Gedanken auf, dass ich es so schlecht habe und wegen meiner schrecklichen, schrecklichen Behinderung so arm dran bin. Ich stehe aber sehr wohl mit dem Gedanken auf, dass ich heute wieder zur Unterhaltung nicht-behinderter Menschen objektifiziert werden könnte, indem sie mir beispielsweise auf Social Media schreiben, es sei »mutig« von mir, »mich so zu zeigen«, und dass man sich da mit den eigenen »Makeln« ja gleich weniger unsicher fühlen würde. Oder dass ich beim Besuch einer Bar gesagt bekomme, es sei total cool, dass ich das »trotzdem« noch alles machen würde. Ist es nicht ironisch, dass wir gerade von den Menschen dafür gelobt werden, dass wir trotz der unzähligen Barrieren weiter am Leben teilnehmen, die diese Barrieren durch ihr ableistisches Verhalten weiter aufrechterhalten?

Von behinderten Menschen wird also verlangt, dass ihre reine Existenz gewisse Emotionen auslöst. So stellen sich viele nicht-behinderte Menschen unterbewusst auf eine rührselige und demütige Stimmung ein, wenn eine behinderte Person auch nur den Raum betritt. Videos, bei denen behinderte Menschen bei Castingshows auftreten, ohne herausragend gut singen oder tanzen zu können, gehen viral und rühren Millionen nicht-behinderter Menschen zu Tränen. »Wenn man dich sieht, merkt man erst mal, wie gut man es selbst im Leben hat!«, höre ich oft. Aber was soll das heißen? Ist mein Leben so schrecklich, dass alles besser ist, als so zu sein wie ich? Wahrscheinlich könnte mein Leben das großartigste überhaupt sein, und dennoch würde keine*r mit mir tauschen wollen. Warum? Weil die Vorstellung, behindert zu sein, so negativ belegt ist, dass die Menschen davon ausgehen, dass mein Leben niemals so lebenswert sein kann wie das einer nicht-behinderten Person. Akzeptiert werden wir meistens nur dann, wenn wir uns entmenschlichen, objektifizieren und regelrecht aussaugen lassen, um nicht-behinderten Menschen ein besseres Gefühl in Bezug auf ihre eigene Existenz oder ihr eigenes Verhalten zu geben. Würden wir aufhören, Behinderung als etwas Schlimmes und pauschal Leidvolles anzusehen, und sie als Teil der Identität von behinderten Menschen anerkennen, anstatt von ihnen zu erwarten, dass sie ihre Behinderung überwinden oder gar ablegen, würde Inspiration Porn nicht mehr funktionieren.

»Aber darf ich behinderte Menschen denn gar nicht inspirierend finden?«, werde ich regelmäßig in Workshops gefragt, sobald wir das Thema Inspiration Porn auch nur anschneiden. Für die Antwort müssen wir uns erst mal kurz vor Augen führen, was wir mit Inspiration überhaupt meinen. Wenn ich etwas inspirierend finde, dann weil ich es auf meine eigene Situation übertragen kann. Jedoch teilt eine nicht-behinderte Person weder unsere Lebensrealität bezüglich der Barrieren, auf die wir stoßen, noch weiß sie darüber besonders viel. Stattdessen projiziert sie gewisse Vorstellungen auf uns, also darüber, wie es sein muss, wir zu sein, und macht sich auf dieser Grundlage ein Bild, das gar nicht der Wahrheit entspricht. Eine behinderte Person allein aufgrund ihrer Existenz oder der Art und Weise, wie sie mit vermeintlichen Problemen umgeht, inspirierend zu finden, ist und bleibt also Inspiration Porn und damit ableistisch. Ich kann allerdings durchaus eine behinderte Person inspirierend finden, die zum Beispiel besonders schön malen kann, wenn ich mich selbst für Kunst interessiere. Es darf also durchaus Inspiration empfunden werden, wenn diese nichts mit der Behinderung einer Person und den damit verbundenen Vorurteilen zu tun hat, denn wie nicht-behinderte Menschen sind auch wir komplexe Individuen mit verschiedenen Talenten, Stärken und Interessen – das sollte eigentlich klar sein.

Während man sich beim Inspiration Porn an behinderten Menschen bereichert, um ein gutes Gefühl zu erhalten, gibt es jedoch auch Organisationen, die mit unserer Existenz bares Geld machen. Und auch das funktioniert wiederum nur, weil es natürlich ein gutes Gefühl gibt, eine vermeintlich gute Tat zu vollbringen, wie zum Beispiel an »die armen behinderten Menschen« zu spenden oder einfach ein Los bei sogenannten Soziallotterien wie der Aktion Mensch zu kaufen, die bis ins Jahr 2000 nur unter dem Namen »Aktion Sorgenkind« bekannt war. Klar, wenn man einmal verstanden hat, dass Barrierefreiheit in unserer Gesellschaft quasi nicht vorhanden ist und behinderte Menschen nicht inkludiert werden, ist es ein nachvollziehbarer und wünschenswerter Impuls, etwas daran ändern zu wollen. Wenn man nach Organisationen oder Förderprojekten sucht, die sich die Inklusion behinderter Menschen auf die Fahne geschrieben haben, dann kommt man an der Aktion Mensch nicht vorbei, und beschäftigt man sich nicht näher mit den Hintergründen der Organisation, könnte man annehmen, dass sie tatsächlich von behinderten Menschen geführt wird. Schließlich sind wir ja auch auf so gut wie jedem Plakat und in jedem ihrer Werbespots vertreten. In Wahrheit wird die Aktion Mensch jedoch größtenteils von nicht-behinderten Menschen geführt, während sie seit Jahrzehnten gesellschaftliche Narrative über behinderte Menschen durch groß angelegte und teilweise viel kritisierte Kampagnen maßgeblich prägt. In einem gemeinsamen für die Öffentlichkeit aufgezeichneten Gespräch erklärte Christina Marx, eine der Geschäftsführerinnen der Aktion Mensch, dass momentan etwa zwölf Prozent der Mitarbeitenden behindert seien. Als ich ihr daraufhin entgegnete, dass dies für eine Organisation, die für uns behinderte Menschen zu sprechen versucht, ganz schön wenig sei, reagierte sie mit Unverständnis. Vielleicht hilft auch hier ein Vergleich: Wie wäre es, wenn eine Organisation, die für die Rechte von FLINTA*[*] wirbt und sich dadurch finanziert, zu 87 Prozent aus cis Männern[**] bestehen würde, die natürlich auch die meisten Führungspositionen innehaben?

Doch es gibt ein weiteres Problem mit privaten Förderorganisationen und Charity im Allgemeinen. Während Teilhabe nämlich eigentlich ein Menschenrecht ist, wird sie hier als eine Art Wohltätigkeitszweck stilisiert und davon abhängig gemacht, wie viele Menschen spenden oder sich ein Los kaufen. Das wiederum hat den Effekt, dass eine Organisation, die nicht in Selbstvertretung agiert und die behinderte Menschen aus ihren Räumen verdrängt, weiter wachsen kann und immer weiter an Legitimation gewinnt. Würde sich der Staat an seine Pflichten halten, müsste es allerdings gar keine Organisationen geben, die Barrierefreiheit fördern, da diese dann einfach gegeben wäre. Doch wie verantwortlich fühlt sich der Staat wohl, solang private Organisationen möglichst medienwirksam vermitteln, dass Barrierefreiheit und Inklusion ihre Aufgabe

* Das Wort »FLINTA*« ist ein Sammelbegriff und steht als Akronym für Frauen, Lesben, intersexuelle, non-binary, trans* und agender Personen. Das Sternchen symbolisiert Identitäten, die nicht in diese Kategorien fallen, bei denen es sich aber dennoch nicht um cis Männer handelt.

** Das nicht deklinierbare Adjektiv »cis« wird als Bezeichnung für Menschen verwendet, deren Geschlechtsidentität mit dem Geschlecht übereinstimmt, das ihnen bei der Geburt zugeschrieben wurde. Im Gegensatz dazu steht »trans*« – bei trans* Menschen handelt es sich also um Personen, die sich nicht mit dem Geschlecht identifizieren, das ihnen bei der Geburt aufgrund äußerer Merkmale zugewiesen wurde.

seien? Wir könnten also sogar so weit gehen und sagen, dass Charity und private Förderung Inklusion aktiv verhindern, weil sie diese an Bedingungen knüpfen und dem Staat die Zuständigkeit entziehen. Äußern wir als behinderte Menschen jedoch berechtigte Kritik an solchen Organisationen, heißt es schnell ... Na, wer ahnt es schon? Richtig! Wir könnten doch auch einfach mal dankbar dafür sein, dass überhaupt jemand etwas für uns täte.

Jedes Mal, wenn wir ableistische Narrative reproduzieren, etablieren wir sie weiter in unserer Gesellschaft und verfestigen sie mehr und mehr, sodass immer weniger auffällt, dass sie weder der Realität entsprechen noch moralisch vertretbar sind. Diese auf Vorurteilen basierenden Geschichten gewinnen durch ihre ständige Reproduktion also zunehmend an Legitimation und werden immer selbstverständlicher an jüngere Generationen weitergegeben. Ableistische Narrative sind gewaltvoll und führen im schlimmsten Fall dazu, dass davon Betroffene an ihren Folgen sterben. Das zeigt schon die Geschichte. Jedoch wäre es vermessen, davon auszugehen, dass dies heute nicht mehr vorkommt. Einen erheblichen Teil zur Bildung solcher Narrative tragen übrigens Medien bei. Wenn ich für Dreharbeiten oder Interviews angefragt werde, kommt es immer wieder vor, dass ich bemerke, dass die Produzent*innen oder Journalist*innen bereits eine gewisse Storyline vor Augen haben, in die sie mich, wenn nötig, einfach hineinquetschen wollen, wenn ich ihr nicht entspreche. Es ist manchmal fast so, als würden sie eine Schauspielerin suchen, die dann ihre nicht-behinderte Perspektive auf Behinderung nachspielen und bestätigen soll. Was wir am Ende in solchen Berichten also meistens sehen, ist nicht die tatsächliche Lebensrealität der behinderten Person, sondern das Bild, das die nicht-behinderten Redakteur*innen, Produzent*innen und Co von Behinderung haben. Und so kann es auch der vorsichtigsten behinderten Person passieren, dass sie am Ende anders dargestellt wird, als sie das möchte oder als sie wirklich ist.

So begab es sich zum Beispiel auch, dass ich einmal drei Stunden lang mit einem Kamerateam durch den Park latschte, um ja genug Schnittbilder davon zu bekommen, wie ich herumlief und Selfies schoss (denn das tun Menschen auf Social Media nun mal), nur um letzten Endes drei Minuten Sendezeit am Ende eines Nachmittagsmagazins zu bekommen. Unbezahlt, versteht sich. Das alles wäre nicht so dramatisch gewesen, wenn das Produktionsteam nicht ausgerechnet die paar Sätze des wirklich guten zwanzigminütigen Interviews ausgewählt hätte, die in meinen Augen am wenigsten relevant waren. Während alles über Ableismus, Sonderwelten und Repräsentation herausgeschnitten wurde, stand ich ohne den nötigen Kontext schließlich wie eine verklärte Influencerin da, die »trotz ihres Schicksals« positiv bleibt. Dazu wählten die Produzent*innen von den gefühlt dreißig Szenen, in denen ich auf Anweisung durch den Park gestiefelt war, genau die aus, in der ich ein paar besonders unsichere Schritte tat, um sie mit den Worten »Luisa leidet unter einer neuromuskulären Erkrankung« zu untermalen. Dies hatte bereits zuvor und während des Drehs zu Debatten geführt, in die sich während der Szenenwechsel sogar das Kamerateam einmischte, um mit mir darüber zu diskutieren, warum ich es ablehne, fremden Menschen genaue Auskünfte über meine Diagnosen zu geben. Na, warum wohl? Was tun diese Menschen denn schließlich damit? Richtig, sie versuchen, mich erneut einer Schublade zuzuordnen, abzuwägen, »wie schlimm« es um mich steht, und verstehen es als Einladung, mir anschließend noch intimere Fragen zu stellen. Die Annahme, dass behinderte Menschen kein Recht auf Privatsphäre haben, zieht sich durch alle Ebenen. Sei es bei der Beantragung von Hilfsmitteln, des Grades der Behinderung, des Pflegegrades oder anderer Leistungen, auf die wir angewiesen sind, oder aber auch einfach bei einem harmlosen Spaziergang durch den Wald, dem Warten in der Supermarktschlange oder der Fahrt mit dem Aufzug. In all diesen Situationen habe ich schon fremde Menschen getroffen, die ihre Neugierde unbedingt stillen wollten und mich ohne jegliche Distanz mit ihren Fragen überschütteten. Von: »Was ist Ihnen denn passiert?«, über: »MS?«, »Darf ich fragen, was du hast?«, »Hatten Sie einen Unfall?« bis hin zu: »Is' des a Zangengeburt?«, während die ältere Frau skeptisch meine Mutter anschaute und mit dem Finger auf mich zeigte, war schon alles dabei. Auch dieser Glaube an ein vermeintliches Anrecht auf Auskunft wird übrigens dadurch verstärkt, dass kaum ein Beitrag in den Medien über behinderte Menschen vorkommt, in dem nicht gefühlt deren komplette Krankenakte vorgetragen wird. So verstärkt sich das Narrativ, dass behinderte Menschen lediglich dafür da sind, um über Erkrankungen, Unfälle und »schlimme Schicksale« zu sprechen oder eben darüber, wie sie jene »überwunden« haben und wie »außergewöhnlich« sie das mache.

Tabula rasa

Triggerwarnung: selbstverletzendes Verhalten

Die Zeit im Internat fühlt sich bis heute an, als hätte ich das alles geträumt. Wie eine Parallelwelt, in die ich mich, in der Hoffnung zu heilen, für ein paar Jahre zurückzog. Zwar nicht bewusst, denn ich erlaubte mir nach wie vor nicht anzuerkennen, dass ich schreckliche Dinge erlebt hatte, und leugnete die seelischen Verletzungen, die geblieben waren, vor mir selbst. Dennoch erscheint mir diese Welt aus heutiger Perspektive wie eine Art Schutzraum, in den ich flüchtete, nachdem in meinem alten Leben so gut wie jede Konstante von heute auf morgen weggebrochen war. Natürlich war auch im Internat längst nicht alles rosarot, jedoch gab es mir zumindest unter der Woche den nötigen Abstand zu dem Ort, an dem mir so viel Leid widerfahren war und teilweise immer noch widerfuhr. Im Internat war ich in den ersten Jahren so gut wie nie allein, denn ich lebte immer in Mehrbettzimmern und war wahrscheinlich als eine der wenigen froh darüber. Erst als ich schließlich ein Einzelzimmer in einer neuen Wohngruppe für ältere Jugendliche und junge Erwachsene bezog, merkte ich, dass ich das gar nicht mehr konnte – allein sein mit mir und meinen Gedanken und Erinnerungen.

Die Zeit zwischen Freitagnachmittag und Montagmorgen, die ich jede Woche zu Hause verbrachte, stellte einen unerträglich harten Kontrast zu meinem Alltag im Internat dar. Ich musste feststellen, dass ich zwei verschiedene Leben führte. Unter der Woche war ich diejenige, die sich entgegen jeder

Gewohnheit plötzlich inmitten eines großen Freund*innenkreises wiederfand, jeden Tag etwas unternahm und dabei wieder neue Menschen kennenlernte – nur um am Wochenende zurück in das Leben der altbekannten Außenseiterin zu schlüpfen, das mir so viel vertrauter war. Die, auf die sie mit dem Finger zeigten, wenn sie mit dem Behindertentransport nach Hause gebracht wurde. Die, die nach wie vor nirgendwo hineinzupassen schien. Die, die niemand anrief und fragte, ob sie etwas unternehmen wolle. Die, die den ganzen Tag zu Hause blieb, Fernseh' schaute und sich von der Woche erholte. Schließlich kam ich zwischen Montag und Freitag immer weniger zum Schlafen, hatte ich doch ständig das Gefühl, ich könnte etwas verpassen. Als Reaktion darauf versuchte ich, die Zeit, in der ich endlich dazugehörte und nahezu all die Dinge tat, die andere Jugendliche auch taten, mit jeder Faser meines Körpers aufzusaugen, nur um am Freitagnachmittag wieder in mein altbekanntes Loch zu fallen.

Es war nämlich so: Je mehr Zeit ins Land ging und je länger all die schrecklichen Geschehnisse, die ich in meinem Heimatdorf erlebt hatte, her waren, desto mehr schämte ich mich für sie – gab mir und meiner vermeintlichen Unzulänglichkeit die Schuld daran. Wie hätte ich auch an mich und meine Rechte glauben können? Hatte ich doch bereits mehrfach Täter*innen-Opfer-Umkehr erfahren, wenn ich all meinen Mut zusammengenommen und meine Probleme angesprochen hatte. Durch Gleichaltrige, aber auch durch erwachsene Familienmitglieder, Lehrer*innen und sogar meine eigene Psychologin! Wie hätte ich da noch an meiner eigenen Wahrheit festhalten können? Und so tat ich das, was oft passiert, wenn uns zu oft Täter*innen-Opfer-Umkehr widerfährt.

Ich richtete meine negativen Gefühle gegen mich selbst. Ich müsste nur besser werden, sagte ich mir. Schöner, intellektueller, begehrenswerter. Dann wäre mir das alles so nie passiert, und dann würde ich auch nie wieder erneut in so eine Situation kommen.

Von da an verfiel ich in einen regelrechten Selbstoptimierungswahn und fand mich jeden Tag vor dem Spiegel wieder, vor dem ich stundenlang Make-up auf meinem Gesicht verteilte, nur um es anschließend mit meinen eigenen Tränen wieder herunterzuwaschen. Ich empfand mich selbst als nicht würdig und nur perfekt geschminkt, frisiert und angezogen als halbwegs zu ertragen. Es gab eine Zeit, in der verließ ich nicht einmal ungeschminkt mein Zimmer. Selbst zu Hause nicht, auch wenn nur eine geringe Chance bestand, auf meine Schwester oder meine Mutter zu treffen. Selbsthass war mein zweiter Vorname. Aus dem extrovertierten, fröhlichen Kind, das ich einmal gewesen war, war eine selbstzerstörerische, unsichere Teenagerin geworden.

All das Trauma brodelte schließlich immer noch in mir. Wie eine klaffende Wunde, die man lediglich mit einem Taschentuch abgetupft und notdürftig mit einem Pflaster abgeklebt hatte. Eine Wunde, die sich entzündet hatte und nun nach und nach das sie umgebende Gewebe infizierte und so den ganzen Körper vergiftete. Zeit allein reicht eben nicht immer aus, um Wunden zu heilen. Für die Tatsache, dass es mir nicht besser ging, bestrafte ich mich nur noch mehr, glaubte den Stimmen, die sich in mein Gedächtnis eingebrannt hatten, und überforderte meinen Körper regelmäßig, indem ich zu hohe Ansprüche an ihn stellte. Mein zuvor geliebter Rollstuhl war längst wieder im Keller verschwunden. Von: »Nicht, dass du es dir zu einfach machst und dich nur noch in dieses Ding setzt, anstatt laufen zu üben!« bis: »Seitdem du den brauchst, ist es ganz schön anstrengend mit dir!« hatte ich mir eine Menge anhören müssen, was meinen *inner ableist** natürlich diebisch freute und ihn immer mächtiger und größer hatte werden lassen. Schließlich hatte er es geschafft, mir einzureden, dass ich den Rollstuhl nicht brauchte – nie gebraucht hatte – und dass es lediglich an meiner fehlenden Disziplin oder vermeintlich besonders überempfindlichen Art lag, dass ich immer noch keine langen Strecken zurücklegen konnte, ohne mit Atemnot und Schwindelanfällen zu kämpfen. Oder dass ich mich an manchen Tagen gerade so durchschleppte, weil mir die Kraft fehlte, mich auf den Beinen zu halten und gleichzeitig noch meine Schmerzen zu schultern. Das erneute krampfhafte Verstecken meiner Behinderung war unheimlich kräftezehrend und engte mich in meiner Teilhabe massiv ein. Während ich viele Unternehmungen mithilfe meines Rollstuhls hätte genießen können, hielt ich stattdessen permanent Ausschau nach der nächsten Sitzgelegenheit, konnte mich auf kaum etwas anderes konzentrieren als auf meine Schritte und den Boden unter mir oder war damit beschäftigt, krampfhaft Ausreden für Dinge zu finden, die ich nicht konnte.

Wie ich dabei mit meinem Körper umging, trug ebenfalls nicht gerade dazu bei, dass es mir besser ging. Neben all dem Stress schlief ich unter der Woche kaum und dann am Wochenende wiederum zu viel, aß viel zu wenig, rauchte und trank dafür viel. Versuchte, meine Gefühle und Ängste zu betäuben,

* Um wen es sich beim *inner ableist* handelt, erkläre ich ausführlicher im nächsten Kapitel: »Internalisierter Ableismus und Sozialisation«.

die neben all den üblichen Teenager*innen-Dramen, dem ersten Liebeskummer, dem zweiten und dem dritten existierten. Und wenn der Druck zu groß wurde und ich das Gefühl hatte, nichts und gleichzeitig alles zu fühlen, setzte ich eine Rasierklinge an mein Handgelenk an und ließ sie durch meine Haut gleiten, bis sich die Unterlage aus Stoff unter meinem Arm vollständig rot gefärbt hatte. Ein erneuter Zusammenbruch war nur noch eine Frage der Zeit. Je mehr ich mich dem Abgrund näherte, desto größer wurden meine Ängste, und damit wuchs auch meine Schulphobie zum wiederholten Mal ins Unermessliche. Während ich ein paar Monate zuvor noch das Wochenende gefürchtet hatte, wurde nun der Montagmorgen erneut zu meinem Angstgegner. Das alte Spiel begann von vorn und fühlte sich widerlich vertraut an. Immer öfter fehlte ich im Unterricht, kämpfte mit Panikattacken und Übelkeit, schloss mich in meinem Internatszimmer ein oder stieg montagmorgens gar nicht erst in das Taxi zur Schule. Eines Donnerstagnachts saß ich in meinem kleinen Internatszimmer auf dem Bett und starrte mit leerem Blick auf die Raufasertapete, während ich mir ein altes T-Shirt um meinen frisch verletzten Arm wickelte. Und plötzlich überkam mich ein Gefühl, das nicht neu für mich war und das bereits seit vielen Wochen in mir brodelte. Das Gefühl, das vor jedem erneuten Schulwechsel in mir aufgekommen war: Ich wusste, dies würde die letzte Nacht sein, die ich in diesem Zimmer verbringen würde. Es musste die letzte sein.

Am nächsten Tag räumte ich es jedoch nicht einmal aus, verabschiedete mich nicht überschwänglich und weihte auch niemanden in meine Entscheidung ein. Aus reiner Angst, sie könnte mir abgesprochen werden. Schließlich war ich nur noch ein halbes Jahr von meiner Prüfung zur Mittleren Reife entfernt, auch wenn meine Noten zu wünschen übrig ließen. Innerhalb von zweieinhalb Jahren war ich von einer Einserschülerin zu der, die die Klassenarbeiten beinahe leer abgab, geworden. An meinen immer schlechter werdenden Noten konnte man regelrecht ablesen, wie sich meine psychische Verfassung von Monat zu Monat zugespitzt hatte. Dazu war eine weitere Knieoperation nötig gewesen, durch die ich den Anschluss zum Lernstoff schließlich komplett verloren hatte. Die Lehrer*innen, die mich zuvor für meine guten Noten gelobt hatten, ließen mich größtenteils fallen wie eine heiße Kartoffel. Und auch wenn ich den Schulabschluss mit viel zusätzlichem Lernaufwand vielleicht noch geschafft hätte, wusste ich doch: Würde ich meine Gefühle weiter ignorieren, würde ich das wahrscheinlich nicht überleben.

Und so brach auch diese Welt, die ich eine Zeit lang doch so geliebt, die ich eine Zeit lang so gebraucht hatte, in sich zusammen, und ich war wieder nur eines: die Außenseiterin in einem kleinen Dorf irgendwo am Rand von Hessen. Die Zeit zog ins Land. Von meinem zuvor so großen Freund*innenkreis aus »der anderen Welt« im Internat meldeten sich anfangs zumindest noch vereinzelt Leute, doch es wurden nahezu jede Woche weniger. Und irgendwie konnte ich es auch verstehen. Schließlich lebten wir – abgesehen von der Zeit im Internat – alle im ganzen Land verstreut, und mein Selbstbild trug auch nicht gerade dazu bei, dass ich mich überhaupt darüber gewundert hätte, dass die Nachrichten meiner Freund*innen weniger und weniger wurden. Ich schaffte es ja nicht mal, ein letztes Mal ins Internat zurückzukehren, um zumindest mein Zimmer auszuräumen. Die Kisten, die schließlich meine Mutter packte und mit nach Hause brachte, fasste ich nie wieder an.

So wie ich das Internat hinter mir gelassen hatte, hatte ich auch meinen geregelten Alltag zurückgelassen. Ich hatte keine Aufgabe mehr, lebte in den Tag hinein und fühlte mich noch nutzloser und leerer als zuvor. Pausenlos machte ich mir Vorwürfe, beschuldigte mich selbst, mein Leben nun endgültig »weggeworfen« zu haben, und ignorierte weiterhin die Tatsache, dass nicht ich diejenige gewesen war, die mich an diesen Punkt gebracht hatte. Und das, während die, die tatsächlich maßgeblich daran beteiligt gewesen waren, mich wegen des Schulabbruches verurteilten.

Als mich meine Mutter erneut zu einer Psychotherapeutin brachte, brachen schließlich alle Dämme. Ich fing endlich an, die Menschen um mich herum zumindest teilweise in mich hineinsehen zu lassen – und dort sah es düster aus. 17 Jahre alt war ich zu diesem Zeitpunkt und heilfroh, dass ich nach einer regelrechten Therapeut*innen-Odyssee endlich einer Psychologin gegenübersaß, der ich Vertrauen schenken konnte. Zusätzlich wurde ich bei einem Psychiater vorstellig, um neben der Gesprächstherapie auch medikamentöse Hilfe zu erhalten.

Nach vielen anstrengenden Monaten in der Therapie stellten sich schließlich kleine Erfolge ein, und ich beschloss mit meiner Mutter zusammen, dass ich, so kurz vor meinem 18. Geburtstag, nun endlich das Thema Schulabschluss angehen musste. Meine letzte Schule hatte mir zwar zumindest einen gleichgestellten Hauptschulabschluss anerkannt, da ich über zehn Jahre lang zur Schule gegangen war, jedoch prangten darin die Noten meines letzten und damit auch schlechtesten Halbjahres. Ich war also vom Gymnasium auf die Realschule, von dort aus wieder aufs Gymnasium und schließlich von da auf die Wirtschaftsschule gewechselt, nur um am Ende einen schlechten Hauptschulabschluss in der Hand zu halten. Auf dem Arbeitsmarkt konnte ich es damit so gut wie vergessen, erst recht als behinderte Frau. Das wusste ich schon damals.

Doch zumindest eine Sache war gut an diesem Stück Papier: Es qualifizierte mich für ein Fernstudium, über das ich meine Mittlere Reife nachholen konnte. Nicht etwa nur das letzte halbe Jahr, sondern den kompletten Stoff von vorn, den die Schule mir von nun an in Form von stapelweise Lernheften zuschickte. Dies ließ sie sich natürlich teuer bezahlen, und so klingt es bis heute noch wie blanker Hohn für mich, wenn irgendein*e Politiker*in mal wieder behauptet, Bildung sei in diesem Land kostenlos. Ich habe das Privileg, eine Mutter zu haben, die an mich glaubte und die es sich vor allem irgendwie leisten konnte, mir die Schule zu finanzieren. Und so gewann mein Alltag wenigstens ein bisschen an Routine zurück, während ich die zahlreichen Aufgabenhefte durcharbeitete und die Arbeiten am Ende jedes Heftes ausfüllte, um sie bei den jeweiligen Lehrer*innen der Fernschule einzuschicken. Manchmal übersprang ich die Übungen auch und löste die Arbeitsblätter direkt, da deren Benotung sowieso nicht in die Prüfungen vor Ort mit einfloss. Sie dienten lediglich der Qualifizierung für diese.

Deutsch und Englisch waren mir immer sehr leichtgefallen, während ich mit Mathe, Geschichte und den naturwissenschaftlichen Fächern meine Probleme hatte. Und das, obwohl ich Tochter und Enkelin von zwei Mathelehrerinnen bin. Dabei hatten mir zumindest die Fächer Physik und Chemie ursprünglich großen Spaß bereitet, wenigstens so lang, bis mein Lehrer beschloss, dass »Frauen das alles gar nicht verstehen«

könnten, und meine richtigen Antworten abtat, während er den schleimerischen Klassenkameraden, der sie lediglich wiederholte, in den Himmel lobte. Gab ich wiederum eine falsche Antwort, lachte der Lehrer hämisch: »Na, Luisa, ist dir die Haarfarbe wieder zu tief ins Gehirn gesickert?« Und so zerbrach ich mir also auch ein paar Jahre später wieder den Kopf über die überaus anspruchsvollen Arbeitsblätter der naturwissenschaftlichen Fächer. Bis heute fällt mir noch auf, welche Wissenslücken sich bei mir durch die vielen Schulwechsel ergeben haben.

Meine mittlerweile pensionierte Oma fuhr jeden Dienstag eine weite Strecke, um mit mir zusammen genau jene Fächer durchzugehen, die mir weniger leichtfielen. Ich hatte sie nicht darum gebeten oder verlangte das gar von ihr. Sie tat es dennoch, nur um mich danach zu meiner Psychologin zu bringen und mich anschließend wieder nach Hause zu fahren, wo sie uns mit am Morgen zubereitetem Essen versorgte, bevor sie wieder ihre nicht zu unterschätzende Heimreise antrat. Viele Wochen ging das so. Meine Mutter und meine Oma arbeiteten Hand in Hand, um mich irgendwie wieder zu stabilisieren, und dafür werde ich ihnen für immer unendlich dankbar sein. Ohne sie wäre ich nicht da, wo ich heute bin.

Die Zeit zog weiter ins Land. Ich machte Fortschritte bei der Therapie, absolvierte meinen Automatik-Führerschein, ging zumindest teilweise wieder unter Leute und adoptierte meinen Hund Matti in der Hoffnung, dass ich, wenn ich in den nächsten Jahren ausziehen würde, das zumindest nicht ganz allein tun müsste. Doch dazu kam es ohnehin nicht, denn kurz vor meinem 19. Geburtstag lernte ich Alex, meinen heutigen Mann, kennen.

Internalisierter Ableismus und Sozialisation

In meiner Kindheit und Jugend schob ich die Gründe, warum mir gewisse Dinge passierten, oft auf mich. Ich schämte mich und dachte, es sei meine eigene Schuld, dass ich andere Erfahrungen machte als die Menschen um mich herum. Warum schaffte ich es einfach nicht, in mein Umfeld hineinzupassen? Warum verhielten sich viele Menschen mir gegenüber so viel respektloser, neugieriger oder übergriffiger als anderen Menschen gegenüber? So oft fühlte ich mich allein, fehl am Platz und nicht verstanden. Dabei konnte ich lange Zeit nicht einmal benennen, woran das lag. Ich wusste nichts von Marginalisierung, struktureller Diskriminierung oder gar Ableismus. Und selbst als ich mich in meiner Internatszeit inmitten von Hunderten anderen behinderten Menschen wiederfand, war es mir nicht möglich, das, was ich erlebte und fühlte – das, was *wir* erlebten und fühlten –, in einen größeren Zusammenhang zu bringen. Natürlich redeten wir ab und an mal über unsere negativen Erfahrungen. Darüber, wie unfassbar unangenehm es war, permanent angestarrt zu werden, sobald wir das Schulgelände verließen. Oder darüber, wie schlecht die Chancen für uns standen, nach der Schule den Beruf auszuüben, den wir uns wirklich wünschten. Jedoch hätte auf diesem ganzen riesigen Campus 2011 so gut wie keine*r gewusst – und darauf wette ich –, was Ableismus ist. Geschweige denn dass sie*er selbst von struktureller Diskriminierung betroffen war.

Für dieses Phänomen gibt es einen Begriff: »hermeneutische Ungerechtigkeit«. Diese Bezeichnung stammt von der britischen Philosophin Miranda Fricker, die das Konzept der sogenannten epistemischen Ungerechtigkeit prägte. Dieses besagt, dass das Wissen und die Erfahrungen (mehrfach) marginalisierter Menschen aufgrund von Stereotypen viel eher infrage gestellt werden. Diesen Menschen werden außerdem das Mitspracherecht bei gewissen Themen sowie die Validität ihrer eigenen Erfahrungen systematisch abgesprochen. Ihr Wissen sowie ihre Erfahrungen werden also als weniger glaubwürdig sowie weniger wertvoll eingestuft. Dies führt wiederum dazu, dass Lücken in ihrer Sprache und somit auch in ihrem Bewusstsein entstehen und ihnen somit die Begriffe fehlen, um ihre Lebensrealität zu benennen. Das heißt, solang es für gewisse Begebenheiten keine Begrifflichkeiten gibt – oder diese zumindest nicht allgemein bekannt sind –, gelten sie als individuelle Probleme, die sich vermeintlich nicht mit gesellschaftlichen Strukturen in Verbindung bringen lassen. (Mehrfach) marginalisierte Menschen, die von diesem Umstand betroffen sind, können so zwar ein ungutes Gefühl in gewissen Situationen empfinden, jedoch können sie dieses weder genau benennen, noch fühlen sie sich zwingend einer Gruppe besonders zugehörig, die ihre Erfahrungen teilt. Sie haben das Gefühl, allein mit ihrer Situation zu sein, und befürchten, dass ihnen sowieso niemand glauben würde, würden sie offen darüber sprechen. Fricker nennt diesen Vorgang des Absprechens der eigenen Wirklichkeit die »testimoniale Ungerechtigkeit«. Ihrer Theorie zufolge besteht ein deutlich geringerer Wille, den Aussagen von (mehrfach) marginalisierten Menschen zuzuhören oder gar Glauben zu schenken, weil ihnen ihr Urteilsvermögen aufgrund von marginalisierungsbezogenen Stereotypen von vornherein abgesprochen wird. Als prominentes Beispiel für epistemische Ungerechtigkeit wird oft das der sexuellen Belästigung beziehungsweise der sexualisierten Gewalt genannt. Bereits lang bevor der Begriff der »sexuellen Belästigung« in den 1970er-Jahren geprägt wurde, hatten Menschen Erfahrungen damit gemacht. Der Klaps auf den Po im Büro, der höflich weggelächelt wurde. Anzügliche Bemerkungen oder Hinterherpfeifen überwiegend gegenüber FLINTA*-Personen. Das alles gab es bereits, längst bevor die ersten Menschen anfingen, sich zusammenzutun und ihre Erfahrungen zu benennen. Doch erst als der Begriff der sexuellen Belästigung in den allgemeinen Sprachgebrauch überging, konnten Betroffene sich endlich zugehörig fühlen, lernten, ihre Gefühle diesbezüglich ernst zu nehmen, und wurden gemeinsam gegen sexualisierte Gewalt laut. Und auch wenn dies nun schon über fünfzig Jahre her ist, kommt es auch heutzutage noch vor, dass Menschen an den alten Denkmustern festhalten, indem sie Betroffenen von sexualisierter Gewalt und Belästigung keinen Glauben schenken und ihnen vorwerfen, sie seien selbst schuld daran oder hätten es sich ausgedacht, um zum Beispiel Aufmerksamkeit zu erhalten. Jedoch kommen diese Vorwürfe keinesfalls nur von Menschen, die einem geringeren Risiko ausgesetzt sind, selbst sexualisierte Gewalt zu erleben. Einige von ihnen haben vielleicht sogar ihre eigenen Erfahrungen damit gemacht. Und dennoch ist es möglich, dass sie an alten Strukturen festhalten und weder ihre eigenen Erlebnisse noch die der anderen Betroffenen als Problem einstufen, diese Erfahrungen stattdessen sogar verharmlosen und relativieren.

Wie wir die Welt erleben, hängt mit unserer Sozialisation zusammen. Diese wird oft als das Hineinwachsen eines Individuums in die gesellschaftlichen Normen beschrieben. Entgegen der Annahme vieler Menschen hört die eigene Sozialisation aber keinesfalls bei der Erziehung durch unsere Eltern auf. Viel eher ist sie ein Gesamtgefüge aus all den Überzeugungen, Weltanschauungen und Vorurteilen der Menschen um uns herum, die diese wiederum von den Menschen um sie herum übernommen haben – und so weiter. Damit sind übrigens auch die Menschen gemeint, die wir im Fernsehen sehen, deren Artikel wir lesen, deren Filme und Serien wir gucken oder denen wir in den sozialen Netzwerken folgen. Anders gesagt: Wir saugen von klein auf immer neue Fetzen einer vermeintlichen Gebrauchsanleitung auf, die besagt, wie die Welt angeblich zu funktionieren hat, wie wir Dinge zu bewerten haben und – vor allem – was wir zu tun und zu lassen haben, um in dieser Gesellschaft als erfolgreich zu gelten. Aber bitte, ohne zu sehr aus der Masse herauszustechen, alles klar?

Ich bin ein Fan von Metaphern, und während ich hier versuche, Sozialisation in Worte zu fassen, kommt mir ein Bild in den Kopf, das diesen Begriff vielleicht ganz gut verdeutlicht. Ich stelle mir da einen riesigen Eiswürfelbehälter vor, der etliche kleine Fächer hat – nicht dreißig oder vierzig, sondern eher mehrere Hundert. Wenn wir geboren werden, sind all diese kleinen Gefäße noch leer, aber ab dem Moment, wo Menschen mit uns interagieren oder wir auch nur beobachten, wie sie dies mit anderen tun, füllen sich die kleinen Fächer mit allerlei Informationen. Dabei werden die Informationen, die wir durch Menschen erhalten, zu denen wir als Kinder aufschauen, wie zum Beispiel unsere Eltern, schneller abgelegt und bekommen eine höhere Priorität. Wir können uns das so vorstellen, als würden diese Informationen aus einer besonders klebrigen Masse bestehen und somit extra fest in ihren Behältnissen sitzen. Später kommen dann noch viele andere Informationsquellen außerhalb unseres direkten Umfeldes hinzu, zum Beispiel durch die Medien, die wir konsumieren. So füllen sich nach und nach also immer mehr Gefäße, je älter wir werden. Und dennoch wird der Behälter nie ganz voll, unser ganzes Leben nicht. Das heißt, unsere Sozialisation ist im Grunde niemals wirklich abgeschlossen, auch wenn mit steigendem Alter nicht mehr so viele neue Informationen Platz im Eiswürfelbehälter finden, da viele der Fächer bereits gefüllt sind. Doch jetzt kommt das Spannendste: Nicht alle Fächer müssen zwangsläufig für immer mit den gleichen Informationen gefüllt bleiben. Allerdings gestaltet es sich natürlich schwierig, eines dieser Fächer erst mal wieder zu leeren, also die Information, die es sich darin schon so lang gemütlich gemacht hat, über Bord zu werfen. Erst recht, wenn eine Information aus ihrer Mulde geworfen werden muss, um sie durch eine andere auszutauschen, die plötzlich besagt, dass die alte Information diskriminierend gewesen sein soll. Dabei hatte man das gar nicht bemerkt – und hätte man so was nicht bemerken müssen? Noch schwieriger wird es, wenn die alte Information eine dieser klebrigen Massen ist. Also eine Information, die von Menschen stammt, zu denen wir aufschauen, oder aber eine, die besonders oft von sehr vielen verschiedenen Menschen wiederholt wurde. Wie sollen so viele Menschen falschliegen können? Ganz einfach: Weil wir alle aus der Perspektive der Dominanzgesellschaft sozialisiert wurden. Dabei haben sich über Jahrhunderte hinweg die Weltanschauungen derer durchgesetzt, die über die meisten Privilegien verfügen und deshalb auch am meisten gehört werden. Ihre Perspektive wird als die »einzig richtige« verkauft. Zu hören, dass diese Perspektive, die einer*einem ein Leben lang als die einzige »Norm« vermittelt wurde, fehlerhaft ist, Lücken aufweist, Ungleichheiten unsichtbar macht, Menschen aktiv ausschließt sowie diskriminiert und unterdrückt, kann also erst mal schmerzhaft sein. Wir möchten nicht akzeptieren, dass das alles so viel komplizierter sein soll, als es immer schien, und wir möchten uns auch nicht eingestehen, dass wir so viel übersehen konnten.

Dabei finde ich die Gewissheit, dass wir alle nicht unfehlbar sind, dass wir alle mit diskriminierenden -ismen sozialisiert wurden und dass wir dafür im Grunde erst mal nichts können, doch irgendwie beruhigend. Wofür wir aber sehr wohl etwas können, ist, wenn wir nichts daran ändern oder unsere diskriminierenden Ansichten vielleicht sogar noch verteidigen, wenn wir auf sie aufmerksam gemacht werden. Wie singen Die Ärzte so schön? »Es ist nicht deine Schuld, dass die Welt ist, wie sie ist. Es wär nur deine Schuld, wenn sie so bleibt.« Und genauso singe ich nun: »Es ist nicht deine Schuld, dass du so sozialisiert bist, wie du bist. Es wär nur deine Schuld, wenn das so bleibt!« Denn auch wenn wir erst mal nichts dafür können, welche schädlichen Stereotype es sich da in unserem metaphorischen Eiswürfelbehälter gemütlich gemacht haben, so sind wir sehr wohl dafür verantwortlich, diese zu erkennen und zu verlernen, wenn wir von ihnen erfahren. Und davon kann sich wirklich niemand frei machen. Nicht einmal Menschen, die selbst von diesen -ismen betroffen sind.

»Wie geht denn das?«, wirst du dich jetzt vielleicht fragen. »Wie können Menschen Denkmuster verinnerlicht haben, die ihnen selbst schaden?« Oder: »Wie kann ich an Stereotype glauben, wenn ich doch der lebende Beweis bin, dass diese nicht der Wahrheit entsprechen?« Genau das ist das Perfide an diesem System. Denn die ableistische Sozialisierung macht auch vor behinderten Menschen nicht halt. Nicht einmal, wenn sie behindert geboren wurden, obwohl es dennoch ein nicht zu unterschätzender Unterschied ist, ob man als nichtbehinderter Mensch sozialisiert wurde oder nicht. Dazu aber mehr in einem anderen Kapitel.

Den Umstand, dass auch behinderte Menschen Ableismus verinnerlicht haben, nennt man »internalisierten Ableismus«. Denn wenn ich sage, dass wir *alle* ableistisch sozialisiert wurden, dann meine ich damit auch *alle*. Internalisierter Ableismus beinhaltet jedoch nicht einfach nur die ableistische Sozialisierung, der wir alle ausgesetzt sind, sondern auch die Diskriminierungserfahrungen, die behinderte Menschen aufgrund ihrer Behinderung machen. Gehen wir mal kurz zurück zum ersten Kapitel, in dem mir meine Freundin sagte, dass Jungs uns nicht ansprechen würden, solang ich als sichtbar behinderte Person mit dabei sei. Während es für sie vermutlich nur so ein dahingesagter Spruch war, brannte er sich bei mir tief ein, sodass ich mich auch heute, über zehn Jahre später, noch genau an die Situation erinnere und sie in meinen Gedanken aufpoppt, wenn ich daran zweifle, begehrenswert zu sein – genug zu sein. Wie eine Stimme in mir, die all diese diskriminierenden Glaubenssätze dankbar aufsaugt, um sie mir anschließend in Dauerschleife ins Ohr zu flüstern, bis ich ebenfalls davon überzeugt bin. Englischsprachige Aktivist*innen nennen diese gemeine Stimme auch *the inner ableist.* Auf Deutsch also »der*die innere Ableist*in«. Dieser jubelt nur so vor Schadenfreude, sobald uns Ableismus widerfährt. »Ich hab's dir doch gleich gesagt!«, triumphiert er und sorgt dafür, dass wir nicht nur von außen Diskriminierung erfahren, sondern diese auch gegen uns selbst richten. So flüstert mein *inner ableist* mir heute noch verschwörerisch ins Ohr, wenn ich abwäge, ob ich den Rollstuhl mitnehmen muss oder mein Ziel auch mithilfe meines Gehstocks erreiche: »Du musst dich nur mal ausnahmsweise ein bisschen anstrengen. Dann brauchst du den Rollstuhl nicht!« Und obwohl ich es mittlerweile besser weiß, kommt es vor, dass ich der Stimme nachgebe, mich überlaste und die darauffolgenden Tage mit erhöhtem Schmerzpegel auf dem Sofa verbringe, nur um mir von der gleichen fiesen Stimme ins Ohr flüstern zu lassen, was ich doch für ein nutzloses und faules Stück sei, das eine Belastung für alle in ihrer Umgebung darstelle. Der *inner ableist* kann nie zufriedengestellt werden. Im Gegenteil: Je mehr wir ihm Gehör schenken, desto mehr Forderungen stellt er und desto mehr tobt er, werden wir diesen Forderungen nicht gerecht. Und so habe ich eines Tages beschlossen, dieser Stimme keine Aufmerksamkeit mehr zu schenken. Auch wenn das zugegebenermaßen leichter gesagt ist als getan.

Doch seit ich den *inner ableist* und die damit verbundene Problematik benennen kann, fällt es mir leichter. Mir gelingt es heute meistens einzuordnen, woher dieses Gefühl der Unzulänglichkeit, der Scham und der Unzufriedenheit kommt – ein brennender Schmerz, den ich mit nichts vergleichen kann. In diesen Momenten zwinge ich mich zu der Erkenntnis, dass das, was diese giftige Stimme sagt, nicht der Wahrheit entspricht. Ob ich mir das jedoch auch abkaufe, ist tages- und situationsabhängig. Und das, obwohl ich mich nun bereits seit

Jahren intensiv mit dem Thema auseinandersetze. Das zeigt, wie unfassbar tief internalisierter Ableismus sitzt, und so ist es auch nicht verwunderlich, dass auch behinderte Menschen Ableismus reproduzieren. Gegen sich selbst, aber oft auch nach außen hin. Wer also davon ausgeht, dass alle behinderten Menschen Anti-Ableismus-Expert*innen sind, täuscht sich. Denn wie bereits beschrieben, müssen auch wir erst lernen, was Ableismus ist und dass wir von diesem betroffen sind. Dies schlussendlich auszusprechen, kostet wiederum einiges an Überwindung, denn behinderte Menschen gelten schnell als »anstrengend« und »undankbar«, sobald sie auf Missstände und strukturelle Diskriminierung aufmerksam machen. Barrierefreiheit wird dabei als lästige Extrawurst gesehen, und so habe auch ich in meinem Leben schon mehrfach die Notwendigkeit von Barrierefreiheit heruntergespielt und mich lieber mit Stufen, winzigen Toilettenkabinen oder im Sitzen kaum erreichbaren Schaltern abgemüht – oder bin eben einfach zu Hause geblieben. Ganz nach dem Motto: Bloß keine »Umstände« machen! Als behinderte Person für sich selbst einzustehen, ist ein schier endloser Prozess, der sich sehr einsam anfühlen kann, denn zum Thema Ableismus gibt es bisher vergleichsweise wenig deutschsprachige Literatur, Podcasts oder andere Formate, die einer*einem auf diesem steinigen Weg mit Unterstützung und Wissen zur Seite stehen könnten.

So kommt es also vor, dass auch behinderte Menschen Ableismus reproduzieren, ihn relativieren und einen auf »Man muss das einfach mal ein bisschen lockerer sehen!« machen, aus Angst, sie könnten sonst als »anstrengend« und »emotional« gelten. Und das leider nicht unbegründet, denn je beharrlicher behinderte Menschen auf ihre Rechte bestehen, sich gegen Ungleichbehandlung wehren und Missstände laut aussprechen, desto einsamer stehen sie meistens da. Schließlich ist es viel bequemer und angenehmer, wenn das eigene diskriminierende Verhalten legitimiert wird, anstatt Kritik dafür einzustecken. So kommt es leider auch immer wieder vor, dass behinderte Menschen anderen behinderten Menschen ihre Diskriminierungserfahrung absprechen oder das Betroffenen-Argument nutzen, um ihren Ableismus zu untermauern. »Also ich bin behindert und finde das nicht schlimm«, sagen sie, während sie implizieren, dass das dann ja wohl *keine* behinderte Person schlimm finden könne. Dies lädt nicht nur zur erneuten Stigmatisierung ein, sondern drückt dem Ganzen auch den »Von behinderten Menschen abgesegnet«-Stempel auf. Die Meinung behinderter Menschen zählt in diesem Kontext übrigens nur, wenn sie das ableistische Verhalten nicht-behinderter Menschen untermauert und es diesen zukünftig erlaubt, auf Kritik zu erwidern: »Also ich kenne eine behinderte Person, die sagt, das ist okay.« Als würden wir offizielle Freifahrtscheine für Ableismus verteilen, die gleichzeitig bewirken, dass kein behinderter Mensch mehr durch eine bestimmte Aussage verletzt sein darf. Mit behinderten Menschen im Publikum rechtfertigen nicht-behinderte Comedians übrigens auch ihre ableistischen Witze. Ganz nach dem Motto: »Da war eine Person im Rollstuhl, die über den Witz gelacht hat. Ich darf das also!«

Stereotype zu bedienen und nicht-behinderte Menschen in ihrem Ableismus zu bestärken, anstatt ihn zu kritisieren, steht also hoch im Kurs und ist der erste Impuls vieler behinderter Menschen. Wir müssen uns nur mal anschauen, welche behinderten Menschen besonders viel Aufmerksamkeit in den

Medien erhalten. Meist sind es genau jene, die sich an die Schubladen angepasst haben, in die sie gesteckt wurden. Diejenigen, die nach den Regeln des Systems spielen (können). Diejenigen, die die Vorurteile gegenüber behinderten Menschen aufrechterhalten. Diejenigen, die Inspiration Porn perfektioniert haben und sich als die toughen Held*innen präsentieren, die »trotz ihrer Behinderung« alles meistern und gern auch mal so toxische Sprüche wie »Man kann alles schaffen, wenn man nur will!« auf Lager haben. Diejenigen, die »Feelgood«-Content für nicht-behinderte Menschen produzieren, sodass sich diese am Ende des Tages in ihrem ableistischen Verhalten bestätigt fühlen, anstatt dieses zu reflektieren. Behinderte Menschen, die vermitteln, dass es selbstverständlich besser sei, nicht-behindert zu sein, und mit Narrativen und Vorurteilen nur so um sich schmeißen.

Dies bringt mich noch mal zum Thema Comedy zurück, denn das oben beschriebene Phänomen ist in diesem Bereich besonders häufig zu beobachten. Dass es nicht okay ist, wenn nicht-behinderte Menschen auf Kosten von behinderten Menschen Witze machen, muss ich an dieser Stelle hoffentlich nicht mehr erklären – jedoch haben auch behinderte Menschen in meinen Augen keine Narrenfreiheit, wenn es darum geht, die eigene Behinderung oder Behinderungen im Allgemeinen auf die Schippe zu nehmen. Denn was suggeriert das? Was ist der Einfluss auf die Gesellschaft, wenn eine behinderte Person zu diskriminierendem Verhalten gegenüber sich und anderen einlädt? Comedy zu Behinderung beruht meistens auf ableistischen Denkansätzen – und was passiert, wenn eine behinderte Person diese befeuert? Sie werden auf eine besonders gewichtige Weise legitimiert und verfestigen sich. Und mehr noch: Denn wozu geht man zu einem Auftritt einer*eines Comedian*s? Natürlich, um zu lachen! Aber sind strukturelle Diskriminierung und jahrhundertealte Unterdrückung wirklich so lustig?

Gleichzeitig frage ich mich: Kann ich es den behinderten Menschen, die diesen Ansatz verfolgen, wirklich verübeln? Wahrscheinlich nicht, denn damit würde ich es mir verdammt einfach machen. Letzten Endes handelt es sich nämlich um nichts anderes als eine Überlebensstrategie. Schließlich sind die meisten von uns immer wieder mehr oder weniger auf das Ermessen nicht-behinderter Menschen angewiesen. Wir wollen gemocht, akzeptiert und anerkannt werden, und so nehmen es manche behinderte Menschen eben in Kauf, zum Entertainment von nicht-behinderten Menschen erniedrigt zu werden. Und das vielleicht sogar, ohne dies aktiv wahrzunehmen. Die berechtigte Angst, vollständig von der Mehrheitsgesellschaft ausgeschlossen zu werden, ist so groß, dass ich in meiner Laufbahn als Inklusionsaktivistin schon mehrere Nachrichten von behinderten Menschen erhalten habe, die mich baten, meine Arbeit nicht mehr fortzuführen. Stell dir das mal vor! Sie baten mich, meine Arbeit niederzulegen, aus Angst, es würde sonst bald niemand mehr mit behinderten Menschen reden, wenn wir uns immer nur beschweren und als »fordernd« und »anstrengend« wahrgenommen werden würden. Diese Menschen würden es also vorziehen, Unterdrückung und Diskriminierung weiter wortlos über sich ergehen zu lassen, aus Angst, es könnte nur noch schlimmer werden, wenn sie oder andere Betroffene sich dagegen wehren. Ich finde, dieses Beispiel spricht Bände dafür, wie das System Ableismus funktioniert.

Übrigens: Ich sage nicht, dass es keine gute Comedy von behinderten Menschen gäbe. Da wären zum Beispiel Hannah Gadsby, Rosie Jones und die leider mittlerweile verstorbene Stella Young. Sie beweisen, dass Comedy und Behinderung durchaus kompatibel sein können, wenn die Herangehensweise nur die richtige ist. Indem behinderte Comedians nach oben statt nach unten treten und beispielsweise mal die ableistischen Vorurteile und Reaktionen nicht-behinderter Menschen auseinandernehmen, statt diese weiter zu bestärken. Es geht also nicht darum, Behinderung nicht zu thematisieren, sondern darum, *wie* wir es tun. Durch die herablassenden Augen der Mehrheitsgesellschaft, die Behinderung lediglich als etwas Unangenehmes, Unattraktives und Peinliches in ihren Köpfen abgespeichert hat? Oder durch die Augen einer behinderten Person, die keine Lust mehr auf diese hässlichen Vorurteile hat und viel lieber der Gesellschaft den Spiegel vorhält?

Und mehr noch: Wenn ich als behinderte Person mir diese Stand-up-Shows anschaue, kann das sogar etwas unfassbar Empowerndes haben. Denn ich finde mich wieder in den Erzählungen, kenne die beschriebenen Situationen und verstehe: Ich bin nicht allein damit – auch wenn mein *inner ableist* mir dies immer wieder zu versichern versucht.

Schließlich ist auch das Teil unseres ableistischen Systems: Immer wieder wird uns weisgemacht, wir seien ganz allein auf dieser Welt mit unseren Gefühlen, Gedanken und Erfahrungen, während es doch in Wahrheit so vielen Menschen genauso geht. Das beweist auch das Hashtag #AbleismTellsMe, auf Deutsch: »Ableismus sagt mir«, das im September 2020 auf Twitter verhältnismäßig große Wellen schlug. Der*die behinderte Aktivist*in Kayle Hill rief das Hashtag ins Leben und brachte damit von Ableismus negativ betroffene Menschen auf der ganzen Welt dazu, ihre Diskriminierungserfahrungen auf Twitter zu teilen. Die Folge davon waren nicht nur Aufklärung und Awareness, sondern auch ein Gemeinschaftsgefühl, das nur dann entsteht, wenn viele Menschen zusammenkommen. Menschen, die ähnliche Erfahrungen teilen und sich gegenseitig dazu ermutigen können, zu ihren Gefühlen zu stehen. Wir sind nicht allein. Das wurde besonders an diesem Tag deutlich.

@dramapproved
#AbleismTellsMe, dass ich nicht-behindert wäre, wenn ich mich bei der Physiotherapie genug anstrengen würde.

@outerspace_girl
Euer #AbleismTellsMe, dass ich selbst als Autistin enttäuschend bin, denn ich habe weder eine Inselbegabung noch einen besonders hohen IQ oder ein anderes Vorzeigetalent, das meine sogenannten Schwächen etwas wettmachen könnte.

@Fortunately1
#AbleismTellsMe Wenn mir Leute erzählen, »Wo ein Wille ist, ist auch ein Weg«, und z. B. auf Sportler*innen mit Behinderung hinweisen, die an den Paralympics teilnehmen, die also ganz viel und ganz Besonderes leisten. Ich habe eine Behinderung und muss nichts Besonderes leisten.

@ein_fledertier
#AbleismTellsMe, dass ich kein Recht auf Privatsphäre mehr habe, sobald ich Leistungen zur Teilhabe in Anspruch nehmen möchte.

@ganda85
#AbleismTellsMe, dass es nichts zählt, dass ich irgendwas gut kann, wenn ich nicht gut kann, was euch leicht fällt.

@zitronenkaffee
#AbleismTellsMe, dass es offenbar O. K. ist, wenn wildfremde Menschen mich fragen, ob ich meinen Sohn nicht besser abgetrieben hätte.

@CatInChief
#AbleismTellsMe, dass mein Mann ein »Held« ist und sich »kümmert«, obwohl ich ihm ja »nichts geben« kann und nur »nehme und abhängig bin«. Dass ich ihn am »Leben« hindere und er nur aus Fairness und Mitleid »bei mir bleibt«.

@MrsHimbeere
Wenn ihr meint, mir zustehende Hilfen und Nachteilsausgleiche seien »Extrawürste«.
#AbleismTellsMe

@FotosmitHerz
#AbleismTellsMe Wenn vor Ort meinem Fotoassistenten vom Kunden der Job erklärt wird und nicht mir – der FOTOGRAFIN!

@MircoForst
#AbleismTellsMe Was? DU hast Abi? ... aber sicher von 'ner Sonderschule, ist sicher kein ECHTES Abi.

@SchoeneAndrea
#AbleismTellsMe, dass man grundsätzlich überall zuerst mit meinen Eltern oder Freund*innen spricht, wenn es eigentlich um mich geht.

@RolliFraeulein
#AbleismTellsMe, dass ich mehr sein muss. Entweder besonders mutig, laut, klug ... Oder mindestens besonders mitleiderregend. Einfach nur ich sein reicht nicht.

@C_System
#AbleismTellsMe
»Brauchen Sie den Rollstuhl wirklich?« – Arzt im Krankenhaus zu mir in der Visite

@abu_internetz
Wenn dich das Jugendamt als Baby ins Heim steckt, weil es deiner Mutter mit Multipler Sklerose und deinem schwarzen Vater mit wenig Deutschkenntnissen nicht zutraut, dich gemeinsam großziehen zu können. #AbleismTellsMe

@_lebensfaden
#AbleismTellsMe, wenn die Mitarbeiterin der Öffentlichkeitsarbeit eines sozialen Trägers über die gehörlose junge Frau, über die sie schreibt, meint: »Dabei wäre sie sonst so eine Hübsche« ...

@JulezLaw
#AbleismTellsMe, dass ich mich im Rollstuhl von wildfremden Leuten plötzlich über die Straße schieben lassen soll und beleidigt werde, wenn ich nach der dritten Aufforderung, das bitte sofort zu lassen, hart bremse und man deshalb fast stürzt.

@Mx_gendered
#AbleismTellsMe, dass ich faul bin. Sollte mich einfach aufraffen und bilde mir die völlige Erschöpfung nur ein. Immer positiv denken, dann klappt das auch.

@redhair81
Euer #AbleismTellsMe, dass es mutig und bewundernswert ist, dass ich ein Kind mit Downsyndrom adoptiere.

@karlabyrinth
#AbleismTellsMe, dass man andere Leute vorwarnen muss, wenn man mich mitbringt, weil ich mich unerwartet und nicht in Muster passend verhalten könnte. Und dass andernfalls tatsächlich vorgeworfen wird, dass man nicht vorgewarnt worden sei.

@FotosmitHerz
#AbleismTellsMe, dass es für dich vollkommen in Ordnung ist, wenn du mir einfach über den Kopf streichelst, weil du mich niedlich findest.

@RMaskos
#AbleismTellsMe, dass ich »verbittert«, »zickig« und »undankbar« bin, wenn ich unnötige Hilfe ablehne.

@ChronicMum
#AbleismTellsMe, dass der Sportverein NATÜRLICH inklusiv ist und mein Kind kommen kann, es muss halt aber schon alles machen können, wie die anderen Kinder. Danke für nichts!

Einmal genug sein

Ich hatte nie geplant, früh zu heiraten. Ich weiß heute nicht mal, ob ich überhaupt jemals den klassischen Traum von Hochzeit, Haus und Kindern hatte. Ich war einfach nur eine junge Frau, die sich ohne große Erwartungen bei einer Onlineplattform für Singles anmeldete. Eine andere Möglichkeit, neue Bekanntschaften zu machen, ergab sich in meinem Alltag nur selten, und Freund*innen hatte ich zu dieser Zeit kaum. Seitdem ich das Internat Hals über Kopf verlassen hatte, kam es mir so vor, als hätte ich nicht nur viele meiner Sachen, sondern auch mein Sozialleben in dem kleinen Internatszimmer im neunten Stock zurückgelassen. Meine Psyche ließ selten zu, dass ich das Haus verließ, und die fehlende Anonymität im Dorf machte es nicht gerade leichter. Alles keine optimalen Bedingungen, um neue Leute kennenzulernen, zumal ich in dem Dorf, in dem ich lebte, sowieso nur auf die ätzenden Menschen gestoßen wäre, die mir meine Schulzeit zur Hölle gemacht hatten. Zusätzlich hatten sie mir eine panische Angst vor dem Fahren mit öffentlichen Verkehrsmitteln beschert, die ich bis heute mit mir herumtrage und die verhinderte, dass ich mich zumindest ab und zu in das weitaus anonymere Darmstadt hätte flüchten können. Ich fühlte mich regelrecht gefangen und sehnte mich nach dem Alltag mit Freund*innen und Partys zurück, den ich im Internat zumindest für ein oder zwei Jahre gehabt hatte. Viel zu kurz, um ihn je für selbstverständlich zu halten. Während ich mich dort zwischen meinen größtenteils bereits volljährigen Freund*innen regelmäßig als älter verkauft hatte, um in Bars hineinzukommen oder Alkohol und Zigaretten zu kaufen, war ich nun tatsächlich volljährig. Jedoch hatte ich jetzt kaum noch jemanden, um all diese Dinge ohne den ständigen Nervenkitzel, erwischt zu werden, noch mal zu erleben. Mein 18. Geburtstag bestand aus einer Feier mit meinen Verwandten und einem kurzen Supermarktbesuch mit meiner zu diesem Zeitpunkt einzigen und ältesten Freundin, bei dem ich Schnaps kaufte und im Gegensatz zu früher schon fast darauf hoffte, nach meinem Ausweis gefragt zu werden, um diesen daraufhin stolz zücken zu können. Statt den Inhalt der Schnapsflasche jedoch anschließend wie früher bei lauter Partymusik unter meinen jubelnden Freund*innen zu verteilen, stieß ich mit meiner Oma am Kaffeetisch an.

Als ich mich schließlich einige Monate später bei einer Plattform für Onlinedating anmeldete, rechnete ich lediglich damit, ein paar lockere Bekanntschaften zu machen. Hatte mein Vertrauen in Menschen doch gerade erst wieder einen erheblichen Dämpfer abbekommen, nachdem ich mich auf eine Bekanntschaft aus dem Tattoostudio eingelassen hatte und bitter enttäuscht wurde. Der deutlich ältere Typ hatte zuerst vorgegeben, etwas Festes zu suchen, nur um kurz darauf zuzugeben, dass er eigentlich doch nur Spaß haben wollte. Und während andere Menschen nun vielleicht wütend geworden wären und den Typen zur Hölle geschickt hätten, suchte ich den Grund natürlich sofort bei mir und meiner vermeintlichen Unzulänglichkeit. »Er sucht bestimmt etwas Festes, aber ich bin dafür eben nicht gut genug«, mutmaßte ich und schwor mir daraufhin, dass ich ab jetzt eben auch nichts Festes mehr haben wollen würde. So könnte ich zumindest nicht mehr so einfach verletzt werden. Und so, wie Dinge eben oft eintreten, wenn man sie am wenigsten erwartet, rutschte mein zukünftiger Ehemann

Alex bereits kurze Zeit später in mein Nachrichtenpostfach. Schon bald tauschten wir Handynummern aus und schrieben und schrieben. Irgendwann gingen wir zum Telefonieren über, und nachdem ich viele Abende mit einem breiten Grinsen im Gesicht und einem laut pochenden Herzen mit dem Telefon am Ohr verbracht hatte, beschlossen wir, ein Treffen zu planen. Alex war damals noch als Monteur in ganz Deutschland unterwegs, während er eigentlich in Leipzig wohnte. Unser Plan, ein Wochenende gemeinsam dort zu verbringen, musste jedoch erst mal warten, denn meine Freundin hatte mich zu einem viertägigen Trip nach Prag überredet. Für viele andere Menschen vermutlich keine große Sache, doch für mich, die sich seit weit über einem Jahr zu Hause eingeigelt hatte, fühlte es sich an wie eine Weltreise und war mit einer Menge Ängsten verbunden. Kommunizieren konnte ich diese jedoch zu diesem Zeitpunkt kaum.

»Ich bin einfach kein Mensch, der gern reist oder der überhaupt gern unter Leuten ist« – bei dieser Aussage erwische ich mich auch heute noch von Zeit zu Zeit. Doch stimmt das? Entspricht dies meinem doch eigentlich eher extrovertierten Charakter? Oder haben nicht erst fehlende Barrierefreiheit, Ableismus und Menschen aus meiner Vergangenheit dafür gesorgt, dass ich mich unter Menschen nicht sicher fühle? Mich ständig bewertet fühle – abgewertet fühle? Dass ich schlecht vertrauen und mich selten fallen lassen kann, weil ich permanent versuche einzuschätzen, wie ich nach außen hin wirke, um wiederum Gründe auszumachen, weshalb man mich nicht mögen könnte? Meine Angststörung kickte auch damals richtig rein, und ich schlief die Nacht vor der Reise kaum. Jedoch würde dieser Trip nicht nur meine Psyche auf eine Belastungsprobe stellen, sondern vor allem meinen Körper. Und auch wenn ich es zu dieser Zeit noch nicht klar benennen konnte, wusste ich zumindest tief in mir drin, dass das so sein würde, was meine Ängste wiederum verstärkte. Doch wie erklärst du jemandem, dass du nach wenigen Schritten bereits darüber nachdenken musst, wann und vor allem wo die nächste Pause stattfinden kann? Dass dir bei einer solchen Überanstrengung übel wird und alles anfängt, vor deinen Augen zu flimmern und zu verschwimmen? Dass du das Gefühl hast, dass dein Oberkörper jederzeit nach vorn überkippen könnte, weil dein Rücken ihn keine Sekunde länger aufrecht halten kann? Dass deine Beine nachgeben, wegsacken und du permanent damit beschäftigt bist, unwillkürliche Ausfallschritte aufzufangen, um nicht in andere Menschen hineinzustolpern? Denn, ach stimmt, da war ja was: Es gibt nämlich kaum etwas Schlimmeres für dich, als negativ aufzufallen. Wenn Menschen denken, du seist betrunken oder einfach ignorant. Dabei reicht dir die winzige Wahrscheinlichkeit, dass sie es überhaupt nur denken *könnten*, schon aus, um in Panik zu verfallen. Still und heimlich natürlich, denn was sollen die Leute sonst denken? Wie sollte ich das alles irgendjemandem erklären, wenn ich es mir doch nicht einmal selbst erklären konnte?

Und so hatte ich mich in den letzten eineinhalb Jahren nur an Orte begeben, die ich bereits kannte und von denen ich wusste, dass meine Gehfähigkeit dort ausreichen würde. Doch nun reiste ich in eine fremde Stadt, in ein fremdes Hotel, und die Realität verpasste mir bereits am ersten Tag eine gewaltige Ohrfeige. Dass es mir allgemein immer schwerer fiel zu gehen, hatte ich zwar schon zuvor wahrgenommen, jedoch die meiste Zeit erfolgreich verdrängt. In Prag angekommen, gelang mir dies jedoch endgültig nicht mehr. Nahezu panisch scannten meine Augen die umliegende Umgebung nach Sitzgelegenheiten ab. Ich schleppte mich jeden Tag von Parkbank zu Parkbank und fiel abends mit pochenden Beinen und vor Überlastung brennenden Muskeln ins Bett. »Kann man sich hier hinsetzen?«, wurde nach diesem Urlaub eine Art Insider-Witz zwischen meiner Freundin und mir. Warum ich jedoch selbst nach einer elendig langen Busfahrt das Bedürfnis verspürte, mich hinzusetzen, und schließlich eine Mauer nur zwei Meter entfernt dafür herhalten musste, hinterfragte keine von uns.

Kaum zu Hause angekommen, verstrickte ich mich weiter in Ausreden. Ursprünglich sollte nämlich direkt darauf das erste Treffen mit Alex stattfinden. Doch anstatt im Auto Richtung Leipzig zu sitzen, lag ich tagelang mit höllischen Schmerzen im Bett und wurde einmal mehr darin bestätigt, dass mein Körper nicht so funktionierte wie der eines nicht-behinderten Menschen. Und auch als dann unser Treffen ein paar Wochen später endlich stattfand, gelang es mir nicht, den Schein eines nicht-behinderten Körpers besonders lang aufrechtzuerhalten. Neben den unzähligen Narben auf meiner Haut, die ich noch mit »irgendwelchen Operationen aus meiner Kindheit« begründen konnte, bekam Alex direkt am zweiten Tag zu spüren, wie schnell die ganze Situation kippen konnte – im wahrsten Sinne des Wortes. Wir befanden uns gerade auf dem Weg zum Kino, als sich plötzlich mein Sichtfeld verengte. Ein Gefühl, das ich nur allzu gut kenne und das mich schon damals Schlimmstes befürchten ließ. Auch die anderen üblichen Symptome ließen nicht lang auf sich warten. Mir wurde übel, ich bekam schlecht Luft, konnte mich nicht mehr auf meine Umgebung konzentrieren, stolperte beinahe über meine eigenen Füße und befürchtete, jeden Moment das Bewusstsein zu verlieren. In der Hoffnung, diesen Schwächeanfall irgendwie zu überstehen, ohne dass Alex etwas davon mitbekommen würde, hielt ich es aus, bis ich schließlich abwägen musste, was ich schlimmer finden würde: dass er merkte, dass ich mich dringend hinsetzen musste, oder dass ich mitten in der Leipziger Fußgängerzone vor ihm und allen Passant*innen zusammenbrechen würde und mich obendrein vielleicht auch noch übergeben müsste. Meine Sozialphobie nahm mir schließlich die Entscheidung ab und zwang mich, Alex' Hand fester zu drücken und irgendwas von Kreislauf zu säuseln. Wie wir es letzten Endes auf die Parkbank schafften und woher er so schnell eine Flasche Wasser und eine Flasche Cola herholte, weiß ich nicht mehr. Und während dies noch etwas war, was jeder*jedem mal passieren konnte, wurde spätestens auf dem Rückweg, als es erneut geschah, ziemlich schnell klar, dass dies keine Ausnahme war. Die Parkbank beim zweiten Mal hatte keine Lehne, und als mein Oberkörper kraftlos nach hinten wegzukippen drohte, setzte sich Alex hinter mich und hielt mich. Während ich krampfhaft versuchte, die Kontrolle über meinen Körper zurückzuerlangen, sprudelten aus meinem Mund bereits eine Menge Entschuldigungen und Rechtfertigungen, bis Alex mich unterbrach und sagte: »Alles gut, du hast mich doch vorgewarnt. Ich wusste, worauf ich mich einlasse.« Das stimmte. In einem klaren Moment hatte ich ihm, als es etwas ernster zwischen uns wurde, per Nachricht gestanden, dass »irgendetwas mit meinem Körper vorgeht« und dass »kein*e Arzt*Ärztin weiß, was es ist«. Und so vertraute ich mich ihm in den darauffolgenden Monaten immer mehr an, wenn es mir nicht gut ging. Er war es, der meine

Hand hielt und mir über die vor Schmerz in Falten gelegte Stirn strich, wenn ein Schmerzschub auf den anderen folgte.

Von da an führten wir neun Monate lang eine Fernbeziehung. Ich hasste die Tage unter der Woche, und ich liebte den Freitag und den Samstag, denn diese Tage verbrachten wir meistens zusammen. Den Sonntag hasste ich jedoch am meisten, denn dann würden sich unsere Wege für fünf Tage erneut trennen, und ich konnte mir ein weiteres Mal in meinem Leben dabei zusehen, wie ich von der einen Welt in die andere glitt. Durch seine Montage war Alex häufiges Autofahren gewohnt und verbrachte die meisten Wochenenden bei mir. Ich lebte zu dieser Zeit noch im Dachgeschoss des Hauses meiner Mutter, dem Haus, in dem ich aufgewachsen war. Abgesehen von einer Küche war dort alles vorhanden, sodass es sich immer wie eine eigene kleine Wohnung angefühlt hatte. Die Male, die ich mich überwinden konnte, mit dem Zug oder einer Fahrgemeinschaft nach Leipzig zu fahren, kann ich an einer Hand abzählen. Jedoch arbeitete Alex zu der Zeit oft auf einer Baustelle, bei der der Weg zurück nach Leipzig fast direkt an meinem Heimatdorf vorbeiführte, sodass er mich manchmal abholte, um mich mit zu sich nach Hause zu nehmen. Seine großzügig geschnittene Maisonettewohnung lag im vierten Stock eines Altbaus ohne Fahrstuhl und wurde von Anfang an zu meiner Endgegnerin. Bis ich völlig außer Atem oben ankam, war Alex manchmal bereits dreimal an mir vorbeigelaufen, um die Einkäufe aus dem Auto nach oben zu tragen. Während er Getränke-Sixpacks und vollgepackte Tüten in den vierten Stock wuchtete, war ich bereits froh, wenn es mir gelang, mein eigenes Körpergewicht die Treppe hinaufzubefördern. Und so zogen wir, als es mit unserer Beziehung ernster wurde, gar nicht erst in Betracht, dass ich mit in diese Wohnung einziehen könnte. Vielmehr lag uns beiden nicht viel daran, in unseren jeweiligen Wohnorten zu bleiben. Und als wäre es ein Zeichen des Schicksals, ließ Alex' Arbeitgeber genau zu diesem Zeitpunkt durchblicken, dass er ihn in Niedersachsen gut gebrauchen könnte. Nicht nur der Gedanke an eine fremde Stadt und somit ein komplett unbeschriebenes Blatt reizte uns. Gerade die Versprechungen des Arbeitgebers, ihn dort mehr im Büro einzusetzen, ließen uns auf einen entspannteren Alltag und mehr Zeit zu zweit hoffen.

Die Montagejobs waren mir sowieso nie geheuer gewesen, und besonders beziehungsfreundlich waren sie auch nicht. Ständig hatte ich Angst um Alex und war wütend, dass wir so wenig Zeit zusammen verbringen konnten. Meine Wut wuchs ins Unermessliche, als sein Arbeitgeber seinen Versprechungen nach dem Umzug nur bedingt Taten folgen ließ. Gerade in den ersten Monaten verbrachte ich meistens drei bis vier Tage und Nächte in der Woche allein in der neuen, halb fertig renovierten Wohnung in dieser völlig fremden Stadt. Ohne Auto, ohne Mobilität, viele Autostunden entfernt von den wenigen Menschen, die ich kannte, und mit einem tonnenschweren Rucksack voller Angst und Traumata auf dem Rücken. Nebenbei biss ich mich durch das letzte Drittel meines Fernstudiums, um das Kapitel Mittlere Reife endlich abschließen zu können. Viel mehr gab es in meinem Alltag nicht, denn ich hatte weder die physischen noch die psychischen Kapazitäten, um einem Nebenjob oder einer Freizeitbeschäftigung nachzugehen. Und so schlich sich eine neue Dimension der Einsamkeit ein, die sich nicht mehr so schnell abschütteln ließ. Denn während andere junge Menschen oft schnell durch Schule, Ausbildung, Studium oder Hobbys neue Kontakte knüpfen, hatte ich nichts davon. Wie auch? Scheiterte ich doch bereits daran, dem Postboten morgens die Tür aufzumachen, und brach regelmäßig weinend hinter der Schlafzimmertür oder unter einem Fenster zusammen, unter das ich mich beim Ertönen der Türklingel geduckt hatte. Allein das Haus zu verlassen, wurde in der neuen Stadt endgültig zur Qual, nachdem die wenigen Konstanten, die ich in meinem Heimatdorf noch gehabt hatte, weggebrochen waren. Dass meine psychischen Erkrankungen mich zu dieser Zeit besonders fest im Griff hielten, wussten Alex und ich beide, jedoch sprach es niemand von uns aus.

Es wurde schließlich zur Gewohnheit, dass ich Alex jeden Tag perfekt geschminkt, angezogen und frisiert erwartete, wenn er von der Arbeit heimkam. Auch nur einen Tag lang ungeschminkt zu sein, meine Haare Haare sein zu lassen oder lediglich mit Jogginghose und weitem Shirt bekleidet zu sein, war für mich zu dieser Zeit undenkbar, denn ich fühlte mich dermaßen unzureichend und wertlos, dass ich mein eigenes Spiegelbild nur ertrug, wenn ich zuvor Unmengen an Zeit investiert hatte, um den Beautystandards, die ich als erstrebenswert erachtete, auch nur ansatzweise zu entsprechen. Immerhin hatten mich Männer in früheren Beziehungen immer wieder respektlos behandelt und objektifiziert, sodass ich regelrecht verinnerlicht hatte, dass ich mir auch ja Mühe geben müsse, um ihnen zu gefallen. Und auch wenn Alex dies nie von mir verlangt hatte, wollte ich das perfekte Püppchen sein, das man gern bei seinen Freunden vorzeigt. Das, mit dem insgeheim alle gern zusammen wären, anstatt es lediglich für ein bisschen Spaß auszunutzen. Dass so etwas auch den attraktivsten, begehrenswertesten Menschen der Welt passieren kann und dass das Problem woanders lag, sah ich damals nicht.

Und so verbrachte ich jeden Tag Stunden damit, mich zu duschen, jedes noch so kleine unerwünschte Haar von meinem Körper zu entfernen, mich ausgiebig zu schminken, mich in Skinny Jeans und Push-up-BH zu werfen und das letzte bisschen Leben aus meinen langen roten Haaren herauszuglätten. Mit meinen gerade mal zwanzig Jahren versuchte ich, einer moderneren, aber nicht weniger sexistischen Version der perfekten Hausfrau aus einem Fünfzigerjahre-Werbeclip zu entsprechen, ohne auch nur einen Hauch von Ahnung zu haben, woher diese Anforderungen kamen. Erzähle ich heute von dieser Zeit, kommt es mir oft so vor, als würde ich von einem anderen Leben erzählen. Wie konnte ich die Strukturen dahinter nicht verstehen? Wie konnte ich jemals denken, dass ich all das darstellen müsse? Dabei suchte ich in Wahrheit einfach nur einen Ausgleich für meine vermeintlichen Makel. Ich war mit dem Gedanken aufgewachsen, dass meine Behinderung etwas Schambehaftetes, Negatives war, das es zu »kompensieren« galt. Ein Gedanke, den viele behinderte Menschen verinnerlicht haben. Dazu war ich zu dieser Zeit einfach psychisch sehr krank und suchte eine Rolle, der ich auch gerecht werden konnte, ohne dabei das Haus verlassen zu müssen. Was blieb mir auch anderes übrig, wenn sich Gleichaltrige über ihren Sport, ihre Reisen, ihr Studium oder ihre Ausbildung definierten? Ich wollte einfach nur in irgendetwas uneingeschränkt gut sein. Ich wollte einfach nur einmal »genug« sein. Genug für andere, aber vor allem genug für mich selbst.

Privilegien und Identität

Eines der wichtigsten Dinge in puncto Antidiskriminierung ist, dass wir uns dabei gegebenenfalls nicht nur unserer eigenen Marginalisierung(en) bewusst werden, sondern insbesondere auch unserer Privilegien. Zur Erinnerung: Marginalisierung beschreibt einen sozialen Vorgang, bei der bestimmte Gruppen aufgrund gewisser Merkmale auf unterschiedliche Art und Weise in ihrer Teilhabe eingeschränkt, diskriminiert und ausgegrenzt werden. Aber was waren jetzt eigentlich noch mal Privilegien?

Nun, man könnte sie als Vorrecht, Chance, Bevorzugung oder auch Begünstigung gewisser Gruppen beschreiben. Mitglieder dieser Gruppen verfügen über mehr und bessere Handlungsmöglichkeiten und damit über mehr Macht als Menschen, die über weniger Privilegien verfügen. Ein Privileg ist es beispielsweise, nicht-behindert zu sein. Nicht weil es tatsächlich zwangsläufig schlechter wäre, behindert zu sein, sondern weil behinderte Menschen in unserem System strukturell diskriminiert werden und nicht die gleichen Zugänge erhalten wie nicht-behinderte Menschen. Wenn wir das unter dem Gesichtspunkt der epistemischen Ungerechtigkeit betrachten, wird Menschen, die über viele Privilegien verfügen, zum Beispiel mehr geglaubt. Ihre Perspektive ist bekannt, gilt als wertvoller und schützenswerter, und die Mehrheitsgesellschaft identifiziert sich mit ihnen. Privilegien bedeuten Zugang zu Ressourcen, Wohlstand und vor allem Sicherheit.

Während sich also ein nicht-behinderter, *weißer*[*] hetero cis Mann aufgrund seiner vielen Privilegien wenig Sorgen darum machen muss, ob er von seinem Gegenüber ernst genommen wird, geht das längst nicht allen so. Als sichtbar behinderte Frau erlebe ich es ständig, dass Menschen lieber mit meinem Mann sprechen, obwohl es um mich geht, oder dass sie, wenn sie dann doch mit mir reden müssen, ihre Stimme verstellen, als würden sie mit einem Kleinkind sprechen. Du siehst, ich habe zur Verdeutlichung bei dem Mann in meinem Beispiel all seine Privilegien explizit genannt. Das Spannende ist jedoch, dass dieser Mann sich all dieser Privilegien wahrscheinlich eher nicht bewusst ist, denn die meisten Menschen sehen diese als selbstverständlich an. (Mehrfach) marginalisierte Menschen legen im Gegensatz dazu zunehmend Wert darauf, ihre Ungleichbehandlung zu betonen. »Warum muss man denn da immer unterscheiden? Mensch ist doch Mensch!«, lese ich regelmäßig in Debatten, in denen meist privilegiertere Personen etwas dagegen zu haben scheinen, dass Privilegien und Marginalisierungen immer deutlicher benannt werden. »Wir sind doch alle gleich! Warum in Gruppen abgrenzen?«, echauffieren sie sich. Nicht selten folgt eine Täter*innen-Opfer-Umkehr, in der eben jene Personen sich als weltoffen stilisieren und marginalisierten Gruppen vorwerfen, sie würden sich selbst ausgrenzen, indem sie sich Gruppen zugehörig fühlen und beispielsweise zwischen behinderten und nicht-behinderten Menschen unterscheiden. Doch solang nicht alle Menschen die gleichen Rechte haben und diese auch umgesetzt werden, ist es

* Weil mit »weiß« keine reelle Hautfarbe, sondern eine gesellschaftliche Machtposition beschrieben wird, steht der Begriff kursiv.

unerlässlich, zwischen Privilegien und Marginalisierungen zu unterscheiden und auf eine daraus resultierende Ungleichbehandlung aufmerksam zu machen.

Der Ausruf, wir seien doch alle gleich, macht den Umstand, dass einige Menschen in unserer Gesellschaft strukturelle Diskriminierung erfahren, unsichtbar und sagt eigentlich aus: »Kann bitte einfach alles so bleiben, wie es war, und können wir bitte nicht darüber reden, dass wir unterschiedlich behandelt werden?« Schließlich möchte niemand hören, dass sie*er weniger Steine in den Weg gelegt bekommt als andere. Stattdessen möchten privilegiertere Menschen lieber weiterhin in dem Glauben leben, dass unsere Welt doch so »modern« und »fortschrittlich« sei. Ein Merkmal der eigenen Privilegierung ist eben auch, sich nicht mit Diskriminierung befassen zu müssen, weil man selbst nicht oder nur wenig darunter leidet. Schließlich passt man komplett oder aber zumindest zu großen Teilen ins System und ist nicht darauf angewiesen, dass sich etwas ändert.

Gleichzeitig schwingt bei privilegierteren Personen auch immer die Angst mit, Privilegien zu verlieren, sobald marginalisierte Gruppen soziale Gerechtigkeit einfordern. Dabei zeigt allein der Fakt, dass so viele Privilegien existieren, dass in unserer Gesellschaft etwas gewaltig falsch läuft. In einem idealen Szenario sollte es schließlich so sein, dass wir, obwohl wir alle unterschiedlich sind, alle die gleichen Chancen und Zugänge haben. Privilegien entstehen also immer nur dort, wo ein extremes Ungleichgewicht an Ressourcen herrscht, Menschen ungleich behandelt oder gewisse Lebensrealitäten nicht mitgedacht werden.

Unsere Mehrheitsgesellschaft geht währenddessen davon aus, dass wir alle bereits die gleichen Chancen und Zugänge haben und von Institutionen gleich behandelt werden. In Wahrheit kämpfen marginalisierte Gruppen jedoch bis heute täglich um Sicherheit, Teilhabe und Sichtbarkeit. Dass wir alle über die gleichen Chancen und Zugänge verfügen, ist ein klarer Irrglaube – und ein gefährlicher noch dazu. Aus ihm entstehen Aussagen wie: »Jede Person ist ihres Glückes Schmied*in«, was impliziert, dass wir alle die gleichen Voraussetzungen haben und die exakt gleiche Leistung erbringen müssen, um zum Erfolg zu gelangen. Jedoch ignoriert dieser Satz die Existenz von sozialer Ungerechtigkeit und struktureller Diskriminierung und macht die Erfahrungen marginalisierter Menschen unsichtbar. Ähnliches gilt für den Spruch: »Wir sitzen alle im selben Boot«, der besonders während Krisen gern von Politiker*innen und Co heruntergebetet wird. Doch stimmt das wirklich? Oder sitzen wir doch eher in verschiedenen Booten – manche Menschen auf dem Deck einer Jacht, wo sie sich genüsslich sonnen, während andere ohne Rettungswesten in einem Ruderboot umherpaddeln?

Einen hohen sozialen Status, der aus vielen Privilegien resultiert, können wir uns schließlich nicht einfach erarbeiten. Zur Erklärung: Unser sozialer Status gibt Auskunft über unsere Privilegien, aber auch unsere Marginalisierungen. Innerhalb des sozialen Status unterscheiden wir zwischen dem »zugeschriebenen Status« und dem »erworbenen Status«. Der zugeschriebene Status beinhaltet Privilegien, aber auch Marginalisierungen, auf die wir keinen Einfluss haben und mit denen wir teilweise bereits geboren wurden. Den erworbenen Status bilden wiederum Dinge wie Ruhm, Reichtum, Bildung oder Macht, die wir im Laufe unseres Lebens unter den richtigen Voraussetzungen erwerben können. Einen beträchtlichen

Fehler, den viele Menschen dabei allerdings machen, ist, dass sie davon ausgehen, dass jeder Mensch die gleichen Chancen hat, einen gewissen erworbenen Status zu erreichen. Dabei ist diese Wahrscheinlichkeit ganz klar abhängig von unserem zugeschriebenen Status – und an diesem lässt sich einfach nicht rütteln. Ich könnte nun völlig überspitzte Beispiele à la Elon Musk oder Jeff Bezos anbringen, jedoch reicht es auch schon, aus der Mittelschicht zu kommen, nicht-behindert, cis hetero und *weiß* zu sein, um bessere Chancen auf einen Studienplatz, einen guten Job oder überhaupt auf ein Abitur zu haben als viele mehrfach marginalisierte Menschen.

Wichtig zu verstehen ist also, dass Privilegien und Marginalisierungen nichts sind, was wir maßgeblich selbst beeinflussen können, auch wenn wir das regelmäßig von sehr privilegierten Menschen zu hören bekommen. Laut ihnen braucht es lediglich ein positives Mindset, und damit sei schon sichergestellt, dass wir alles schaffen könnten, wenn wir nur wollten. Und sicherlich, ein guter Job oder ein hoher Kontostand stellen sich wahrscheinlicher ein, wenn ihnen harte Arbeit vorausgeht – jedoch gibt es Menschen, die sich ihr Leben lang abrackern und härter schuften als jeder reiche Mensch der Welt und dennoch niemals einen Porsche von innen sehen werden.

Um Privilegien und Marginalisierungen zu verbildlichen, können wir uns eine lange Liste vorstellen. Auf der einen Seite stehen Marginalisierungen, auf der anderen Privilegien. Darin wird beispielsweise abgefragt, ob die Person von Rassismus, Sexismus, Queerfeindlichkeit, Ableismus, Antisemitismus, Dick_Fettfeindlichkeit, Klassismus etc. negativ betroffen ist, aber auch, wie die Person aufgewachsen ist, ob sie einer Religion angehörig ist, ob sie von Armut betroffen ist oder war, welchen Schulabschluss sie hat, ob sie eine faire Chance auf Bildung erhalten hat, ob sie alleinerziehend ist, ob sie einen Job hat und so weiter und so weiter. Ich denke, du verstehst, worauf ich hinauswill. Und nun stellen wir uns vor, dass wir diese Liste von hundert verschiedenen Menschen ausfüllen lassen. Inwiefern würden die Ergebnisse sich wohl unterscheiden? Hätte der nicht-behinderte, *weiße* cis Mann weniger aufzuschreiben als die behinderte, Schwarze trans*[*] Frau? Nein! Alle Listen wären exakt gleich lang, solang immer die gleichen Punkte berücksichtigt würden. Der einzige erhebliche Unterschied würde sich darin zeigen, ob die jeweiligen Punkte sich auf die Marginalisierungsseite oder die Privilegienseite auswirken würden. Das heißt, niemand verhält sich neutral zu irgendeinem der oben genannten Merkmale. Du bist zum Beispiel behindert oder nicht-behindert. Du kannst nicht keins von beidem sein, denn deine Perspektive ist niemals neutral.

Nur damit wir uns nicht falsch verstehen – ich rede nicht davon, dass wir uns nun alle überall vorstellen müssen mit: »Hallo, ich bin Luisa, ich bin eine *weiße*, behinderte, queere cis Frau ... und wer bist du?« Es geht darum, dass wir uns unserer eigenen Privilegien bewusst werden und diese gerade im Umgang miteinander immer wieder reflektieren und benennen. Schließlich sind wir wahrscheinlich alle irgendwo privilegiert. Manche mehr, manche weniger.

Einige Leser*innen werden vielleicht kurz ins Stocken gekommen sein, als sie gerade gelesen haben, dass ich queer bin,

---

* Das Sternchen in »trans*« soll zum Ausdruck bringen, dass es sich dabei um eine extrem facettenreiche Kategorie handelt – darunter fallen zum Beispiel transgeschlechtliche, transidente und transsexuelle Menschen, aber auch Personen, die keins dieser Label für sich benutzen.

obwohl ich weiter vorn geschrieben habe, dass ich mit einem Mann verheiratet bin. Ja, ich bin nicht heterosexuell, denn ich stehe nicht ausschließlich auf Männer. Die Tatsache, dass ich mit einem Mann verheiratet bin, bestätigt die Menschen um mich herum jedoch regelmäßig in ihrer generellen queerfeindlichen Annahme, dass alle Menschen hetero seien, wenn sie sich nicht explizit immer und immer wieder »outen«. Ich genieße zum Teil also durchaus Privilegien, weil ich als heterosexuelle, verheiratete Frau gelesen werde. Zum Beispiel bin ich deutlich weniger queerfeindlichen Attacken ausgesetzt als homosexuelle Paare, die auch von fremden Menschen als queer gelesen werden. Anders als diese Paare kann ich meine Sexualität in den meisten Situationen einfach verschweigen. Ich bin außerdem cis. Das bedeutet, ich identifiziere mich zu dem Zeitpunkt, an dem ich dieses Buch schreibe, mit dem Geschlecht, das mir bei meiner Geburt zugeschrieben wurde. Im Gegensatz zu vielen anderen Mitgliedern der queeren Community bin ich also nicht negativ von Transfeindlichkeit betroffen. Das alles macht mich innerhalb dieser Community sehr privilegiert, und dem versuche ich mir immer bewusst zu sein. Die Queerfeindlichkeit, die ich erfahre, besteht hauptsächlich darin, dass ein Teil meiner Identität regelmäßig unsichtbar gemacht und missachtet wird, indem die Menschen einfach davon ausgehen, ich sei hetero, oder mir absprechen, dass meine Zuneigung gegenüber FLINTA* gleichwertig und gleich ernst zu nehmen ist wie meine Zuneigung gegenüber Männern.

Noch komplexer verhält es sich damit meinem Empfinden nach innerhalb der Behinderten-Community, denn das Checken der eigenen Privilegien sollte auch innerhalb von marginalisierten Gruppen stattfinden. Es ist ja zum Beispiel so, dass nicht jede behinderte Person tatsächlich weniger leistungsfähig ist als nicht-behinderte Menschen. Wir könnten jetzt Paralympionik*innen als Beispiel nehmen, aber das erscheint mir ein bisschen zu offensichtlich. Wie wäre es also mit der Rollstuhlfahrerin, die Vollzeit im Büro arbeitet und sich zweimal die Woche mit Freund*innen zum gemeinsamen Abendessen trifft? Keine außergewöhnliche Leistung, oder? Und dennoch für viele behinderte Menschen in Bezug auf die eigenen Kapazitäten oder bestimmte Lebensumstände undenkbar. Ein weiterer Faktor sind Barrieren, die uns meist noch deutlich stärker in unserer Teilhabe einschränken. Auf wie viele Barrieren stoße ich als behinderte Person? Bin ich mobiler als mein*e behinderte*r Freund*in? Ist es mir möglich, allein zu reisen oder auch nur ein paar Lebensmittel im Supermarkt um die Ecke einzukaufen? Ich für meinen Teil müsste die meisten dieser Fragen mit Nein beantworten, doch auch wenn ich sie mit Ja beantworten könnte, würde mich das keinesfalls »weniger« behindert machen. Es würde mir lediglich bewusst machen, dass wir nicht alle mit den gleichen Voraussetzungen durchs Leben gehen und dass ich nicht erwarten darf, dass alle Menschen, die der gleichen Community angehören wie ich, die gleiche Ausgangsposition haben. Auch werden unsere Privilegien und Marginalisierungen oft erst in bestimmten Situationen deutlich, und so ist es gerade bei (mehrfach) marginalisierten Personen immer wieder so, dass sie in unterschiedlichen Situationen unterschiedlich benachteiligt oder privilegiert sind. Auch vermeintlich kleine Dinge, die uns ganz selbstverständlich vorkommen, können in Wahrheit große Privilegien sein. Wie zum Beispiel nicht auf Pflege und somit das Ermessen von ableistischen Institutionen und Familienmitgliedern angewiesen zu sein, allein das Haus verlassen zu können oder eigenes Geld zu verdienen.

Versuchen wir es mal mit einem etwas anschaulicheren Beispiel: Da wäre zunächst einmal Christina. Sie hat seit ihrem zwanzigsten Lebensjahr eine entzündliche Darmerkrankung und lebt seit ihrer Jugend mit Depressionen. Sie muss oft zu Ärzt*innenterminen und hat häufig nicht so viel Energie wie andere Menschen. An manchen Tagen kann sie das Haus gar nicht verlassen. Ansonsten fährt sie aber mit Bus und Bahn zu dem Büro im dritten Stock, in dem sie Teilzeit arbeitet und in dem ständig der Aufzug kaputt ist, sodass die Mitarbeiter*innen Treppen steigen müssen. Christina definiert sich als behindert, da ihre Erkrankungen ihre Teilhabe am Alltag einschränken. Ihr Umfeld liest sie jedoch nicht als behindert, da es ein festes Bild von behinderten Menschen im Kopf hat, dem Christina nicht entspricht. »Du siehst aber doch gar nicht behindert aus!«, muss sie sich regelmäßig von Arbeitskolleg*innen, Freund*innen und Verwandten anhören. Und auch von institutioneller Seite wird ihre Behinderung regelmäßig infrage gestellt. Erst heute Morgen hat sich das Versorgungsamt zu einer erneuten Überprüfung angemeldet, nachdem Christinas Grad der Behinderung heruntergestuft werden sollte und sie Widerspruch eingelegt hat. Das alles ist ihr gegenüber ableistisch und sehr verletzend, weil ihr ihre Lebensrealität und ein Teil ihrer Identität abgesprochen werden. Außerdem wird ihr ständig gesagt, dass sie sich nur mehr anstrengen müsse und dann sicherlich wieder mehr leisten könne. Etwas, was vermutlich jeder behinderten Person schon mal gesagt wurde.

Dann wäre da noch Lea. Lea wurde behindert geboren und ist auf einen Rollstuhl angewiesen. Sie wird auch von völlig fremden Menschen als behindert gelesen. Dadurch wird sie regelmäßig übergriffig behandelt, angestarrt und kam auch schon in einige wirklich bedrohliche Situationen. Lea kann nicht in der Masse untergehen und muss nicht erst sagen, dass sie behindert ist. Von ihren Mitmenschen wird sie ständig unterschätzt, denn viele davon sprechen ihr jegliche Fähigkeiten ab und behandeln sie bevormundend. Lea wäre gern jeden Tag unterwegs, jedoch ist ihr Antrag auf einen Autoumbau, den sie bräuchte, um selbstständig fahren zu können, zum zweiten Mal abgelehnt worden, und die öffentlichen Verkehrsmittel in ihrem Wohnort sind für sie nicht barrierefrei. Sie muss also jedes Mal ihren Freund um Hilfe bitten, wenn sie einen Ausflug machen möchte, und sucht seit Monaten einen neuen Job. Vollzeit zu arbeiten, traut sie sich locker zu, denn sie hat an den meisten Tagen viele Kapazitäten. Jedoch sind die wenigsten Büros mit einem zuverlässigen Aufzug und einer Behindertentoilette ausgestattet, und da es kaum barrierefreien und bezahlbaren Wohnraum gibt, kann sie für eine neue Stelle auch nicht einfach umziehen.

Du siehst, wir haben hier zwei behinderte Menschen, bei denen wir ohne diese Hintergrundinformationen erst mal davon ausgegangen wären, dass sie eine ähnliche Lebensrealität haben. Und es stimmt, einige ihrer Erfahrungen sind ähnlich oder überschneiden sich, jedoch verfügen sie dennoch über verschiedene Privilegien innerhalb ihrer marginalisierten Gruppe. Es handelt sich hier übrigens um fiktive Personen, und solltest du dich in einer der beiden Beschreibungen wiederfinden, heißt das nicht, dass du zwingend genau die gleichen Erfahrungen machen musst. Ich selbst erkenne mich zum Beispiel in Teilen beider Szenarien wieder, da ich selbst die längste

Zeit meines Lebens als nicht-behindert gelesen wurde. Das liegt jedoch nicht daran, dass meine Behinderung tatsächlich nicht sichtbar gewesen wäre, auch wenn ich mir eine Zeit lang alle Mühe gab, sie zu verstecken. Es lag daran, dass ich nicht in das Bild passte, das die Gesellschaft von behinderten Menschen hat, und dass man viele Personen schon fast dazu zwingen muss, sich mit der Tatsache zu befassen, dass behinderte Menschen existieren.

Wenn ich heute Bilder oder Videos von früher sehe, frage ich mich oft, wie mein Umfeld meine Behinderung lang nicht als solche erkennen konnte. Wie hat es sich erklärt, dass ich bis zu meinem fünften Lebensjahr im Kinderwagen herumgeschoben wurde, nie rennen oder springen konnte, viele OPs brauchte, acht Jahre ein gut sichtbares Korsett trug, an jedem Hemd mit Knöpfen scheiterte und mich bei jeder Gelegenheit keuchend und blass auf die nächste Bank fallen ließ? Oder wurde ich grundsätzlich eben doch als behindert gelesen und habe nur mir selbst etwas vorgemacht? Wusste die ganze Welt von meiner Identität, bevor ich es wusste? Ich glaube, es könnte beides sein.

Es ist nämlich so: Die Mehrheitsgesellschaft erkennt Merkmale, aufgrund derer wir diskriminiert werden, nicht als nennenswerten Teil unserer Identität an. Und generell wollen viele Menschen nicht wahrhaben, dass wir *überhaupt* diskriminiert werden. Das System, in dem wir leben, möchte nicht, dass wir strukturelle Diskriminierung benennen und sichtbar machen, denn damit würden wir auf die tatsächlichen Ursachen des Problems aufmerksam machen und die Schuld nicht länger bei uns selbst und dem entsprechenden Merkmal suchen. Genau so werden diese Strukturen nämlich aufrechterhalten. Wir sollen uns klein und wertlos fühlen und den Fehler bei uns suchen. Wir sollen denken, dass es sich um ein individuelles Problem handelt statt ein strukturelles. So sah auch ich meine Behinderung lang nicht als entscheidenden Faktor an, auch wenn mir durchaus bewusst war, dass ich behindert bin. Hätte ich hingegen bereits von klein auf verstanden, dass meine Behinderung der Grund dafür ist, dass ich anders behandelt werde, und dass es sich dabei um Diskriminierung handelt, wäre es mir besser gegangen. Ich wäre vielleicht nicht so hart mit mir selbst gewesen, wenn ich damals bereits gewusst hätte, dass ich okay bin, wie ich bin – dass ich keine Schuld habe an dem, was mir passiert.

Doch wie sollen wir einen neutraleren Umgang mit Behinderung lernen, wenn diese immer wieder als etwas furchtbar Schlimmes und Vermeidbares dargestellt wird? Vielleicht sogar als das Schrecklichste, was einer Person überhaupt passieren kann? Schließlich kennen wir alle diese Plakate am Rand der Autobahn, auf denen Rollstuhlfahrende oder Menschen mit Prothesen abgebildet sind und wo mit großen warnenden Lettern darunter steht: »Weil der andere ein Bier hatte.« Oder: »Weil der andere zu schnell war.« Selbst heute, wenn ich in meinem Rollstuhl sitzend das Wort »behindert« in den Mund nehme, gibt es Menschen, die mir dies absprechen wollen, weil ihnen das Wort zu negativ klingt. Sie denken sogar, sie täten mir einen Gefallen damit, mir diese Selbstbezeichnung abzusprechen.

Auch ich dachte lang, dass ich und meine Behinderung das Problem seien. Das hat viel mit meiner Sozialisation zu tun. Meiner Mutter bin ich bis heute unendlich dankbar dafür, wie sie seit Beginn meines Lebens mit meiner Behinderung umgegangen ist. Gleichzeitig kann ich nicht behaupten, inklusiv oder gar selbstbewusst aufgewachsen zu sein, da sich ein anderer Teil meiner Familie sowie ein Großteil meines Umfeldes so ableistisch verhielt, dass *eine* Person, die es richtig macht, nie dagegen ankommen oder dies gar ausgleichen hätte können.

Bereits in der Kindheit einen selbstbewussten Umgang mit der eigenen Behinderung zu erlernen, stellt vor diesem Hintergrund also ebenfalls ein Privileg dar. Nun wurden jedoch die wenigsten behinderten Menschen behindert geboren, sodass sich auch hier unterschiedliche Verteilungen der Privilegien beziehungsweise Marginalisierungen ergeben. War eine Person schon immer behindert, oder hat sie die Schul- und Berufsfindungszeit noch mit nicht-behindertem Privileg durchlaufen? Hat sie Beziehungen, Freund*innenschaften und Geschäftsbeziehungen als nicht-behinderte Person erlebt? Dies soll keinesfalls die Erfahrungen von Menschen relativieren, die erst im Laufe ihres Lebens behindert wurden. Es kann ähnlich schmerzhaft sein, erst später im Leben einem System nicht mehr gerecht werden zu können, in das man zuvor noch hineingepasst hat. Mir ist es lediglich wichtig, auf diese Unterschiede aufmerksam zu machen, weil ich auch innerhalb der Behinderten-Community immer wieder erlebe, wie davon ausgegangen wird, dass wir alle die gleichen Erfahrungen machen, die gleichen Zugänge und die gleiche Unterstützung haben. Manchmal ist eine Person eben nicht so privilegiert, wie es scheint, und die wenigsten Lebensrealitäten lassen sich miteinander vergleichen.

Ein mindestens genauso entscheidender Faktor ist die sogenannte Intersektionalität. Ich zum Beispiel kann lediglich aus der Perspektive einer *weißen,* behinderten, keiner Religion angehörigen, nicht negativ von Dick_Fettfeindlichkeit betroffenen, queeren cis Frau sprechen, die keine faire Chance auf Bildung hatte (kein Anspruch auf Vollständigkeit). Als ich anfing, mich mit dem Thema strukturelle Diskriminierung auseinanderzusetzen, verstand ich schnell, dass ich unter anderem täglich Ableismus und Sexismus erlebe. Was ich aber erst mit der Zeit verstand, war, dass ich nicht genau die gleichen Erfahrungen wie eine nicht-behinderte Frau mache und auch nicht die gleichen wie ein behinderter Mann. Denn sind wir von verschiedenen Diskriminierungsformen betroffen, interagieren diese miteinander. Genau dieses Phänomen nennt sich Intersektionalität. Erstmalig geprägt wurde der Begriff in den 1980er-Jahren von der amerikanischen Juristin Kimberlé Crenshaw. Crenshaw, eine Schwarze FLINTA*, macht deutlich, dass Diskriminierungsformen nicht lediglich nebeneinander existieren, sondern dass es eine Art Schnittmenge gibt. Um dies zu verbildlichen, nutzt sie folgende Metapher: »Nehmen wir als Beispiel eine Straßenkreuzung, an der der Verkehr aus allen vier Richtungen kommt. Wie dieser Verkehr kann auch Diskriminierung in mehreren Richtungen verlaufen. Wenn es an einer Kreuzung zu einem Unfall kommt, kann dieser von Verkehr aus jeder Richtung verursacht worden sein – manchmal gar von Verkehr aus allen Richtungen gleichzeitig. Ähnliches gilt für eine Schwarze Frau, die an einer ›Kreuzung‹ verletzt wird; die Ursache könnte sowohl sexistische als auch rassistische Diskriminierung sein.«[7]

Um antidiskriminierend zu handeln, ist es also unabdingbar, intersektional zu denken. Das heißt anzuerkennen, dass eine Person von mehr als einem diskriminierenden System negativ betroffen sein kann und dass diese Systeme sich gegenseitig beeinflussen. Intersektionalität kann uns aber auch helfen zu verstehen, warum wir als Individuen, obwohl wir vielleicht der gleichen Community angehören, nicht zwingend ausschließlich die gleichen Erfahrungen machen. Ein Beispiel gefällig? Ich habe vorhin erzählt, dass ich von den wenigsten Menschen als queer gelesen werde. Eine Erfahrung, die viele queere Menschen, gerade in hetero gelesenen Beziehungen, machen. Als behinderte Person verstärkt sich diese Situation jedoch noch mal, denn ich werde oft nicht einmal als heterosexuell gelesen, weil unsere Gesellschaft behinderte Menschen entsexualisiert. Das Erstaunen ist somit bei vielen groß, wenn sie erfahren, dass viele behinderte Menschen sehr wohl über ein Sexleben verfügen und Beziehungen führen. Dass dies dann auch noch mehr als nur Beziehungen und Sex zwischen Mann und Frau beinhalten kann, sprengt ihren Horizont schließlich vollständig.

Ein weiteres Beispiel ist die Art, wie ich als behinderte Aktivistin regelmäßig betitelt werde. Es fallen Adjektive wie »nervig«, »empfindlich«, »sensibel« oder »hysterisch«, während männliche Kollegen zwar ebenfalls Ableismus erfahren, aber eben nicht gepaart mit Sexismus. Nicht-behinderte FLINTA*-Aktivist*innen hingegen werden die oben genannten Zuschreibungen zwar kennen, jedoch nicht in Verbindung mit dem ableistischen Vorwurf, sie sollten doch bitte dankbar dafür sein, »was ja schon alles für Behinderte getan wird«, und dass das »vor hundert Jahren ja wohl noch erheblich anders war«.

Letzten Endes sind all diese Feinheiten wie ein individueller Fingerabdruck, der darüber entscheidet, wie stark ausgeprägt Diskriminierungsformen und sonstige Benachteiligungen in unserem Leben sind und wie sie infolgedessen zusammenwirken. Jemand kann also der Behinderten-Community angehören und dennoch deutlich privilegierter sein als andere ihrer Mitglieder. Jedoch macht das diese Person keinesfalls weniger behindert, denn wir werden vom gleichen System unterdrückt. Deshalb ist es unabdingbar, dass wir uns zusammentun und gemeinsam laut gegen dieses System werden, dass wir unsere Privilegien nutzen, um der Behinderten-Community Gehör zu verschaffen, ohne dabei marginalisiertere Mitglieder zu übertönen oder gar auszuklammern.

Phönix aus der Asche

Alex' Job war mir nie geheuer gewesen, doch dass meine Angst einmal so berechtigt sein würde, hätte ich mir zuvor nicht ausmalen können. Im Dezember – es war noch das gleiche Jahr, in dem wir in unsere erste gemeinsame Wohnung gezogen waren – hatte ich den ganzen Tag noch nichts von Alex gehört. Er war mal wieder auf Montage, viele Hundert Kilometer entfernt, und dass wir erst gegen Nachmittag das erste Mal miteinander kommunizierten, war erst mal nichts Außergewöhnliches. Doch meine Nachfrage, ob alles okay sei, wurde an diesem Tag zum ersten Mal von ihm verneint. Dass er die Nachricht bereits aus der Notaufnahme abschickte und wir im Nachhinein von großem Glück sprechen können, dass er überhaupt noch die richtigen Buchstaben auf seinem Telefon fand, erfuhr ich kurze Zeit später.

Als Kälteanlagenbauer musste Alex viel in Maschinenräumen arbeiten, und bei einer alltäglichen Wartungsarbeit war an jenem Tag plötzlich ein Schlauch geplatzt. Unter Druck stehendes flüssiges Ammoniak schoss Alex quer übers Gesicht und verletzte seine Augen dabei schwer. Er landete im Krankenhaus und benötigte kurze Zeit später seine erste Augen-OP, auf die noch viele weitere folgen würden.

Da ich weder ein Auto hatte noch unseren Hund Matti allein lassen konnte und ohnehin nicht gewusst hätte, ob meine Kapazitäten es zugelassen hätten, quer durchs Land zu fahren, musste ich wohl oder übel zu Hause warten, bis Alex ein paar Tage später endlich von einem Kollegen nach Hause gefahren werden konnte.

Die nächsten Monate waren schwierig. Alex war es nicht gewohnt, dass sein Körper nicht so funktionierte, wie er es wollte. Auch die wöchentlichen Kontrolltermine, bei denen wir stundenlang auf den Stühlen im Wartebereich der Augenklinik herumrutschten und ungenießbaren Kaffee aus dem Automaten tranken, waren Neuland für ihn. Sein linkes Auge erholte sich zum Glück schnell, doch um das rechte würden wir bis heute immer wieder kämpfen müssen. Und während sonst immer ich diejenige gewesen war, die auf Alex' Hilfe angewiesen war, brauchte er nun meine. Und so vergingen die folgenden Monate, bei denen ich mich heute immer wieder frage, wie wir das überhaupt allein in einer fremden Stadt, viele Hundert Kilometer von allen Verwandten und Freund*innen entfernt, geschafft haben.

Als zumindest die akuteste Phase vorbei war, Alex wieder Licht ertragen konnte und nicht den ganzen Tag müde und antriebslos war, begab es sich an einem regnerischen Tag im Februar, dass er vor mir auf die Knie ging und mich fragte, ob ich ihn heiraten wolle. Wir waren uns sicher: Wenn wir diese Situation geschafft hatten, so könnte unserer Beziehung so schnell nichts mehr etwas anhaben. Und so heirateten wir nur wenige Monate später spontan und im kleinen Kreis auf dem Standesamt und ein Jahr darauf in Form einer großen freien Trauung. Nach dieser schweren Zeit hatte ich mich mehr als dankbar in die Hochzeitsvorbereitungen gestürzt und fand mich plötzlich zwischen Gäst*innenliste, Tüll und Cateringangeboten wieder. Unsere Feier fand in einem Kindergarten statt, den wir über ein langes Wochenende hinweg liebevoll umdekoriert hatten. Im Garten standen geschmückte Stühle, zwischen denen sich ein weißer Teppich erstreckte, der bis zu einem mit Blumen geschmückten Rosenbogen führte. Als die Musik ertönte, ein Cover von Elvis Presleys *Can't Help Falling in Love,* betrat ich den Teppich und schritt zwischen den Gäst*innen hindurch, bis ich schließlich bei Alex ankam, der bereits unter dem Rosenbogen wartete. Ich hatte darauf bestanden, den Weg zum »Altar« allein zu beschreiten, und zog die lange Schleppe meines Brautkleids im Meerjungfrauenschnitt sowie den noch längeren Schleier aus Spitze stolz hinter mir her. Die Einzigen, die mich auf den ersten paar Schritten begleiteten, waren zwei Stormtrooper*innen. Also Menschen in einem Kostüm aus den *Star Wars*-Filmen, die Alex und ich beide besonders mögen.

Die Feier war überwiegend sehr schön, und das meiste lief genau so ab, wie ich es monatelang akribisch geplant hatte. Doch eine Sache konnte ich nicht planen: Die anstrengenden Vorbereitungen, die Nächte davor, in denen ich vor Aufregung kaum geschlafen hatte, und mein generell sich verschlechternder körperlicher Zustand forderten ihren Tribut, und so musste ich mich während der Feier immer wieder kurz zurückziehen, um durchzuatmen und meine letzten Kräfte zu aktivieren. Anmerken ließ ich mir das jedoch nicht.

Zum Zeitpunkt der großen Hochzeitsfeier wirkte Alex' Auge einigermaßen stabil. Er hatte sogar wieder angefangen zu arbeiten, und wir hofften, das Schlimmste bereits hinter uns gebracht zu haben. Sein gesundheitlicher Zustand war nie ein konstantes Tief, sondern viel eher eine Reihe von Momenten der Hoffnung, in denen eine Operation angeschlagen zu haben schien oder sein Zustand stabil blieb, und darauffolgenden Rückschlägen, die uns eines Besseren belehrten. Über die Jahre hinweg folgten zig Eingriffe, und die Existenzängste und

Ungewissheit drohten uns beinahe aufzufressen, da mit der Zeit immer klarer wurde, dass Alex seinen ursprünglichen Beruf nicht mehr länger würde ausüben können. Dass er zu dieser Zeit noch Alleinverdiener war, machte die Situation nur noch bedrohlicher und strapazierte unsere Nerven bis weit über die Schmerzgrenze hinaus.

Im Winter 2018 – nur ein halbes Jahr nach unserer Hochzeitsfeier – hatte ich schließlich eine Art Schub, durch den sich mein Gang so sehr veränderte, dass selbst die gewieftesten Tricks nicht mehr halfen, meine Behinderung zu verstecken. Jener Schub zwang mich schließlich dazu, mich erneut in eine neurologische Praxis zu begeben. Ich hatte zu dem Zeitpunkt immer noch keine Diagnose und fürchterliche Angst vor weiteren Krankenhausaufenthalten und Untersuchungen. Meine ganze Kindheit und Jugend über hatten sich verschiedenste Ärzt*innen an meiner Diagnostik versucht und im Zuge dessen unzählige Male Strom durch meinen Körper gejagt, Muskelgewebe, Unmengen von Blut sowie Nervenwasser entnommen, unter Strom stehende Nadeln in meine Beine gesteckt und meinen ganzen Körper mithilfe von MRTs, CTs und regelmäßigem Röntgen durchleuchtet. Das hatte zur Folge, dass ich mich seit unserem Umzug zum Leidwesen meines Körpers vor allen Ärzt*innenterminen gedrückt hatte, die ich irgendwie hatte vermeiden können. Zu tief saßen das medizinische Trauma und die Angst davor, wieder nur Ablehnung und Ableismus zu erfahren, wie so viele unzählige Male zuvor. In meinem Leben war ich vielen Ärzt*innen begegnet. Unzähligen Ärzt*innen, die mich mit allerhand Meinungen zugeschüttet und meinem Vertrauen in das Gesundheitssystem teilweise einen gewaltigen Knacks verpasst hatten.

Mit zitternden Knien und einem zum Bersten gefüllten Ordner voller Ärzt*innenbriefe saß ich also kurz nach Neujahr im Untersuchungszimmer einer neurologischen Praxis, als zuerst eine Ärztin das Zimmer betrat und dann, nachdem sie sich meine Geschichte angehört hatte, einen weiteren Arzt dazubat, der sich als ihr Chef herausstellte. Ich war mit keinerlei Erwartungen zu diesem Termin erschienen, doch erst recht nicht hätte ich mir erträumen lassen, dass mir noch an diesem Abend das Blut für den Gentest entnommen werden würde, der meiner Suche nach 22 Jahren endlich ein Ende bereiten sollte.

Doch bis ich das Ergebnis dieses Testes in den Händen halten sollte, würden noch einige Monate vergehen – Monate, in denen ich versuchte, mir keine allzu großen Hoffnungen zu machen, hatte ich doch bereits so viele Untersuchungen und Gentests ohne Erfolg über mich ergehen lassen. Eines Tages während dieser Zeit saß ich auf dem Sofa, während irgendein Promi-Magazin im Fernsehen lief. Ich schenkte dem Flimmern auf dem Bildschirm kaum Aufmerksamkeit, denn ich ließ ihn oft einfach nebenher laufen, doch ein Bericht vom roten Teppich weckte plötzlich mein volles Interesse. Da stand sie, die Schauspielerin Selma Blair, die wir wahrscheinlich alle aus der legendären Kussszene mit Sarah Michelle Gellar in dem Film *Eiskalte Engel* kennen. Doch weder ihr Kleid in zarten Pastelltönen noch ihr beeindruckendes Cape, das sie um sich herum schwang, waren es, die für die augenblickliche Gänsehaut auf meinem ganzen Körper verantwortlich waren. Nein, es war der schwarze Gehstock in ihrer Hand, den sie vor sich in den Boden stemmte und der sie majestätischer wirken ließ als alle anderen Stars zusammen. Selma Blair war zuvor an MS erkrankt, und dies war ihr erster Auftritt als sichtbar behinderte Frau auf dem roten Teppich. Bis heute kann ich nicht beschreiben, welches Feuerwerk an Gefühlen dieser Auftritt in mir auslöste. Noch nie zuvor hatte ich Personen einen Gehstock nutzen sehen, die nicht meine Großeltern hätten sein können.

Schon länger hatte ich mit dem Gedanken gespielt, erneut einem Hilfsmittel Einlass in mein Leben zu gewähren. »Gespielt« ist dabei vielleicht der falsche Ausdruck. Viel eher schmerzte mich dieser Gedanke und bereitete mir große Angst, denn die Erfahrungen, die ich gemacht hatte, als ich früher meinen geliebten Rollstuhl genutzt hatte, der nun im Keller meiner Mutter verstaubte, ließen mich erschaudern, wenn ich nur an sie dachte. Auch wenn meine auffällige Gangart mittlerweile kaum zu übersehen war, so schien ich mich ohne ein Hilfsmittel noch in einer Art Grauzone zu befinden, die ich endgültig verlassen würde, sobald ich auf eines zurückgreifen würde. Denn selbst während ich mich gerade in der Planung für mein erstes künstliches Hüftgelenk befand, schien sich der Großteil meines Umfeldes weiterhin zu weigern, das Offensichtliche wahrzuhaben. Und ich? Ich weigerte mich einfach mit.

Dies gelang mir jedoch nur bedingt, und so gab es immer wieder Momente, in denen die Erkenntnis, die mir eines Tages so viel Befreiung schenken würde, durchbrach. Zum Beispiel an diesem einen Abend im Jahr 2015. Ich kannte Alex zu diesem Zeitpunkt noch nicht allzu lang, und wir wohnten noch nicht zusammen. Wir gingen damals immer mal wieder mit seinen Freunden in Clubs, doch während sie jedes Mal von den Türstehern problemlos durchgewunken wurden, wurde ich regelmäßig dazu angehalten, doch noch ein Glas Wasser zu trinken. Ich verstand diese Andeutungen nicht und hatte auch einfach keine Lust, mir den Abend mit schlechten Gedanken versauen zu lassen. »Ja, ja!«, wiegelte ich deshalb ab und schob mich an den Türstehern vorbei in den Club. Was wollten sie mir damit nur sagen? Sah man mir so sehr an, dass ich ein paar Cocktails getrunken hatte? Aber das hatten die anderen doch auch!

In einer dieser Partynächte begaben wir uns mal wieder zu einem Club. Wir hatten ein sogenanntes Wegbier in der Hand, doch das Experiment, ein spezielles Ale zu kaufen, stellte sich für mich als Reinfall heraus, sodass ich es nach einem einzigen Schluck an Alex' Freund weitergab. Als wir endlich den weiten Weg vom Bahnhof bis zum Club hinter uns gebracht hatten, erklang aus dem Mund eines muskulösen Türstehers, der mich amüsiert musterte, der übliche Satz: »Trink aber erst mal ein Glas Wasser, Mädchen!« In dem Moment machte es »klick« in meinem Kopf. Sie sagten das nicht, weil sie sich um meinen Wasserhaushalt sorgten oder weil sie mir an den Abenden zuvor die paar Cocktails so sehr angesehen hatten. Schließlich befand ich mich dieses Mal in einem absolut nüchternen Zustand. Sie sagten es wegen der Art, wie ich mich bewegte.

Bevor ich darüber nachdenken konnte, welche schlagfertige Antwort ich dem Türsteher entgegenpfeffern könnte, platzte es ganz automatisch aus meinem Mund heraus: »Ich bin nicht betrunken. *Ich bin behindert!*«

Erschrocken zog der Typ die Augenbrauen hoch und säuselte irgendetwas von: »'tschuldigung, sieht man dir ja nicht an!« Offensichtlich widersprach er sich damit, denn sonst hätte er mir schließlich nicht unterstellt, betrunken zu sein. Was er wirklich damit sagen wollte, war: »Du siehst nicht aus, wie ich mir eine behinderte Person vorstelle.« Denken wir einmal an die Narrative über behinderte Menschen zurück, kommt hier noch der Faktor hinzu, dass die wenigsten Menschen erwarten, vor der Tür eines Clubs auf eine behinderte Person zu stoßen.

Erhobenen Hauptes und mit einem empörten Blick im Gesicht stolzierte ich am Türsteher vorbei in den Club. Was war das denn? Es fühlte sich großartig an! Zwar verletzte mich die gerade neu gewonnene Erkenntnis tief, doch ein anderes Gefühl überwog. Das Gefühl, mich nicht weiter zu verstecken, und ein Wort, das mich so lang so sehr verletzt hatte, für mich zu beanspruchen. Doch genauso schnell, wie der Moment gekommen war, schlich sich auch wieder die Sorge ein, was die Personen um mich herum nun denken würden. Hatte das sonst jemand gehört? Was würden Alex' Freunde denken? Wenn ich als behindert wahrgenommen werde, gelte ich auch als weniger wert – das hatte ich nicht erst einmal schmerzhaft zu spüren bekommen.

Und so vergrub ich den Begriff »behindert« ganz schnell wieder dort, wo er hergekommen war – bis zu dem Zeitpunkt, als ich Selma Blair im Fernsehen sah. Ein Gehstock, klar! Warum war ich nicht vorher draufgekommen? Direkt den Rollstuhl wieder in mein Leben zu lassen, brachte ich nicht übers Herz. So schlimm waren die Erinnerungen an den letzten Versuch. Doch mich regelmäßig an Wänden, Alex' Arm oder Einkaufswagen festzuklammern, um einen Fuß vor den anderen setzen zu können, ohne zu stürzen, erschien mir dann auch nicht wie eine praktische Langzeitlösung. Den Gedanken an Krücken oder einen Rollator hatte ich ebenfalls jedes Mal schnell wieder verworfen. Wenn man viel Zeit in Rehakliniken und Krankenhäusern verbracht hat, hat man irgendwann die meisten Hilfsmittel durchprobiert. Und so wusste ich bereits, dass weder ein Rollator noch eine Krücke meine Situation verbessern würden. Doch einen Gehstock hatte man mir noch nirgendwo angeboten. Ich verband Gehstöcke bislang lediglich – überspitzt gesagt – mit alten Männern, die auf einer Parkbank sitzen und Pfeife rauchen. Dank Selma Blairs Auftritt auf dem Red Carpet reifte nun allerdings eine neue Idee in mir.

Spätestens als ich mich nicht viel später dabei ertappte, wie ich für gerade mal fünfhundert Meter ins Auto steigen musste, öffnete ich schließlich den Onlineshop, der mit den großen Lettern »Aktiv sein in jedem Alter!« auf seiner Startseite warb. Abgebildet waren dort dennoch nur Menschen, in denen ich mich nicht wiederfand. Und trotzdem: Als der Paketbote schließlich ein paar Tage später mit einem schmalen, länglichen Paket unter dem Arm an der Tür klingelte, ließ ich ein zweites Mal in meinem Leben aktiv zu, dass meine Behinderung für die Augen der Menschen um mich herum wieder sichtbarer werden würde. Und tatsächlich ließen die Reaktionen nicht lang auf sich warten, denn wohin ich mithilfe meines neuen Begleiters auch ging, machte ich erneut Erfahrungen, die mir aus meiner Vergangenheit so schmerzhaft vertraut vorkamen. Doch dieses Mal würde ich sie nicht für mich behalten – ich spürte, wie in mir das Bedürfnis laut wurde, mich mitzuteilen, endlich zu mir selbst zu stehen.

Gleichzeitig stand immer noch das Ergebnis des Gentestes aus, von dem ich mir zwischendurch wünschte, ihn gar nicht erst gemacht zu haben, weil mich die Angst, wieder enttäuscht zu werden, so sehr quälte. Jetzt könnten einige Menschen denken: Keine Diagnose zu bekommen, ist doch gut! Doch wenn dein Körper bereits dein ganzes Leben lang anders funktioniert und ein Test nach dem anderen keine klaren Ergebnisse ans Licht bringt, zweifelst du irgendwann an deinem eigenen Verstand. Mein ganzes bisheriges Leben hatte ich zwischen zwei Welten gelebt und mehrfach vergeblich versucht, in eine der beiden hineinzupassen. Erfolglos. Versuchte ich, meine Behinderung zu verstecken und mich den nicht-behinderten Menschen anzupassen, galt ich als »nicht gut genug«, »zu faul«, »zu undiszipliniert« und »irgendwie merkwürdig«. Nahm ich hingegen all meinen Mut zusammen und stand zu meiner Behinderung, schien dies vielen nicht-behinderten Menschen auch wieder nicht zu passen. »Du willst doch nur Aufmerksamkeit!«, »Du siehst gar nicht behindert aus.«, und: »Willst du einfach aufgeben und dich in deinem Selbstmitleid suhlen?«, prasselte es auf mich herein.

Immer mehr überkam mich das Bedürfnis, über meine Erlebnisse und Erfahrungen zu sprechen. Bloß mit wem? Schließlich unterschied sich meine Lebensrealität so sehr von der meiner Mitmenschen, dass ich befürchtete, erneut Ziel dieser Attacken zu werden, sollte ich es wagen, mich mitzuteilen. So erstellte ich also eines Abends im Frühjahr 2019 einen Instagram-Account in der Hoffnung, auch nur zwei oder drei Menschen zu finden, die Ähnliches erlebten oder erlebt hatten wie ich. Anfangs nutzte ich die App wie ein kleines Tagebuch. Alles sprudelte aus mir heraus, völlig ungeordnet, ohne überhaupt die richtigen Worte dafür zu haben, was mir passiert war und was ich empfand. Ich sprach über all die Vorurteile, die mir in meinem bisherigen Leben begegnet waren, über die Ängste, die eine potenzielle Diagnose mit sich bringen würde, aber auch über die viel größere Angst, dass ich wieder ohne ein klares Ergebnis nach Hause geschickt werden könnte.

Seit meiner Kindheit war ich es gewohnt, dass Ärzt*innen bei mir abwechselnd schwere lebensbedrohliche Erkrankungen vermuteten, nur um mir im nächsten Moment meine Symptome wieder abzusprechen, weil sie in keinerlei Schubladen passten. Und wenn ich keine Diagnose hatte, konnte ich ja auch nichts haben, stimmt's? All diesen Ableismus hatte ich irgendwann so sehr verinnerlicht, dass ich meinem eigenen Körper nicht mehr traute. Ich hatte verlernt, mir selbst zu glauben, nachdem mir seit meiner frühesten Kindheit gesagt worden war, was ich fühlen durfte und was nicht, was ich können sollte und was nicht – was ich sein durfte und was nicht. In verschiedensten Situationen meines Lebens hatte ich sogenanntes Gaslighting erlebt. Als Gaslighting wird manipulierendes Verhalten bezeichnet, das die betreffende Person an sich und ihrer Wahrnehmung zweifeln und im Zuge dessen auch oft *ver*zweifeln lässt. Das klassische Beispiel ist wohl, einer Person zu sagen, dass etwas nicht so stattgefunden habe, wie sie es erinnert, obwohl beide Beteiligten wissen, dass sie eigentlich recht hat. Gaslighting kann auch ohne die Intention stattfinden, einer Person zu schaden, jedoch bleibt der Effekt extrem schädlich. Es gilt als psychische Gewalt und geschieht gerade im Kontext von struktureller Diskriminierung sehr häufig, beispielsweise wenn wir nicht über unsere eigene Perspektive hinausschauen und einer Person gewisse Erfahrungen absprechen, nur weil wir sie selbst nicht gemacht haben. Oder aber wir sagen einer Person, dass sie das alles lediglich falsch interpretiere. In beiden Fällen reißen wir die Deutungshoheit über die Realität unseres Gegenübers an uns – und machen ihre*seine Erfahrungen damit unsichtbar.

Erleben wir Gaslighting zum ersten Mal, halten wir vielleicht noch weiterhin an unserer Erinnerung fest. Wenn wir dies aber immer und immer wieder erfahren, und zwar von Menschen, denen wir viel Vertrauen entgegenbringen, und in Situationen, bei denen wir keinen direkten Beweis für unsere Erfahrung liefern können, fangen wir an, an uns selbst zu zweifeln. Leider kommt es gerade in medizinischen Kontexten oft zu solchen Erlebnissen. Es handelt sich dabei um das sogenannte Medical Gaslighting, von dem besonders mehrfach marginalisierte Menschen ein Lied singen können. Während Gaslighting in jeder Situation gewaltvoll und gefährlich ist, trifft dies auf das sogenannte Medical Gaslighting besonders zu. Hören wir beispielsweise immer und immer wieder, dass wir uns unsere Schmerzen nur einbilden würden oder lediglich »zu empfindlich« seien, kann irgendwann ein Vermeidungsverhalten auftreten, das im schlimmsten Fall zur Konsequenz hat, dass Betroffene sich auch in Akutsituationen nicht oder zu spät in medizinische Behandlung begeben.

Auch ich hatte etliche Male erlebt, dass mir Symptome abgesprochen wurden. Zum Beispiel mit der Begründung, ich sei dafür noch viel zu jung. Doch mit all diesen Erfahrungen war ich nicht allein – das merkte ich schnell, nachdem immer mehr Menschen meine täglichen Posts auf Instagram lasen, kommentierten oder mir per Nachricht ähnliche Erlebnisse schilderten. Das alles war wie eine neue Welt für mich. Es lag nicht an mir! Ich war nicht die Einzige, die vergleichbare Erfahrungen gemacht hatte, und uns alle verband ein Merkmal:

unsere Behinderung und/oder unsere chronische Erkrankung. Während ich anfing, Spaß daran zu entwickeln, die Menschen im Internet an meinem Alltag teilhaben zu lassen, lernte ich auch jede Menge von ihnen. Gerade die Beiträge englischsprachiger Aktivist*innen rührten mich regelmäßig zu Tränen. Beinahe täglich hielt ich Alex meinen Handybildschirm vor die Nase, während ich mit meinem Zeigefinger wild auf den dort zu sehenden Text tippte und rief: »Wie bei mir! Wie bei mir!« Ich. War. Nicht. Allein. *Wir waren nicht allein!*

Mit diesem Wissen im Hinterkopf ging ich von nun an anders durch den Alltag. Ich entdeckte immer neue Zusammenhänge und zerbrach mir stundenlang den Kopf darüber, warum die Gesellschaft sich gegenüber behinderten Menschen so verhält, wie sie es tut. Außerdem fing ich an, darauf zu bestehen, dass ich nicht beeinträchtigt, gehandicapt oder besonders bin. Endlich auszusprechen, dass ich behindert bin, war wie ein Befreiungsschlag für mich. Zugegeben, am Anfang kostete es mich einen Haufen Überwindung, dieses einstmalig so negative Wort für mich zu beanspruchen, doch nach und nach fühlte es sich immer mehr so an, als würde ich die Personen, die mich wegen meiner Behinderung abgewertet hatten, mit ihren eigenen Waffen schlagen. Ich bin behindert, na und? Und weißt du was? Ich bin behindert, und ich bin stolz.

Wann und wo ich das erste Mal von Ableismus beziehungsweise dem englischen Wort *ableism* gelesen habe, weiß ich nicht mehr genau. Von da an sog ich jedenfalls jede einzelne Information darüber auf wie ein Schwamm. Ich quetschte regelrecht das Internet nach diesem Begriff aus, und als ich ernüchtert feststellte, dass es im deutschsprachigen Raum bisher so gut wie gar keine Informationen über dieses Wort gab, das plötzlich so vieles erklärte, fasste ich den Entschluss, dies zu ändern. Es gab mir schließlich so unfassbar viel, nach und nach zu verstehen, warum ich andere Erfahrungen machte als nicht-behinderte Menschen. Und so setzte ich mir in den Kopf, alles dafür zu tun, um zu verhindern, dass sich jemals wieder jemand so einsam in ihrer*seiner Situation fühlen müsste, wie ich mich so lang gefühlt hatte.

Mein erster Impuls war also gar nicht unbedingt, nicht-behinderte Menschen auf Ableismus aufmerksam zu machen, sondern eher, behinderten Menschen dieses kleine, aber doch so große und für mich weltbewegende Wort an die Hand zu geben, das mein Selbstbild so grundlegend verändert hatte. Damit kam es auch zu einer weiteren Neuerung in meinem Leben: Nach meiner Hüftoperation ein paar Monate später erschien es mir nur angemessen, meinen eigenen Rollstuhl zu nutzen anstatt den der Klinik. Schließlich war er einmal speziell an meinen Körper angepasst worden, war schmaler und vor allem schneller. Und auch als die neue Narbe auf meinem Körper bereits längst verheilt war, blieb der Rollstuhl von da an in meinem Leben. Denn ich hatte endlich erkannt, wie klein der Radius geworden war, in dem ich mich zuvor hatte bewegen können, und wie viel ich aufgrund von fehlender Mobilität aus meinem Leben gestrichen hatte. Da sich mein Körper seit meinem 14. Lebensjahr sehr verändert hatte, beantragte ich schließlich sogar irgendwann einen neuen Rollstuhl. Dieses Mal nicht in knalligem Metalliclila, welches mein Teenagerinnen-Herz damals hatte höherschlagen lassen, sondern in einem eleganten Mattschwarz.

All das teilte ich mit meinen neu gewonnenen Verbündeten auf Instagram. Das Internet war an vielen Tagen, wenn ich nicht die Kraft hatte, um aufzustehen, oder wieder mal im Krankenhaus lag, mein einziges Sprachrohr in die Welt. Social Media machten es möglich, dass ich mich endlich äußern konnte. Es gab auch schlichtweg keine andere Bühne für behinderte Menschen, und erst recht keine, die für mich zugänglich gewesen wäre. Es war, als wäre ein Knoten geplatzt, und ich konnte es kaum erwarten, den nächsten und den nächsten und den nächsten Post zu verfassen, nur um herauszufinden, ob das wieder eine dieser Erfahrungen war, bei der ich und die Menschen aus meiner Community dachten, dass wir alle allein damit seien, obwohl wir es eigentlich gar nicht waren.

Während ich lang davon ausgegangen war, dass ich von Natur aus eher introvertiert war, lernte ich auf diesem Wege immer mehr, dass mein vermeintlich »introvertierter« Charakter nur die Folge des jahrelangen Mobbings und der seelischen sowie körperlichen Gewalt war, die ich erfahren hatte. Es ist noch nicht allzu lang her, da sprach ich mit meiner Mutter über meine Öffentlichkeitsarbeit. Es war ein aufregender Tag gewesen, denn ich hatte mir trotz der Tatsache, dass an jenem Tag mein 25. Geburtstag war, nicht die Chance nehmen lassen, ein Liveinterview mit einem großen Magazin zu führen. »Ich könnte so etwas überhaupt nicht«, sagte meine Mutter am Abend anerkennend, bevor ich zu einer Erklärung ansetzte, warum ich eigentlich auch nicht der Typ dafür sei. Doch sie unterbrach mich und schüttelte entschieden den Kopf, während sie lachte: »Du hast Ungerechtigkeit noch nie ertragen. Schon als Kind hast du dich lautstark darüber beschwert!« Und auch wenn sie das nur ganz beiläufig erwähnte, bedeutete es mir dennoch so viel, denn in diesem Moment hatte ich das Gefühl, dass ich ein Stück meiner Identität wiedergefunden hatte, das ich so lang tief in mir vergraben hatte.

Seitdem ich angefangen hatte, über meine Erfahrungen zu schreiben, nahm ich all die Situationen in meinem Alltag viel bewusster wahr. Situationen, die mir nicht neu waren, die sich plötzlich aber so erschütternd leicht in das einordnen ließen, was ich erst vor Kurzem gelernt hatte. Auch als mich schließlich der Anruf meiner Neurologin erreichte, die mir zu meinem Erstaunen mitteilte, dass der Gentest doch tatsächlich eine seltene neuromuskuläre Erkrankung ans Licht gebracht hatte, teilte ich meine Gedanken dazu auf Instagram. So lang hatte ich mir den Tag vorgestellt, an dem ich endlich erfahren würde, was in meinem Körper passierte – an dem ich schwarz auf weiß bestätigt sehen würde, dass ich so sein durfte, wie ich war. So traurig es auch ist, dass wir oft erst irgendein meist lateinisches Wort auf einem Stück Papier brauchen, um uns selbst glauben zu können. Als ich meine Diagnose dann jedoch tatsächlich erhielt, änderte sich erst mal erschreckend wenig für mich. Zu diesem Zeitpunkt gab es erst circa zwanzig andere diagnostizierte Fälle weltweit, und auf den meisten meiner Fragen blieb ich vorerst sitzen. In den Programmen, mit denen man Rezepte und Überweisungen ausstellt, gibt es meine Krankheit bis heute nicht, und bei jedem Termin in einer neuen Praxis oder Klinik bin ich gezwungen, erst mal einen halben Vortrag über meine Erkrankung zu halten, weil keine*r der Ärzt*innen etwas darüber weiß.

22 Jahre der intensiven und teilweise unerträglichen Suche hatte ich hinter mich gebracht, und doch erwartete mich am Ziel nicht das, was ich mir immer vorgestellt hatte. Wäre dies ein paar Jahre vorher passiert, hätte mir diese Tatsache

wahrscheinlich deutlich mehr den Boden unter den Füßen weggerissen, als es nun der Fall war. Doch als ich jetzt, im Alter von 22 Jahren, endlich das Blatt Papier mit meiner Diagnose in der Hand hielt, hatte ich bereits angefangen zu realisieren, dass es darum eigentlich gar nicht ging.

Disability Pride und Barrierefreiheit

So wie es uns unsere ableistische Sozialisierung eben vorgibt, hatte ich mich, ohne es zu wissen, bisher am sogenannten »medizinischen Modell von Behinderung« orientiert, das in seltenen Fällen auch unter dem Namen »individuelles Modell von Behinderung« bekannt ist. Dabei handelt es sich nicht um einen Begriff, der von Vertreter*innen dieses Modells tatsächlich bewusst gewählt wurde, sondern um eine Bezeichnung im Kontext der Disability Studies. Diese haben ihren Ursprung in den USA und Großbritannien und beschäftigen sich auf wissenschaftlicher Ebene mit dem Konstrukt Behinderung. Das medizinische Modell hat einen sehr defizitären Blick und sieht Behinderung als ein persönliches oder individuelles Problem der betroffenen Person an. Wenn ich also mit meinem Rollstuhl vor einer Treppe stehe, liegt das Problem, das mich daran hindert, in den ersten Stock zu kommen, laut dem medizinischen Modell bei mir und meiner Behinderung und nicht bei der Treppe. Das medizinische Modell akzeptiert behinderte Menschen nicht so, wie sie sind, sondern verlangt, dass wir uns permanent bemüht zeigen zu »heilen« und uns anzupassen. In ihrem Buch *Nichts über uns – ohne uns! Disability Studies als neuer Ansatz emanzipatorischer und interdisziplinärer Forschung über Behinderung* schreibt Gisela Hermes über das medizinische Modell von Behinderung: »Hierbei wird der vermeintlich nichtbehinderte Mensch als Norm gesetzt, an der der Erfolg und Misserfolg medizinischer Bemühungen gemessen werden.«[8] Als Expert*innen für Behinderung gelten laut dem medizinischen Modell nicht die behinderten Menschen selbst, sondern Mediziner*innen, Heilerziehungspfleger*innen und Co. So wurde und wird dieser Gruppe teilweise auch heute noch die Fähigkeit zugesprochen, bei behindertenpolitischen Themen mitreden zu können und besser zu wissen, was behinderte Menschen brauchen, als die Betroffenen selbst.

Davon, dass Behinderung als ein neutrales Merkmal akzeptiert und anerkannt werden sollte, hält das medizinische Modell nichts, und auch das Leid-Narrativ ist eng mit ihm verknüpft. Der Fokus liegt auf der medizinischen Diagnose, die als »Schädigung« wahrgenommen wird. Dabei kommt es in Wahrheit überhaupt nicht darauf an, ob ich nun irgendeinen Namen auf einem ärztlich unterschriebenen Zettel stehen habe oder nicht. Was wirklich zählt, ist, ob ich dauerhaft in meiner Teilhabe eingeschränkt werde. Zu verstehen, dass ich auch ohne eine bestätigte Diagnose behindert bin, hätte mir vor ein paar Jahren sehr geholfen. Bis heute erlebe ich immer wieder, dass sich behinderte Menschen erst trauen, sich als behindert zu bezeichnen, wenn sie eine Diagnose oder einen gewissen Grad der Behinderung anerkannt bekommen. Wie im Kapitel über Narrative bereits erklärt, ist eine solche Bewertung jedoch alles andere als neutral, und ich bekomme fast jeden Tag Nachrichten von behinderten Follower*innen, die mir davon berichten, dass sie keinen Schwerbehindertenstatus zugesprochen bekommen hätten, obwohl sie in ihrer Mobilität und Teilhabe stark eingeschränkt seien. Ich wiederum habe einen solchen Status bereits seit meiner Kindheit, und dennoch war ich so auf die Suche nach der einen großen Diagnose fixiert, dass ich mir einfach nicht zugestand, mich wirklich mit diesem Teil meiner Identität zu beschäftigen, bis auch die letzten Zweifel, die mein ganzes

Leben lang gestreut worden waren und die so tiefe Wurzeln in meiner Seele geschlagen hatten, widerlegt wurden.

Doch was ist die Alternative zum medizinischen Modell? Nun, darüber sind sich auch behinderte Expert*innen nicht ganz einig. So gibt es beispielsweise das »menschenrechtliche« sowie das »kulturelle Modell von Behinderung«. Bei beiden handelt es sich um eine Weiterentwicklung des sogenannten »sozialen Modells«, welches unter Inklusionsaktivist*innen wohl am meisten Zustimmung erfährt und maßgeblich dafür verantwortlich ist, dass sich nach und nach eine neue Sichtweise auf Behinderung durchsetzt. Das soziale Modell stellt das medizinische Modell zu Recht komplett auf den Kopf und erklärt die Erwartungen und den Umgang der Gesellschaft mit Behinderung sowie die fehlende Barrierefreiheit zum wahren Problem. Während in unserem Beispiel gerade also noch die Behinderung einer Person als Problem ausgemacht wurde, benennt das soziale Modell die Treppe und die fehlenden Bestrebungen, diese zu entfernen, als das tatsächliche Problem. Auch wenn das soziale Modell seinen Ursprung bereits in den 1980er-Jahren hat, ist es bis heute nur partiell vertreten, während das medizinische Modell besonders im Gesundheitswesen, aber auch beim Rest der Gesellschaft nach wie vor den vorherrschenden Ansatz darstellt. Dies erklärt auch, warum behinderte Menschen besonders dann Anerkennung und Lob von nicht-behinderten Menschen bekommen, wenn sie »trotz ihrer Behinderung« Dinge tun, die nur bedingt barrierearm für sie sind. Wenn wir jedoch Missstände und Barrieren benennen, klatscht niemand mehr, abgesehen vielleicht von anderen behinderten Menschen.

Doch auch wenn das soziale Modell deutlich progressiver ist als das medizinische Modell, sind meiner Auffassung nach Teile davon dennoch mit Vorsicht zu genießen. So heißt es laut diesem Modell auch: »Menschen sind nicht behindert, sie werden behindert.« Diesen Slogan haben wahrscheinlich schon viele von uns gehört, vermutlich handelt es sich dabei sogar um den prominentesten Part des sozialen Modells. Nicht zuletzt, weil die Aktion Mensch in einer groß angelegten und viel kritisierten Kampagne im Jahr 2021 behauptete: »Menschen haben keine Behinderung. Orte schon.« Nun stellt sich hier die Frage, warum gerade diese Theorie auf so viel Anklang stößt. Könnte dies etwas mit der negativen Verknüpfung des Wortes »Behinderung« zu tun haben? Wenn wir uns noch mal daran zurückerinnern, warum viele Menschen Euphemismen für Behinderung verwenden, gibt es hier schließlich kaum übersehbare Parallelen. Denn was passiert, wenn wir beschließen, Menschen seien nicht behindert, sie würden nur behindert werden, obwohl es eine Menge behinderter Menschen gibt, die das anders sehen? Erneut maßt eine Gruppe – oft nicht-behinderter – Menschen sich an, für *alle* behinderten Menschen zu sprechen, und stellt sich damit über sie. Und was passiert mit dem Wort, das wir als politische Selbstbezeichnung nutzen und für dessen neutrale Verwendung wir seit Jahren kämpfen, wenn wir es lediglich als etwas Negatives, zum Beispiel für Barrieren, die beseitigt werden müssen, verwenden? Machen wir es uns nicht ein bisschen einfach, wenn wir nur Barrieren oder, wie im Fall der Aktion Mensch-Kampagne, Orte verantwortlich für unsere Diskriminierung machen? Schließlich ist Ableismus deutlich komplexer und hat nicht nur etwas mit physischen Barrieren zu tun.

Anhänger*innen des sozialen Modells würden mir nun entgegnen, dass in den Schriften zu diesem Modell ausführlicher beschrieben ist, was genau mit diesem Slogan gemeint ist, jedoch weiß ich durch meine jahrelange Erfahrung als Aktivistin, die regelmäßig Aufklärungsarbeit leistet und versucht, nicht-behinderten Menschen Ableismus näherzubringen, was am Ende hängen bleibt und was nicht. Des Weiteren ist es in meinen Augen widersprüchlich, die Aussage zu tätigen, behinderte Menschen seien nicht behindert, wo sich dies doch in keinem Fall so leicht auf einen Satz herunterbrechen lässt und der Grundgedanke stattdessen sein sollte, dass jede behinderte Person selbst darüber entscheiden kann, wie sie sich definiert. Letzten Endes schafft es eben meistens nur dieser eine Slogan auf die Titelseiten, und ohne genaue Einordnung und Differenzierung ist dieser Satz nun mal mehr als problematisch, denn er lädt nicht-behinderte Menschen dazu ein, behinderten Menschen ihre Selbstbezeichnung und somit auch ihre Lebensrealität abzusprechen. Und das, während es vielen von uns schwer genug gefallen ist, uns als behindert zu benennen und anzuerkennen. Zu behaupten, es gäbe keine behinderten Menschen, macht uns also unsichtbar und verhindert die Auseinandersetzung mit Ableismus, der als vielschichtiges System verstanden werden muss. Denn wenn es keine behinderten Menschen gibt, müssen wir uns ja auch nicht mit ihrer Gleichberechtigung befassen, richtig?

In einer Welt zu leben, die dir täglich vermittelt, dass du weniger wert bist und nicht dazugehörst, ist hart. Dennoch stolz zur eigenen Identität als behinderte Person zu stehen, ist daher definitiv ein Akt der Rebellion. Behinderung als Teil der eigenen Identität anzuerkennen und dafür einzustehen – dafür steht der sogenannte Disability Pride, der besonders im Juli, dem offiziellen Disability Pride Month, gefeiert wird. Oft höre ich den Vorwurf, dass die Behinderten-Community zu leise sei und dass wir nur noch lauter und noch eindrücklicher auf unsere Existenz hinweisen müssten, um gehört zu werden. Dabei können wir so laut sein, wie wir wollen, und werden dennoch nicht gehört, solang die wenigsten die Bereitschaft zeigen, uns zuzuhören. Während der Juni mittlerweile allgemein als der Pride Month der LGBTQIA+-Community bekannt ist und Firmen dann manchmal mehr, manchmal weniger performativ mit Regenbogenflaggen herumwedeln, erhält der Disability Pride Month bisher keinerlei Aufmerksamkeit. Vielleicht weil es der Mehrheitsgesellschaft noch weniger einleuchten will, warum man bitte stolz auf etwas so negativ Behaftetes wie eine Behinderung sein soll. Vielleicht aber auch, weil es vielen behinderten Menschen aufgrund von fehlender Teilhabe sowie fehlender Barrierefreiheit nicht möglich ist, lautstark durch die Straßen zu ziehen, auf Bannern und Plakaten ihre Rechte einzufordern und ausgelassen zu feiern. Wie sollen wir um Barrierefreiheit kämpfen, wenn nicht einmal der Weg zum Protest barrierefrei ist? Dazu kommt, dass wir meist kaum noch Kapazitäten haben, uns neben den Kämpfen mit Krankenkasse und Co noch für Teilhabe und Barrierefreiheit einzusetzen.

Tatsächlich kämpfen behinderte Menschen bis heute noch für so fundamentale Grundrechte, dass ich es manchmal kaum glauben könnte, wäre ich nicht selbst davon betroffen. Beispielsweise habe ich mal ein ganzes Jahr dafür gekämpft, eine Vorrichtung für mein Auto zu bekommen, die es mir ermöglicht, meinen Rollstuhl allein in den Kofferraum zu verladen. Davon, dass mein damaliger Rollstuhl ebenfalls eine absolute Fehlkonstruktion war, die trotz individueller Anfertigung weder zu meinen Körpermaßen noch zu meinen Anforderungen passte, mal ganz abgesehen. Ich musste also für etwas kämpfen und mich rechtfertigen, was für viele andere Menschen ganz selbstverständlich ist: allein ins Auto steigen, irgendwo hinfahren und mich dort mehr als wenige Meter fortbewegen zu können – vergeblich, wie sich am Ende herausstellte. Als ich das erste Mal bei der Eingliederungshilfe meiner Heimatstadt anrief und um Hilfe bei diesem Antrag bat, empfing mich die Stimme am anderen Ende der Leitung direkt mit der Aussage, dass die Chancen, diesen Antrag durchzubekommen, sehr schlecht stünden.

Ich vereinbarte dennoch einen Termin und befand mich kurze Zeit später in einem kleinen Büro, in dem ich alle möglichen Fragen dazu beantworten musste, warum ich diese Verladehilfe brauche. Allein dass dieses Grundbedürfnis nach Mobilität hinterfragt und an Bedingungen geknüpft wird, ist an sich schon problematisch. Doch ich handelte mir einigermaßen gute Chancen aus, da ich wenige Monate zuvor eine Ausbildung zur Logopädin begonnen hatte. Denn auch wenn jede Person, egal ob sie arbeitet oder nicht, Anspruch auf Mobilität haben sollte, sieht es in der Realität leider anders aus. Nachdem ich schließlich meine kompletten Finanzen inklusive des Inhaltes meines Portemonnaies sowie sämtliche Kreditverträge preisgegeben hatte, hieß es warten. Warten in einem Alltag, der irgendwie weitergehen muss, auch ohne diese dringend benötigte Mobilität. Nach einigen Monaten wurde ich schließlich zu einer Amtsärztin einbestellt. Glücklicherweise war sie eine von den Guten und versicherte mir nach wenigen Minuten, dass sie sich in ihrem Gutachten dafür einsetzen würde, dass ich die Verladehilfe bekommen würde. Von da an blieb es wieder viele Monate still, denn während Institutionen oftmals nur kurze Widerspruchsfristen einräumen, nehmen sie sich selbst alle Zeit der Welt, um unsere Anträge und Widersprüche zu prüfen.

Ein knappes Jahr später folgte eine weitere Befragung, die aufgrund der Coronapandemie telefonisch erfolgte. Die Mitarbeiterin begann damit, mich zu fragen, was mein Vorhaben mit dem Auto sei. Sie wollte wissen, ob es lediglich darum ginge, damit zur Arbeit und zu Ärzt*innen zu fahren, oder ob ich es auch für private Dinge wie Freund*innen treffen oder zum Einkaufen fahren nutzen wollte. Als ich der Person am Hörer belustigt antwortete, dass ich alles mit meinem Auto machen würde, was nicht-behinderte Menschen auch machen, wurde der Ton schon etwas rauer, und als ich ihr schließlich entgegnete, dass ich ihr nicht genau sagen könne, wie viele Male im Monat ich Freund*innen treffen oder einkaufen fahren würde, kippte die Stimmung noch mehr. Als meine Gesprächspartnerin mich anschließend fragte, warum ich nicht einfach mit den öffentlichen Verkehrsmitteln fahren würde, konnte ich kaum noch an mich halten. Als ob sich irgendeine Person freiwillig diesem Verhör aussetzen würde, wenn es eine Alternative gäbe! Doch als ich das letzte bisschen Geduld zusammenkratzte und zu einer Erklärung ansetzte, warum öffentliche Verkehrsmittel nicht ansatzweise barrierearm sind, unterbrach die Mitarbeiterin mich und sprach mir diese unbestreitbare Tatsache einfach ab. Als ich ergänzte, dass ich des Weiteren mehrere traumatische Mobbing-Erfahrungen in öffentlichen Verkehrsmitteln erlebt hätte und diese für mich deshalb so oder so nicht infrage kämen, tat sie auch dies als keinen triftigen Grund ab. Danach gab ich mir endgültig keine Mühe mehr, meine Gesprächspartnerin zu überzeugen. Einer solchen Person Kontra zu geben und wenig Wert auf ihr Urteil zu legen, ist in Momenten wie diesen ganz klar ein Privileg, über das nicht alle Menschen verfügen und über das auch ich in dieser Situation nur aufgrund eines ganz bestimmten Umstandes verfügte.

Es war nämlich so: Weil die Beantragung für das Verladesystem schon so lang gedauert hatte, hatte ich zum Zeitpunkt des Telefonats bereits einen neuen Rollstuhl. Das ganze Prozedere hatte also an diesem Punkt tatsächlich schon so viel Zeit in Anspruch genommen, dass ich währenddessen bereits ein anderes Hilfsmittel hatte beantragen können. Auch dies gelang mir aber selbstverständlich erst nach einem Widerspruch, da die Krankenkasse die Fehlversorgung zuerst abgestritten hatte. Nach diesem Widerspruch und weiteren Monaten des Wartens hatte ich also mittlerweile einen viel leichteren Rollstuhl durchgesetzt, den ich mit ein bisschen Übung schließlich allein in mein Auto verfrachten konnte, sodass ich bei dem Telefongespräch bereits im Hinterkopf hatte, dass es auch ohne dieses Verladesystem irgendwie gehen würde. In einer solchen Situation befinden behinderte Menschen sich allerdings sehr selten. Meistens sind wir darauf angewiesen, dass die Sachbearbeiter*innen uns wohlgesonnen sind, und müssen genau überlegen, wann wir Kontra geben und wann wir ihre demütigenden und diskriminierenden Aussagen über uns ergehen lassen, weil unsere Teilhabe in ihrem Ermessen und damit in ihren Händen liegt. Auch der Umstand, dass wir ständig um Hilfsmittel kämpfen müssen, stellt also eine nicht zu unterschätzende Barriere dar.

Wenn ich als Person, die hauptsächlich auf den Rollstuhl angewiesen ist, bei einem Restaurant anrufe und nach Barrierefreiheit frage, habe ich noch relativ gute Karten, eine halbwegs brauchbare Auskunft zu erhalten, denn was die meisten Menschen mit »barrierefrei« meinen, würde ich eher als »rollstuhlgerecht« bezeichnen. Doch auch hier wird selten genauer hingeschaut. Was die meisten Menschen noch als Barriere identifizieren, ist eine Treppe. Anders sieht es schon bei einzelnen Stufen oder erhöhten Türschwellen aus, bei denen oft davon ausgegangen wird, dass der Rollstuhl da ja wohl irgendwie drüberbugsiert werden könne. Schließlich kennen wir doch alle diese viel geklickten Videos auf Social Media, in denen ein*e Rollstuhlfahrer*in mit durchtrainierten Armen sich mal eben über ein paar Stufen schwingt. Dass Rollstuhlfahrer*in nicht gleich Rollstuhlfahrer*in bedeutet und dass auch wir uns in unserer Mobilität voneinander unterscheiden, wird dabei oft vergessen. Wo ich mich mit meinem schmalen Adaptivrollstuhl und dem handlichen Zuggerät noch vorbeiquetschen kann, hat eine Person mit einem elektrischen Rollstuhl oft keine Chance. An Behindertentoiletten sowie elektrische Türen denkt dann schon kaum noch jemand. Doch auch hier hört Barrierefreiheit noch längst nicht auf. Denn während ich – sind diese Faktoren einmal abgewägt – als rollstuhlfahrende Person zumindest vereinzelt in ein Restaurant oder eine ähnliche Räumlichkeit gelange, zumindest, solang ich nicht auf die Toilette muss, stoße ich als Autistin weiterhin auf Barrieren.

Die ein oder andere Person wird sich an dieser Stelle vielleicht ein wenig wundern, warum sie bereits so viele Seiten über mich gelesen hat und dennoch gerade zum ersten Mal hört, dass ich Autistin bin. Überraschung! Das liegt daran, dass ich bis vor Kurzem selbst nicht wusste, dass ich Autistin bin und mit höchster Wahrscheinlichkeit auch ADHS habe. Denn tatsächlich stoße ich schon lang auf Barrieren, die ich bisher nicht einordnen konnte. Filme und Serien muss ich seit jeher abbrechen oder bei ihnen zumindest weggucken, wenn Blitzlichter oder auch nur flackerndes Licht zu sehen sind, weil diese optischen Reize bei mir stechende Kopfschmerzen verursachen. Bei sozialer Interaktion fühle ich mich meistens fehl am Platz, und sie kostet mich eine Menge Kapazitäten. Gesprächen in einem belebten Café oder bei laufendem Fernseher konnte ich noch nie gut folgen, und sie setzen mich massivem Stress aus. Spontane Planänderungen versetzen mich in Panik. Die kleinsten sensorischen Reize wie ein Etikett in meinem T-Shirt fühlen sich auf meiner Haut an wie hundert Feuerameisen. Ein ganzes Buch zu lesen, erscheint mir unmöglich, da es mir neben der Tatsache, dass der Leseprozess mich viele Kapazitäten kostet, unsagbar schwerfällt, mich auf geschriebene Worte zu konzentrieren. Auch dieses Buch hier schreibe ich mithilfe der Vorlesefunktion und hätte dafür liebend gern mehr aus anderen Büchern zitiert, jedoch gibt es nur wenig Fachliteratur als Hörbuchversion, sodass diese meist nicht barrierefrei für mich ist. Und schließlich die wahrscheinlich größte Barriere für mich: Fremde Orte zu besuchen, von denen ich nicht genau weiß, wie sie aussehen oder was mich dort erwartet, löst bereits Wochen zuvor massiven Stress bei mir aus. Dass nicht jeder Ort barrierearm ist und ich immer damit rechnen muss, mich dort nicht frei bewegen zu können, verstärkt diesen Stress noch zusätzlich.

Der Grund, warum ich trotz all dieser und noch vieler weiterer Auffälligkeiten erst 26 Jahre alt werden musste, um zu verstehen, warum ich auf diese Barrieren stoße, und diese überhaupt erst als solche benennen konnte, ist ebenfalls eine Barriere. Denn neben dem falschen und von Stereotypen geprägten Bild, das wir von Autist*innen haben, ist die Diagnostik gerade für erwachsene weiblich sozialisierte Menschen sehr schwer, weil diese einerseits durch ihre Sozialisierung von klein auf lernen, sich besser anzupassen, und die Diagnosekriterien andererseits heteronormativ männlich sind. Das heißt, wie so oft in der Medizin beziehen sich die Definitionskriterien und die Forschung hauptsächlich auf Männer. Um nicht aufzufallen und um in das von ihnen erwartete Rollenbild zu passen, perfektionieren gerade viele weiblich sozialisierte Autist*innen bereits früh das sogenannte Masking. Dabei werden von ihnen erwartete Verhaltensweisen so lang bis zur Erschöpfung eingeübt, bis die betroffenen Personen schließlich kaum noch als Autist*innen gelesen werden, sodass sie nicht selten durchs Raster fallen, wenn es darum geht, eine konkrete Diagnose zu erhalten. Und auch wenn es unter Autist*innen sicherlich ein Privileg ist, gut masken zu können und so in gewissen Situationen weniger Anfeindungen ausgesetzt zu sein, ist dieses Verhalten unfassbar anstrengend für die Betroffenen und hat negative Auswirkungen auf ihre Gesundheit. Was für mich eine Barriere darstellt, muss jedoch längst nicht für jede neurodivergente Person gelten und andersherum. Nicht umsonst sprechen wir von einem Spektrum, bei dem bei jeder Person verschiedene Faktoren unterschiedlich ausgeprägt sein können, wodurch sie auch auf unterschiedliche Barrieren stoßen können. Und während es schon unter Menschen mit gleichnamiger Diagnose große Unterschiede bei den Symptomen und den potenziellen Barrieren gibt, so trifft dies erst recht auf die Gesamtheit aller behinderten Menschen zu. Nur weil zwei Personen die gleiche Diagnose haben oder das gleiche Hilfsmittel nutzen, müssen sie also nicht zwingend die gleichen Barrierefreiheitsanforderungen haben.

»Wie weit sind wir denn jetzt nun mit der Barrierefreiheit?«, werde ich häufig gefragt. Woraufhin ich mich frage: Können wir überhaupt ein Gespräch über Barrierefreiheit führen, wenn die Mehrheitsgesellschaft es noch nicht geschafft hat, bei diesem Begriff über eine Treppe hinauszudenken, und das Problem nach wie vor bei der Behinderung eines Menschen sucht anstatt bei den Barrieren und der fehlenden Teilhabe? Wie wollen wir etwas bewerten, wenn sich die wenigsten über dessen Definition und das, was es alles mit sich bringt, bewusst sind? Warum sagen mir manche Restaurantbetreiber*innen, ohne mit der Wimper zu zucken, in ihrem Restaurant sei selbstverständlich alles zugänglich, während sie mich noch nicht einmal gefragt haben, welche Barrierefreiheitsanforderungen ich habe?

Setzen wir uns ausführlich mit verschiedenen Barrierefreiheitsanforderungen auseinander, wird schnell klar, dass es nahezu vermessen ist, überhaupt von »Barrierefreiheit« zu sprechen. Der Begriff suggeriert schließlich, dass es so etwas tatsächlich bereits gibt – Orte, die für alle Menschen zugänglich sind und an denen alle gleich teilhaben können. In der Realität sieht es jedoch nach wie vor anders aus, weshalb ich es meist bevorzuge, davon zu sprechen, dass etwas »barrierearm« ist, und dabei betone, dass es das nur meiner Auffassung nach ist. Denn auch wenn ich mich durch meinen Beruf überdurchschnittlich viel mit den Barrierefreiheitsanforderungen von den verschiedensten behinderten Menschen beschäftigt habe, so gibt es sicherlich Barrieren, die auch ich noch nicht auf dem Schirm habe.

Immerhin sind Barrieren nicht immer sichtbar und können uns außerdem unterschiedlich stark einschränken. Während sie die Teilhabe der einen Person erschweren, sind sie für eine andere der Grund, überhaupt nicht teilhaben zu können. Auch das Internet, das für viele behinderte Menschen zwar Teilhabe bedeuten kann, ist voller Barrieren. Wie soll beispielsweise eine sehbehinderte Person an den Social-Media-Fotos ihrer Freund*innen teilhaben, wenn diese keine Bildbeschreibungen hinterlegen? Dabei ist diese Funktion bei Instagram, Twitter und Co längst verfügbar. Davon wissen tun dennoch die wenigsten, was geändert werden könnte, indem die Plattformen ihre User*innen auf diese Funktion hinweisen oder sie sogar als Pflichtfeld festlegen.

Wie sehr behinderten Menschen die Teilhabe erschwert wird, zeigt eine einfache Rechnung. Gehen wir allein von den offiziellen Zahlen aus, müsste fast jede zehnte Person in Deutschland eine Behinderung haben.[9] Da diese Statistik, wie wir wissen, jedoch längst nicht alle behinderten Menschen mitdenkt, können wir davon ausgehen, dass es in Wirklichkeit weitaus mehr sind. Wenn du nun an dein Umfeld denkst – wie viele behinderte Menschen fallen dir ein? Ist mindestens jede zehnte Person behindert? Und nein, ich rede hier nicht von behinderten Menschen in Einrichtungen, die du kennst, weil du vielleicht dort arbeitest. Ich rede von deinen Freund*innen, deinen Arbeitskolleg*innen, Menschen, die du spontan auf Partys oder in einer Bar kennengelernt hast oder die dir begegnen, wenn du deinen Hobbys nachgehst. Solltest du dich nun ertappt fühlen, weil nicht ansatzweis jede zehnte Person in deinem Umfeld behindert ist, bist du damit nicht allein. Die traurige Realität sieht nämlich bislang so aus, dass es eher die

Ausnahme darstellt, wenn mindestens jede zehnte Person im eigenen Umfeld behindert ist. Grund dafür sind fehlende Zugänge aufgrund von Barrieren, die bis heute noch existieren, und das, obwohl Teilhabe ein Menschenrecht ist und Deutschland längst die UN-BRK unterschrieben hat.

Die sogenannte UN-Behindertenrechtskonvention beschreibt sich selbst als Übereinkommen, um »den vollen und gleichberechtigten Genuss aller Menschenrechte und Grundfreiheiten durch alle Menschen mit Behinderungen zu fördern, zu schützen und zu gewährleisten und die Achtung der ihnen innewohnenden Würde zu fördern«.[10] In dem offiziellen Dokument rühmt sich die deutsche Regierung damit, dass Deutschland das Übereinkommen am 30. März 2007 als einer der ersten Staaten unterzeichnete. Im Dezember 2008 wurde das Ratifikationsgesetz schließlich von Bundestag und Bundesrat verabschiedet und trat dann am 1. Januar 2009 in Kraft. Kurz gesagt: Deutschland bekennt sich (zumindest auf dem Papier) zur umfassenden Inklusion behinderter Menschen, die von staatlichen Stellen umgesetzt werden muss.

Weltweit haben 182 Staaten die UN-BRK ratifiziert. Sie besagt unter anderem ...

> »... dass jeder Mensch ohne Unterschied Anspruch auf alle darin aufgeführten Rechte und Freiheiten hat.«

> »... dass alle Menschenrechte und Grundfreiheiten allgemein gültig und unteilbar sind, einander bedingen und miteinander verknüpft sind und dass Menschen mit Behinderungen der volle Genuss dieser Rechte und Freiheiten ohne Diskriminierung garantiert werden muss.«

»... wie wichtig es ist, dass Menschen mit Behinderungen vollen Zugang zur physischen, sozialen, wirtschaftlichen und kulturellen Umwelt, zu Gesundheit und Bildung sowie zu Information und Kommunikation haben, damit sie alle Menschenrechte und Grundfreiheiten voll genießen können.«[11]

Abgesehen davon, dass in der ganzen UN-BRK nicht einmal von Ableismus die Rede ist, klingt das doch erst mal ganz gut, oder? Nur leider reicht es nicht, auf dem Papier Antidiskriminierung und Inklusion zu predigen, während es in der Realität noch an allen Ecken und Enden mangelt. Schließlich existieren keinerlei Sanktionen, die die entsprechenden Länder dazu zwingen, die unterschriebenen Ziele auch einzuhalten. Und so müssen behinderte Menschen sich weiter täglich mit Barrieren auseinandersetzen, die durch eine gesetzlich verpflichtende Barrierefreiheit und entsprechende Unterstützungen vom Staat längst der Vergangenheit angehören sollten.

Für nicht-behinderte Menschen ist es eine Treppe vor der Eingangstür ihres Lieblingsrestaurants, an die sie keinen einzigen Gedanken verschwenden, während sie es betreten. Für mich und viele andere behinderte Menschen gleicht diese Treppe jedoch einem Schild an der Tür, auf dem mit großen Lettern geschrieben steht: »Behinderte Menschen wollen wir hier nicht.« Doch während der Mehrheitsgesellschaft das Thema Barrierefreiheit die meiste Zeit egal ist oder sie ihre fehlende Umsetzung mit einem »Man kann doch nicht alles barrierefrei machen!« abtun, ist sie im nächsten Moment plötzlich ihr Lieblingsargument, wenn es darum geht, andere diskriminierende Strukturen zu verteidigen. So werfen

Gegner*innen des korrekten Genderns beispielsweise mit dem Begriff der Barrierefreiheit nur so um sich, sobald dieser vermeintlich ihre Sichtweise untermauert und ihr Argument gegen Gendersternchen und Co unterstreicht, während ihnen die Lebensrealität behinderter Menschen jedoch in Wahrheit egal ist. Diese Personen instrumentalisieren die Tatsache, dass einige behinderte Menschen auf Leichte Sprache angewiesen sind – geht es jedoch um ihren Lieblingsfilm, ihr Lieblingsbuch oder ihre eigene Ausdrucksweise, wären sie niemals dazu bereit, Anpassungen durchzuführen, um Teilhabe für alle Menschen zu gewährleisten. Das Argument wird also immer nur dann herangezogen, wenn damit die eigenen Überzeugungen untermauert werden sollen und ein positiver Wandel blockiert werden soll.

Ähnliches ist zu beobachten, wenn es um Fremdwörter geht, die marginalisierten Gruppen dazu dienen, ihre eigene Lebensrealität zu benennen. So werden Begriffe wie »Gaslighting« oder auch »Medical Gaslighting«, »Ableismus«, »Tone Policing« – darauf werde ich später noch eingehen – sowie »Silencing«, bei dem die Kritik marginalisierter Gruppen ignoriert und unsichtbar gemacht wird, oft kritisiert – sie seien unverständlich und würden den Dialog erschweren. Besonders Menschen, die selbst über viele Privilegien verfügen und die Erfahrung, dass es keine Worte für ihre Wirklichkeit gibt, selbst noch nicht gemacht haben, sind es, die diesen Begriffen immer wieder ihre Wichtigkeit absprechen. Doch auch hier ist wieder festzustellen, dass die vermeintliche Sorge um fehlende Teilhabe nur dann geäußert wird, wenn marginalisierte Gruppen Worte für die Mechanismen schaffen, denen sie täglich ausgesetzt sind. Fehlende Barrierefreiheit zu instrumentalisieren, um marginalisierte Gruppen ruhigzustellen und sie an ihrem eigenen Empowerment zu hindern, ist dabei nur ein weiterer Mechanismus, der ihrer Unterdrückung dient. Des Weiteren erscheint es mir schon ziemlich ironisch, als nicht-behinderte Person ausgerechnet von einer behinderten Person mehr Barriefreiheit einzufordern.

Nichtsdestotrotz ist die Aussage, dass unsere Sprache in ihrem derzeitigen Zustand nicht barrierearm ist, definitiv nicht komplett aus der Luft gegriffen, und wir brauchen dringend Lösungen, um dies zu ändern. Diese können allerdings nicht darin bestehen, einfach alles so zu lassen, wie es ist, denn unsere Sprache wurde nicht erst durch korrektes Gendern oder ein paar Fremdworte, die marginalisierten Menschen dabei helfen, ihre Diskriminierungserfahrungen zu benennen, unzugänglich. Es wäre also die falsche Konsequenz, Menschen allein deshalb den Austausch zu verbieten, den wir so dringend brauchen, um uns daran zu erinnern, dass wir nicht allein mit unseren Erfahrungen sind. Stichwort: hermeneutische Ungerechtigkeit! Wir müssen benennen dürfen, welchen Unterdrückungsmechanismen und anderen Formen der Gewalt wir ausgesetzt sind. Und wir sollten auch nicht aufhören, korrekt zu gendern, und damit billigend in Kauf nehmen, dass wir weiterhin viele Menschen aus unserer Sprache ausschließen. Was wir brauchen, sind Lösungen, die Gleichberechtigung sprachlich umsetzen und dabei dennoch barrierearm sind. Flächendeckende Übersetzung in Leichte Sprache wäre da zum Beispiel ein guter Anfang.

Ein Grund, warum die Mehrheitsgesellschaft Barrierefreiheit jedoch weiterhin als nicht allzu wichtig betrachtet, ist, weil sie davon ausgeht, dass nur wenige Menschen auf diese angewiesen sind. Dies geschieht wiederum aus dem einfachen Grund, dass nicht-behinderten Menschen in ihrem Alltag nicht viele behinderte Menschen begegnen, weil diese – oh Wunder – nicht teilhaben können! Hieraus entsteht eine Art Teufelskreis: Aufgrund von fehlender Barrierefreiheit können behinderte Menschen nicht teilhaben, woraus resultiert, dass die Mehrheitsgesellschaft den Eindruck gewinnt, es gäbe kaum behinderte Menschen und somit kaum Menschen, die auf Barrierefreiheit angewiesen sind. Dabei sollte die Anzahl der betroffenen Menschen gar nicht so ausschlaggebend sein, da dies suggeriert, dass das Recht auf Teilhabe nicht jedem einzelnen Individuum zusteht. Egal ob es um die Teilhabe von fünftausend oder mehreren Millionen Menschen geht – unsere Umgebung sollte immer den Anspruch an sich selbst haben, so barrierearm wie möglich zu sein, und das, ohne dass wir sie erst danach fragen oder sie dazu auffordern müssen. Denn wie barrierefrei ist eigentlich Barrierefreiheit, wenn ich mich erst mal selbst darum kümmern muss?

Sexualisierte Gewalt und Selbstbestimmung

Ein Teil meiner Arbeit als Aktivistin besteht darin, immer und immer wieder die gleichen Fakten vor verschiedensten Menschen zu wiederholen. Bei einem Thema zeigen mir die Reaktionen meiner Gesprächspartner*innen jedoch immer wieder besonders deutlich, wie wenig über die Lebensrealität behinderter Menschen zur Mehrheitsgesellschaft durchdringt. Wenn ich darüber spreche, dass behinderte FLINTA* einem bis zu dreimal höheren Risiko ausgesetzt sind, im Laufe ihres Lebens von sexualisierter Gewalt betroffen zu sein,[12] erhalte ich fast ausschließlich überraschte und erstaunte Blicke. (In der Studie ist ursprünglich von Frauen die Rede, jedoch sollten wir nicht vergessen, dass es nicht nur Frauen und Männer gibt.) Warum gerade der Fakt, dass wir öfter von sexualisierter Gewalt betroffen sind, eine so überraschte Reaktion auslöst, kann ich nicht mit Sicherheit sagen. Vielleicht weil sich das Vorurteil, man müsse normschön sein, um sexualisierte Gewalt zu erfahren, hartnäckig hält. Vielleicht aber auch, weil behinderte Menschen permanent entsexualisiert und infantilisiert werden. Das heißt, uns wird das Recht auf Sexualität von vornherein abgesprochen, und wir werden oft weder als Erwachsene mit einem Privatleben, geschweige denn als potenzielle Partner*innen wahrgenommen. Dabei ist wichtig zu erwähnen, dass sexualisierte Gewalt *kein* Sex ist. Doch da diese beiden komplett verschiedenen Paar Schuhe leider immer noch oft miteinander gleichgesetzt werden, ist es wenig verwunderlich, dass eine

Person, die behinderte Menschen entsexualisiert, auch nicht auf die Idee kommt, dass wir von sexualisierter Gewalt betroffen sein könnten.

Doch während wir von den einen entsexualisiert werden, werden wir von den anderen fetischisiert. Im Vordergrund stehen dabei bestimmte (meist sichtbare) Behinderungen oder aber der Gedanke, eine Person von sich abhängig zu machen und an sich zu binden, ohne dass sie fliehen kann. Denn während diese Fetische natürlich oft auf falschen Stereotypen beruhen, ist es dennoch nicht abzustreiten, dass behinderte Menschen, gerade wenn sie auf Pflege angewiesen sind, deutlich schneller in ein Abhängigkeitsverhältnis zu ihren Partner*innen geraten können. Darüber, wie die Fetischisierung behinderter Menschen einzuordnen ist, scheiden sich die Geister. Ich persönlich halte es für puren Ableismus. Es gibt ganze Foren, in denen überwiegend Männer Fotos von behinderten FLINTA* hochladen und sie anschließend bewerten, selbstverständlich ohne dass diese davon wissen. Auch auf Social Media gibt es Accounts, die massenhaft Bilder fremder behinderter FLINTA* unter dem Deckmantel der Inklusion posten. Man wolle schließlich nur zeigen, dass auch behinderte Menschen attraktiv sein können. Auch meine Fotos habe ich bereits mehrfach auf solchen Profilen entdeckt, genauso wie Nachrichten in meinem Postfach, in denen Fußfetischisten um Fotos meiner Füße baten mit der Begründung, dass diese bei Rollstuhlfahrenden besonders »rein« seien.

Die Entsexualisierung und Fetischisierung behinderter Menschen in Kombination mit dem Fakt, dass uns weniger geglaubt wird – Stichwort epistemische Ungerechtigkeit –, und weiteren Faktoren, auf die ich in diesem Kapitel näher eingehen möchte, ergeben eine giftige Mischung, die Täter*innen schützt und unsere Erfahrungen nahezu unsichtbar macht. Repräsentation und eine intersektionale Perspektive sind also zwingend notwendig, um ein realistisches Bild von Betroffenen von sexualisierter Gewalt zu zeichnen und diese besser schützen zu können. 2020 ging beispielsweise die von den Entertainern Joko Winterscheidt und Klaas Heufer-Umlauf ins Leben gerufene Aktion »Männerwelten« viral, nachdem sie live im Fernsehen ausgestrahlt worden war. Darin zu sehen war eine Art Ausstellung, in der durch verschiedene Räume geführt wurde, die verschiedene Formen der Belästigung und der sexualisierten Gewalt thematisierten. Das Bild, das dort von Betroffenen gezeichnet wurde, war jedoch wenig divers, sehr normschön, und es war keine einzige Person mit einer sichtbaren Behinderung vertreten. Als ich die Aktion damals selbst im Fernsehen sah, hatte ich noch nicht verstanden, dass auch ich längst Betroffene von sexualisierter Gewalt geworden war. Gut, die Grapscher an meinen Po, als ich in den Bus gestiegen oder mit Freund*innen abends weggegangen war, das Hinterherpfeifen oder Hinterherhupen, die sexistischen Kommentare zu meinem Körper oder den Mann, der mich auf einem Festival einfach über seine Schulter geworfen und versucht hatte wegzutragen, hatte ich nicht vergessen. Doch war das überhaupt Gewalt, wenn Vergleichbares schon so ziemlich jede*r meiner Freund*innen passiert war? Damals traute ich mich nicht, es zu benennen. Genauso wenig wie das, was mir damals in jenem WG-Zimmer auf der Matratze passiert war, die bis heute auffällig oft meine Gedanken heimsucht. Der Knoten platzte, als ich mich an einem Morgen vor nicht allzu langer Zeit in einem Gruppenchat per Sprachnachrichten mit Freund*innen austauschte. Eine erzählte, dass sie sich nicht getraut hätte einzuschlafen, weil sie dem Menschen, bei dem sie zu Besuch war, nicht vertraut und daher befürchtet hätte, er könnte dies ausnutzen. Ich glaube, auch ohne eine genauere Erklärung versteht jede*r, was hier gemeint ist – an sich schon traurig genug. Doch in diesem Moment wusste ich nicht nur, was gemeint war, ich wusste auch, dass ich am eigenen Leib erfahren hatte, wie sich das anfühlte.

Als ich 16 Jahre alt war, wurde ich mehrfach von meinem Ex-Freund vergewaltigt. Jahrelang war ich nicht müde geworden zu betonen, dass behinderte Personen häufiger von sexualisierter Gewalt betroffen sind, und dennoch verstand ich erst beinahe zehn Jahre später, dass ich längst selbst eine von ihnen war. Ähnlich wie ich erst hatte lernen müssen, dass ich Diskriminierung erfahre, hatte ich auch erst lernen müssen, dass eine Vergewaltigung nicht immer so aussehen muss, wie sie in Filmen dargestellt wird. Eine Vergewaltigung ist nicht erst eine Vergewaltigung, wenn du schreist und dich mit aller Kraft wehrst. Es kann auch still und heimlich passieren. Ohne Konsens, ohne dass er dich überhaupt weckt, sodass du erst durch den Schmerz zwischen deinen Beinen aufwachst, während du durch das Schummerlicht, das durchs Fenster fällt, in die Augen eines Menschen schaust, der dir eigentlich so vertraut und in diesen Momenten doch so fremd ist.

Ines Anioli sagte in ihrer Rede bei der »Frauen100«-Gala: »Vergewaltigung scheint für viele, viele Menschen immer noch nach einem gewissen Schema abzulaufen. Dazu braucht man einen bösen Mann, eine hilflose Frau, eine dunkle Straße und einen Busch. Dass der eigene Freund der böse Mann sein kann und dass Vergewaltigungen nicht nur nachts hinter

Büschen passieren, das bekommen einige nicht in ihrem Kopf zusammen.«[13]

Und so war auch ich jahrelang davon ausgegangen, dass ich nicht das Recht hätte, von einem Übergriff, geschweige denn einer Vergewaltigung zu sprechen, auch wenn die Erinnerung an diese Geschehnisse immer ein ekliges Gefühl in mir auslöste. Schließlich handelte es sich nicht um einen fremden Mann, sondern um einen, in den ich zu dieser Zeit sehr verliebt war. Auch hatte er mich ja nicht dazu gezwungen, neben ihm in seinem Bett zu schlafen. Doch viele Jahre später, in denen ich all das verdrängt hatte, war ich nicht mehr dieselbe. Ich war älter geworden, hatte mittlerweile viel an meinem Selbstwert gearbeitet, hatte angefangen, für meine Rechte einzustehen, hatte mich über patriarchale Strukturen und Sexismus informiert – und plötzlich sah ich die Dinge mit anderen Augen, als mich die Erinnerung an Erlebtes einholte. Bereits vor diesem Mann und auch nach ihm hatten mich Männer immer wieder schlecht behandelt. Hatten mich angefasst, mir falsche Versprechungen gemacht und meine Unsicherheit schamlos ausgenutzt. Und ich? Ich hatte gelernt, dass ich als weniger wert gelte und besser froh sein sollte, wenn gut aussehende Männer Interesse an mir zeigten. Der verzweifelte Versuch, meine vermeintlichen »Makel« zu kompensieren, hatte dazu geführt, dass ich mich irgendwo auf dem Weg selbst verloren hatte. Ich fragte mich schon längst nicht mehr, was ich wollte, sondern was ich sein musste, um den Vorstellungen anderer gerecht zu werden. Außerdem hatte ich in der Vergangenheit durch jahrelanges Mobbing und die Reaktionen meiner Lehrer*innen darauf gelernt, dass mich sowieso niemand ernst nehmen würde, wenn ich ansprach, dass mir Gewalt angetan wurde. Und so beschloss meine Psyche, vermutlich aus Selbstschutz oder aber aufgrund von internalisiertem Gaslighting, dass es wohl das Beste sei, diese Erlebnisse vorerst als »misslungene« sexuelle Erfahrungen zu verbuchen, so wie eben viele peinlich berührt an ihre ersten Erfahrungen in Bezug auf Sexualität zurückdenken. Nur um Jahre später aus allen Wolken zu fallen, weil ich dieses widerliche Gefühl, wenn ich an diese Situationen zurückdenke, endlich deuten kann.

Heute weiß ich: Sexualisierte Gewalt ist immer eine Demonstration von Macht, und je ungleicher die Machtverhältnisse sind und je größer das Abhängigkeitsverhältnis ist, desto gefährdeter sind diejenigen, die sich in der weniger machtvollen Position befinden. Auch hier kommt wieder die epistemische Ungerechtigkeit ins Spiel, die dafür sorgt, dass der Großteil der Menschen wohl eher einem nicht-behinderten Mann als einer behinderten FLINTA* Glauben schenken würde. Verstärkt werden diese Positionen durch Abhängigkeitsverhältnisse, die gerade für behinderte Menschen oft zu ihrer Lebensrealität gehören. Bin ich also beispielsweise auf die Pflege durch meine*n Partner*in oder von Familienmitgliedern angewiesen, so kann ich es mir vielleicht nicht leisten, diese Menschen einfach zu verlassen oder den Kontakt abzubrechen. Als behinderte Person ist es mir nicht unbedingt möglich, nach einer übergriffigen Situation oder einem Streit eine Tasche zu packen, die Tür hinter mir zuzuknallen und spontan mit den für mich nicht barrierefreien Verkehrsmitteln in der für mich nicht barrierefreien Wohnung einer*eines Bekannten unterzukommen, ohne zu wissen, ob meine Pflege für die nächsten Tage gewährleistet ist. Wir bauen uns unser Sicherheitsnetz in unserem Umfeld oft mühevoll und über Jahre hinweg auf, suchen nach Fachärzt*innen, die uns ernst nehmen, und geeigneten Therapieplätzen. Eine Trennung, die alles über den Haufen wirft und von uns verlangt, eine neue barrierearme Wohnung und eventuell auch einen neuen Job zu finden, ist da manchmal kaum möglich.

Tritt der Fall ein, dass die Pflege zu Hause unter anderem aufgrund von bürokratischen Barrieren, der Falscheinschätzung von Institutionen oder dem Fachkräftemangel nicht gewährleistet werden kann, haben viele behinderte Menschen keine andere Wahl mehr, als in eine Einrichtung zu ziehen. Dabei handelt es sich jedoch um geschlossene Systeme – das heißt, was dort passiert, bleibt in den meisten Fällen auch dort. Diese Form der Isolation von der Außenwelt sowie bereits genannte Abhängigkeitsverhältnisse begünstigen Gewalt und schützen Täter*innen. Das Bundesministerium für Familie, Senioren, Frauen und Jugend schreibt: »Auch Diskriminierung und Gewalt in Einrichtungen der Behindertenhilfe gehören zum Alltag vieler Frauen mit Behinderungen. Strukturen in den Einrichtungen können Gewalt fördern und begünstigen.«[14] Und das Bundesministerium für Arbeit und Soziales bestätigt: »Die Täter und Täterinnen kommen meist aus dem Umfeld der Frauen und sind ihnen fast immer bekannt: Eltern, Stief- oder Pflegeeltern, Betreuungspersonen aus Wohn- und Werkstätten sowie Mitbewohner und Mitbewohnerinnen in Einrichtungen. Die Betroffenen befinden sich häufig in emotionaler oder auch körperlicher Abhängigkeit von den Tätern. Besonders die körperliche Nähe zu Pflegepersonen erleichtert Grenzverletzungen.«[15] Der Vollständigkeit halber ist es mir jedoch wichtig zu ergänzen, dass wir auch hier von FLINTA* sprechen sollten und dass auch behinderte cis Männer einem höheren Risiko ausgesetzt sind, sexualisierte Gewalt zu erfahren.

Doch was denkst du? Würde die Mehrheitsgesellschaft eher einer behinderten Person glauben, die in einer Einrichtung lebt und die bei der Prävention sexualisierter Gewalt sowieso schon kaum mitgedacht wird? Oder würde sie dann doch lieber einem*einer nicht-behinderten Einrichtungsleiter*in Glauben schenken, wenn diese*r versichert, es sei alles in Ordnung? Aus Angst, noch mehr Gewalt zu erfahren, wenn Täter*innen von dem Versuch, sie zu melden, Wind bekommen, schweigen viele Betroffene ihr Leben lang. Ganz davon abgesehen ist es einigen von ihnen gar nicht möglich, ohne die Unterstützung des Einrichtungspersonals mit der Außenwelt zu kommunizieren – und dies setzt wiederum voraus, dass überhaupt Familienmitglieder oder Freund*innen existieren, die ihnen glauben und bereit sind, sich für sie einzusetzen.

Auch in Sachen Verhütung und Recht auf Reproduktion wird behinderten Menschen oft die Selbstbestimmung entzogen. Am stärksten betrifft dies lernbehinderte Menschen, die in Einrichtungen leben. In einer Studie vom Bundesministerium für Familie, Senioren, Frauen und Jugend gaben 18 Prozent der zu Hause lebenden befragten behinderten Personen mit Uterus an, dass sie sterilisiert sind. 17 Prozent von ihnen hatten bereits mindestens einen Schwangerschaftsabbruch. Von den Befragten, die in Einrichtungen leben und nicht auf – wie es in der Studie heißt – vereinfachte Sprache angewiesen sind, gaben 9 Prozent an, sterilisiert zu sein, und 15 Prozent, mindestens einen Schwangerschaftsabbruch gehabt zu haben. Von den Bewohner*innen, die auf vereinfachte Sprache angewiesen waren, gaben wiederum 17 Prozent an, sterilisiert zu sein, und

6 Prozent hatten mindestens einen Schwangerschaftsabbruch. Letzterer Wert ist damit in Relation zu setzen, dass lediglich 37 Prozent dieser Gruppe angaben, überhaupt schon mal sexuelle Erfahrungen gemacht zu haben. Von den sterilisierten Befragten mit Lernbehinderung gaben jedoch nur 53 Prozent an, dass sie sich selbst für diesen Schritt entschieden hätten.[16] »Bei der anderen Hälfte lagen Überzeugungsarbeit durch Ärzte und Ärztinnen, Fachkräfte oder Eltern, mangelndes Wissen über Verhütung oder die Perspektivlosigkeit für ein Leben mit einem Kind der Entscheidung zugrunde«, heißt es im Positionspapier der Staatlichen Koordinierungsstelle nach Art. 33 UN-BRK (Fachausschuss Freiheits- und Schutzrechte).[17] »Während nichtbehinderte Frauen unter 32 Jahren darum kämpfen müssen, eine Sterilisation durchführen zu lassen, wird uns diese Verhütungsmethode als selbstverständlich vorgestellt«, heißt es schon in dem Buch *Geschlecht: behindert, besonderes Merkmal: Frau* – ein Buch von behinderten Frauen aus dem Jahr 1985.[18]

Auch davon, dass die Pille gerade behinderten Menschen in Einrichtungen leichtfertig verabreicht wird, höre ich immer wieder. Jedoch muss diese täglich geschluckt werden, um verlässlich zu wirken, während die Dreimonatsspritze, wie ihr Name schon sagt, nur alle drei Monate verabreicht werden muss. So wird letztere allein 43 Prozent der gebärfähigen Menschen, die in Einrichtungen leben, injiziert.[19] Dabei empfiehlt die Bundeszentrale für gesundheitliche Aufklärung, dass diese Art der Verhütung nur bei Menschen angewendet werden sollte, »die andere Methoden nicht vertragen oder nicht mit ihnen zurechtkommen«.[20] Des Weiteren rät sie, dass die Dreimonatsspritze, wenn möglich, nicht länger als zwei Jahre angewendet werden sollte, da sonst die Gefahr besteht, dass sich die Knochendichte verringert. Die Verhütungsmethode greift außerdem noch deutlich stärker in den Hormonhaushalt ein und hat stärkere Nebenwirkungen als die Antibabypille, außerdem sorgt sie nicht selten dafür, dass die Blutung komplett ausbleibt, was wiederum Arbeit in der Pflege erspart. Selbst nachdem die Dreimonatsspritze abgesetzt wurde, kann sie noch lang Auswirkungen auf den Zyklus haben. Für Personen, die mit dem Gedanken spielen, in naher Zukunft vielleicht doch schwanger zu werden, ist sie also beispielsweise nicht geeignet. Doch dies wird bei behinderten Menschen oft gar nicht erst in Betracht gezogen.

Die Überzeugung, behinderte Menschen dürften keine Kinder bekommen, stammt aus der Eugenik. Zwischen 1934 und 1945 wurden etwa 400.000 als »erbkrank« eingestufte Menschen zwangssterilisiert. Auch heute wird behinderten Menschen das Recht, sich zu reproduzieren, abgesprochen. Ein Kind zu zeugen in dem Wissen, dass es behindert sein könnte, sei verantwortungslos. Diese ableistische Aussage beruht auf dem Vorurteil, dass behinderte Menschen ihre Behinderung zwangsläufig weitergeben. Und während auch die bewusste Weitergabe einer Erkrankung und/oder Behinderung vollkommen valide sein sollte, sind die wenigsten davon angeboren, und die Annahme, dass ein Kind zwangsläufig behindert oder krank sein muss, nur weil seine Eltern es sind, ist falsch. Behinderung sollte auch hier wieder als neutrales Merkmal verstanden werden. Bei einem Paar bestehend aus einem Mann mit braunen Haaren und einer Frau mit blonden Haaren würden wir doch auch nicht automatisch annehmen, dass das Kind zwingend blond sein wird, und wir würden auch nicht zu der Mutter sagen: »Bist du sicher, dass du ein Kind haben möchtest? Hast du keine Angst, es könnte auch … na ja … blond sein?« Solang hier noch der Großteil aller Menschen protestieren und sagen würde: »Aber du kannst eine Haarfarbe ja wohl nicht mit einer Behinderung vergleichen!«, ist noch viel zu tun. Der einzige Unterschied, der nämlich tatsächlich besteht, ist der, dass ich im Gegensatz zu blonden Haaren wegen einer Behinderung struktureller Diskriminierung ausgesetzt bin, und dies wird sich nicht ändern, solang das Leid-Narrativ sowie Ansätze aus der Eugenik durch Aussagen wie diese fröhlich weiter reproduziert werden.

Gerade behinderte Menschen, die selbst auf Pflege angewiesen sind, erfahren Anfeindungen und stoßen auf Unverständnis, wenn sie Kinder haben oder auch nur den Wunsch äußern, Eltern zu werden. Unsere Mehrheitsgesellschaft ist sich also nach wie vor ziemlich einig darüber, wer Kinder bekommen sollte und wie diese zu sein haben. »Hauptsache, gesund!«, ist wahrscheinlich der am häufigsten ausgesprochene Satz, wenn es um die Geburt eines Kindes geht. Auch hier sei wieder gesagt, dass eine Behinderung nicht mit einer Krankheit gleichzusetzen ist und andersherum. Jedoch unterscheiden die wenigsten Menschen zwischen nicht-behindert und gesund, sodass ihr »Hauptsache, gesund!« in diesem Fall gleichzusetzen ist mit: »Hauptsache, nicht-behindert!« Gesund oder nicht-behindert sein wird auch in diesem Kontext als gut und wünschenswert dargestellt, während krank und/oder behindert sein als etwas Schlechtes und Unerwünschtes gilt. Das »Hauptsache« am Anfang der Aussage unterstützt dabei die Denkweise, dass nichts schlimmer ist, als behindert und/oder krank zu sein.

Um festzustellen, ob das noch ungeborene Kind behindert und/oder krank zur Welt kommen könnte, gibt es mittlerweile mehrere Untersuchungsmöglichkeiten: die sogenannte

Pränataldiagnostik. Als es darum ging, ob der nicht invasive Pränataltest, kurz NIPT, der per DNA-Analyse auf Trisomie 13, 18 und 21 testet, zukünftig von der Krankenkasse übernommen werden sollte, wurde eine generelle Debatte darüber angestoßen, ob dies nicht ein weiterer Schritt in Richtung selektive Gesellschaft wäre. Schließlich werden bereits jetzt 90 Prozent der Ungeborenen, die durch Pränataldiagnostik mit dem Downsyndrom diagnostiziert werden, abgetrieben, und das, obwohl die Wahrscheinlichkeit, dass das Testergebnis richtig-positiv ist, nur bei 48 Prozent liegt.[21] Diese erschreckende Zahl zeigt, wie groß die Angst und die Ablehnung sind, wenn es darum geht, gegebenenfalls ein behindertes Kind zu bekommen. Natalie Dedreux, Aktivistin und Journalistin, sagt in ihrer Petition, die sich gegen die Kostenübernahme des Testes ausspricht: »Mein Leben mit Down-Syndrom ist cool. Aber ich habe Angst, dass es weniger Menschen mit Down-Syndrom geben wird, wegen dem Bluttest bei schwangeren Frauen auf Down-Syndrom. Ich will nicht, dass die Krankenkasse den Bluttest bezahlt.«[22] Mittlerweile steht der Beschluss: Seit Juli 2022 gehört der Pränataltest zu den Kassenleistungen. Das Thema ist in vielerlei Hinsicht komplex. Bevor die Untersuchung von der Krankenkasse übernommen wurde, kostete sie zwischen 170 und 300 Euro. Dabei handelt es sich zwar um viel Geld, jedoch haben sich offensichtlich einige werdende Eltern nicht davon abschrecken lassen, den Test aus eigener Tasche zu bezahlen. Wie sich die Kostenübernahme des Tests auf die Zahl der Neugeborenen mit Trisomie 13, 18 und 21 auswirken wird, können wir bisher nur erahnen. Wenn wir jedoch auf andere Länder schauen, die den Test schon länger als kassenärztliche Leistung anbieten, zeichnet sich eine erschütternde Prognose ab. So wurden beispielsweise in Dänemark, wo der Test schon seit 2004 zu den Kassenleistungen gehört, 2019 landesweit nur noch 18 Kinder mit Trisomie 21 geboren.[23]

Und bevor das in die falsche Richtung geht: Selbstbestimmung sollte immer an erster Stelle stehen, und jede Person sollte das Recht auf einen Schwangerschaftsabbruch haben. Jedoch sollte Behinderung nicht der entscheidende Faktor sein, aufgrund dessen sich jemand gegen ein ungeborenes Kind entscheidet. Im Gegensatz zur generellen Annahme, behindertes Leben sei nicht lebenswert, gibt es dabei durchaus auch ganz berechtigte Ängste, wie fehlende Inklusion von behinderten Kindern und Jugendlichen, hohe Kosten, die nicht immer von Krankenkassen und Co gedeckt werden, und der ständige Kampf um Teilhabe mit genau jenen. Und nicht zuletzt natürlich Alltags-Ableismus, dem das Kind ausgesetzt sein wird. Doch all diese Dinge könnten geändert werden und sollten nicht über das Leben eines Kindes entscheiden dürfen.

Und während wir gerade noch von Zwangssterilisation und Abtreibung behinderter Menschen gesprochen haben, kommen wir jetzt zu einem anderen Extrem: der Situation, in der behinderte und chronisch kranke Menschen keinen Zugang zu Schwangerschaftsabbrüchen haben und dazu gezwungen werden könnten, ein Kind zu gebären, auch wenn die Geburt sie töten könnte. Genau so könnte es nun in den USA Millionen von Menschen ergehen, nachdem der Supreme Court im Juni 2022 die Grundsatzentscheidung »Roe v. Wade« kippte. Dabei handelt es sich um eine Entscheidung des Supreme Courts von 1973, die schwangeren Personen das Recht auf Abtreibung und Selbstbestimmung zugestand. Durch die Präsidentschaft des Republikaners Donald Trump kamen Abtreibungsgegner*innen ihrem Ziel jedoch einen großen Schritt näher, denn Trump besetzte den Supreme Court mit konservativen Richter*innen, die entschieden, »Roe v. Wade« außer Kraft zu setzen. In der Folge ist es den einzelnen Bundesstaaten nun möglich, Abtreibungen als illegal zu erklären.

Obwohl dies allein schon schlimm genug ist, könnte die Illegalisierung von Schwangerschaftsabbrüchen für viele chronisch kranke und/oder behinderte Menschen, für die eine Schwangerschaft ein zu hohes gesundheitliches Risiko birgt, zur reinsten Todesfalle werden. Auch bei einer Schwangerschaft, die durch eine Vergewaltigung entstanden ist, haben die ersten Staaten bereits entschieden, keine Ausnahme zu machen – was perfide genug ist, aber eine marginalisierte Gruppe, die bis zu dreimal häufiger von sexualisierter Gewalt betroffen ist, natürlich noch einmal härter trifft. Und all das, während es bereits vor der Aufhebung von »Roe v. Wade« für behinderte Menschen kaum Zugänge zu Abtreibung gab. Schließlich sind behinderte Personen einem deutlich höheren Risiko ausgesetzt, von Armut betroffen zu sein, und haben in den USA oft kaum eine Chance auf eine Krankenversicherung und barrierearme Beratungsstellen. Nicht zu sprechen davon, dass barrierearme Gynäkologiepraxen und Kliniken schon zuvor Mangelware waren. Für eine Abtreibung die weite Reise in einen anderen Staat zu unternehmen, in dem diese noch durchgeführt wird, könnte für viele behinderte Menschen kaum realisierbar sein.

Doch auch in Deutschland mangelt es an Hilfsstrukturen, Gesundheitsvorsorge und Sexualaufklärung für behinderte Menschen, und das, obwohl gerade Letzteres als ein wichtiges Mittel in der Prävention gegen sexualisierte Gewalt benannt wird. Doch wie soll eine angemessene Sexualaufklärung für behinderte Menschen stattfinden, solang die Gesellschaft ihnen ihre Sexualität abspricht? Auch um die gynäkologischen Vorsorgeuntersuchungen für behinderte Menschen steht es schlecht. So sind die wenigsten gynäkologischen Praxen barrierearm, und es existieren auch dort nicht selten – so wie überall – Vorbehalte gegenüber behinderten Patient*innen. Besonders dann, wenn sie auf mehr Unterstützung angewiesen sind, um untersucht werden zu können. Bewohner*innen von Einrichtungen berichten sogar, oftmals über lange Zeit hinweg gar keinen Zugang zu gynäkologischen Vorsorgeuntersuchungen zu haben. Und auch Beratungsstellen und Frauenhäuser sind selten barrierearm und somit nicht zugänglich für diejenigen, die doch so dringend auf diese Art von Schutzraum angewiesen sind.

Nothing about us without us

Einer der Schlüssel für Inklusion sind Repräsentation und Sichtbarkeit. Das heißt, behinderte Menschen müssen stattfinden können und dürfen. Und dabei reden wir nicht von ein paar Token, also ein paar wenigen Mitgliedern einer marginalisierten Gruppe, die als »Aushängeschild« bei Projekten und Veranstaltungen vorgezeigt werden, damit eine vermeintliche Diversität vorgegaukelt werden kann. »Diskriminierend? Wir? Nein, wir haben doch eine behinderte Person dabei!«, heißt es dann. Anderen behinderten Menschen bleibt währenddessen weiterhin der Zugang verwehrt, was jedoch durch den Token weniger auffällt. Es entsteht also eine Art Schein-Diversität. Solche Token können jedoch niemals eine ganze Gruppe repräsentieren, und es handelt sich dabei oftmals um Personen, die innerhalb der Community noch zu den privilegierteren gehören oder zumindest nicht als »anstrengend« wahrgenommen werden, weil sie sich offen gegen Ableismus aussprechen. Was daraus resultiert, ist nicht nur ein falsches Bild einer marginalisierten Gruppe, sondern deren Mitgliedern wird auch signalisiert, dass nur begrenzt viele Plätze für sie zur Verfügung stehen, was im schlimmsten Fall zu Neid und Missgunst führen kann. Auch das spielt dem System Ableismus natürlich wunderbar in die Hände, denn solang marginalisierte Menschen untereinander um Zugänge kämpfen, bleibt das eigentliche Problem – nämlich dass es zu wenige gibt – weitestgehend unsichtbar. Tokenism ist es auch dann, wenn ich beispielsweise als Rollstuhlfahrerin zu einer Veranstaltung oder einem Fernsehdreh eingeladen werde, die Location jedoch nur über eine Treppe zu erreichen ist und es heißt, man könne mich ja irgendwie hochtragen. Ja, das ist mir tatsächlich schon mehrfach genau so passiert.

Dass behinderte Menschen auch heute noch nicht ansatzweise überall teilhaben können, ist trauriger Alltag. Im Grunde fand Teilhabe für behinderte Menschen in Bereichen wie Politik, Bildung, Arbeit und Kultur bis in die späten 1970er-Jahre überhaupt nicht statt. Das medizinische Modell von Behinderung war zu dieser Zeit noch deutlich stärker vertreten als heute, sodass die Behinderung eines Menschen als individuelles Problem und als Grund für die fehlende Teilhabe verstanden wurde, anstatt Barrieren dafür verantwortlich zu machen. In den Jahren davor wurde der Aufbau von Sonderwelten kräftig angekurbelt, also Einrichtungen, in denen behinderte Menschen exkludiert von der restlichen Gesellschaft aufwachsen, leben und arbeiten. Durch fehlende Barrierefreiheit und Infrastruktur war es vielen behinderten Menschen damals also gar nicht möglich, selbstbestimmt ihren Alltag zu gestalten und außerhalb dieser Sonderwelten stattzufinden. Auch heute ist dies nur begrenzt der Fall, und das, obwohl so viele Jahre vergangen sind. Wenn du nicht-behindert bist, achte doch einfach mal darauf, in wie viele deiner Lieblingsrestaurants und Lieblingsläden ich dich mit meinem Rollstuhl begleiten könnte. Kann ich dich in deiner Wohnung besuchen? Könnte ich dir zufällig als neue Kollegin auf deiner Arbeit begegnen? Gibt es überall eine Behindertentoilette und automatische Eingangstüren? (Um nur einen kleinen Bruchteil der existierenden Barrieren zu nennen.)

Ohne Teilhabe und Inklusion treffen nicht-behinderte Menschen kaum auf behinderte Menschen, wodurch auch keine Repräsentation entstehen kann. Um dies zu ändern, müssen neben dem Abbau von Barrieren auch neue Räume eröffnet werden, die als gleichwertige und für manche Menschen barriereärmere Alternative anerkannt werden. Wie oft erlebe ich, dass Menschen Social Media nicht als das »echte Leben« betiteln? Dabei hat das Internet so viel Potenzial, um Teilhabe für Menschen zu ermöglichen, denen es nicht immer möglich ist, das Haus zu verlassen. Wie fühlt es sich also für Menschen wie mich an, deren einziges Fenster nach draußen oftmals Social Media ist, weil es ihnen selten oder gar nicht möglich ist, sich mit Freund*innen zu treffen, mit Kolleg*innen auszutauschen oder Dinge zu tun, die viele Menschen als selbstverständlich ansehen, wenn dieser Zugang als »nicht das echte Leben« betitelt wird? Und warum wird Netzaktivismus immer noch weniger wertgeschätzt als das Protestieren auf der Straße? Schließen wir damit nicht eine Menge Menschen aus? Warum wird uns gesagt, es sei kein »richtiger Aktivismus«, wenn dieser größtenteils im Internet stattfindet? Wie sollen behinderte Menschen für ihre Rechte kämpfen, wenn Demonstrationen und Co nicht barrierefrei sind? Mit Aussagen wie »Auf Social Media ist nichts echt!« wird ein Zugang, der für viele behinderte Menschen wichtig ist, infrage gestellt und abgewertet. Wenn ich seit Wochen auf der Couch liege und froh bin, dass ich zumindest ein bisschen was von der Außenwelt mitbekomme, indem ich mich auf Social Media austausche, ist es wie ein Schlag ins Gesicht, wenn dieser Weg als »nicht real« abgetan wird. Was bleibt, ist das erneute Gefühl von: Du gehörst nicht dazu.

Lediglich während der Coronapandemie wurde das Internet plötzlich zu einer validen Form des Austausches – zumindest für wenige Monate. Viele nicht-behinderte Menschen bekamen zum ersten Mal in ihrem Leben zu spüren, wie es ist, das Haus nicht jederzeit verlassen zu können. Den Vergleich, dass nicht-behinderte Menschen in der Pandemie lernten, wie behinderte Menschen sich fühlen, lehne ich jedoch entschieden ab. Neben der Tatsache, dass nicht-behinderte Menschen auch in dieser Zeit keinem Ableismus ausgesetzt waren, waren wir während der Lockdowns *alle* zu Hause. Es fanden keine Partys statt, keine Konzerte, niemand ging in die Schule, und alle, die Homeoffice machen konnten, taten dies. Es ist ein Unterschied, ob du zu Hause bist und weißt, dass dieser Zustand erstens zeitlich begrenzt ist und zweitens alle anderen auch zu Hause sind, oder ob du allein mit dieser Situation bist, und das ohne Lösungen, die rasend schnell als Ersatz geschaffen werden, weil dein Recht auf Teilhabe niemals angezweifelt wird. Behinderte Menschen bleiben oftmals weiterhin hinter verschlossener Tür, auch wenn die restliche Welt sich wieder dreht, wenn Partys und Konzerte stattfinden, zu denen sie nicht eingeladen werden, weil diese nicht barrierefrei für sie sind, wenn Gleichaltrige die Schule besuchen oder ins Büro gehen.

Schon vor der Coronapandemie haben behinderte und chronisch kranke Menschen seit Jahren neue Möglichkeiten gefordert, um beispielsweise am Studium, an der Schule oder an der Ausbildung teilzuhaben. Doch solang dies nur behinderte Menschen betraf, fühlte sich niemand dazu berufen, etwas an der Situation zu ändern und neue Zugänge zu schaffen. Als die Teilhabe nicht-behinderter Menschen durch die Pandemie vorübergehend bedroht war, sahen wir allerdings plötzlich, dass es scheinbar doch möglich ist, von einem auf den anderen Tag nahezu gleichwertige Lösungen zu schaffen – nur eben nicht für uns. In der Pandemie haben wir uns alle bewiesen, dass wir durchaus vollwertige Gespräche und Meetings führen können, ohne dabei im gleichen Raum zu sitzen. Wir haben via Zoom und Co Vorträge gehalten und Workshops geführt. Doch jetzt, wo Corona für die meisten schon wieder der Vergangenheit angehört, obwohl das Virus weiterhin wütet und Tausende behinderte Menschen das Leben kostet, scheinen wir wieder vergessen zu haben, dass es auch on remote geht. Zunehmend bekomme ich wieder Anfragen für Workshops, Vorträge und Co, die nur unter der Bedingung von Präsenz gestellt werden.

Damit sich etwas ändert, müssen behinderte Menschen also stattfinden und teilhaben können, ohne auf Barrieren zu stoßen. Darüber hinaus muss sich das Wissen durchsetzen, dass Ableismus kein individuelles Problem ist, sondern ein strukturelles, für dessen Lösung wir alle verantwortlich sind. Dafür müsste er allerdings überhaupt erst mal als Problem wahrgenommen werden. Denn würde man heute eine Straßenumfrage vornehmen und Menschen fragen, ob sie wüssten, worum es sich bei Ableismus handelt, würde mit Sicherheit kaum jemand überhaupt den Begriff kennen. Doch dies ist nur der erste Schritt. Das sehen wir bereits bei anderen -ismen, deren Namen zwar mittlerweile in der Mehrheitsgesellschaft angekommen sind, deren Bedeutungen aber noch lang nicht.

Unsere Geschichten müssen gehört werden, und es muss mehr Serien und Filme wie *Ein besonderes Leben* oder *Crip Camp – Sommer der Krüppelbewegung* geben. Wir brauchen Zugänge zu Kunst und Kultur und Zugänge zu Bildung, die oft als Grundvoraussetzung gilt, um in diesen meist sehr elitären Bereichen überhaupt mitmischen zu können. Gleichzeitig ist auch eine Lockerung dieser elitären Strukturen unbedingt notwendig, denn wer und was wird repräsentiert, wenn lediglich Menschen, denen durch ihren Akademiker*innenstatus eine gewisse Legitimation zugesprochen wird oder die über gewisse Privilegien verfügen, unsere Geschichten prägen? Wie soll ein realistisches Bild von behinderten Menschen entstehen, wenn diese an Theaterstücken, Filmen, Büchern und Co nicht mal beteiligt sind und ihre vermeintliche Lebensrealität lediglich als Stilmittel missbraucht wird? Narrative funktionieren, daran besteht kein Zweifel. Wir haben gelernt, uns durch einige von ihnen, die mit der stereotypen Darstellung von behinderten Menschen arbeiten, motivierter zu fühlen oder gewisse Emotionen zu empfinden. Und wenn etwas bekanntlich gut funktioniert, warum sollte man dies ändern? »Never change a running system«, oder wie das heißt. Doch wie gewaltsam ist es letzten Endes, einer ganzen marginalisierten Gruppe eine vermeintliche Lebensrealität aufzudrücken, die mit der Wirklichkeit wenig zu tun hat?

Warum schreiben wir Rollen überhaupt vorab gewisse Merkmale zu und lassen nicht einfach offen, ob der*die Schauspieler*in behindert oder nicht-behindert ist? Dies wäre eine durchaus sinnvolle sowie logische Lösung, um Repräsentation zu schaffen. Wäre da nicht die Tatsache, dass Serien- und Filmemacher*innen behinderte Menschen bisher noch größtenteils mit dem Hintergedanken engagieren, um sie auf ihre Behinderung zu reduzieren und diese einzusetzen, um Narrative über Behinderung zu befeuern. Natürlich sollte es auch Filme geben, die unsere Erfahrungen, die wir aufgrund von Ableismus machen, thematisieren. Aber um uns realistisch darzustellen, gehören eben auch Rollen dazu, bei denen die Behinderung zwar sichtbar, aber ausnahmsweise nicht der

Punkt ist, um den sich die ganze Storyline dreht. Denn ob du's glaubst oder nicht: Wir reden üblicherweise nicht den ganzen Tag über unsere Behinderung, sondern gehen einem Leben nach und haben Interessen und Eigenschaften wie jede nicht-behinderte Person auch. Behinderte Menschen müssen repräsentiert werden, auch wenn nicht-behinderte Menschen nichts daraus ziehen können, weil wir ausnahmsweise nicht als Inspirationsquelle missbraucht werden. Nicht-behinderte Rollen müssen doch auch nicht ständig inspirieren und in jedem Film die gleiche, auf Stereotypen basierende Message rüberbringen. Warum erwarten wir also von behinderten Menschen eine Form der Unterhaltung und die Erzeugung gewisser Emotionen, wenn wir dies für nicht-behinderte Rollen nicht gleichermaßen voraussetzen?

Ein großes Problem ist, dass sich nicht-behinderte Menschen kaum mit uns identifizieren. Aufgrund unseres vermeintlichen Andersseins grenzen sie sich von uns ab und empfinden uns gegenüber weniger Empathie, sodass Missständen, die nur uns betreffen, kaum Priorität zugesprochen wird. Das sehen wir allein schon daran, wie wenig Filme, Bücher, Serien und Co ein realistisches Bild von behinderten Menschen zeichnen. Die Gesellschaft möchte keine Medien konsumieren, in denen ihre Vorurteile und verinnerlichten Narrative über behinderte Menschen widerlegt werden, sondern solche, die diese bestärken. Überleg mal, fällt dir ein*e Hauptdarsteller*in eines Filmes ein, die*der behindert ist? Also ich meine wirklich behindert und kein*e nicht-behinderte*r Schauspieler*in, der*die sich Behinderung nur für die Rolle aneignet. Tatsächlich wäre es kein Wunder, wenn dir niemand einfallen würde. Schließlich werden ganze 95 Prozent der Rollen mit Behinderung von nicht-behinderten Schauspieler*innen verkörpert.[24] Das heißt im Umkehrschluss, dass nur traurige 5 Prozent der Rollen mit Behinderung tatsächlich von behinderten Schauspieler*innen gespielt werden. Wenn ein*e nicht-behinderte*r Schauspieler*in versucht, sich das Merkmal Behinderung für eine Rolle anzueignen, nennen wir das »Cripping up«. Ich spreche hier bewusst von einem Versuch, denn Behinderung ist ein Teil unserer Identität, und diese kann man sich nicht einfach aneignen.

Was passiert also, wenn nicht-behinderte Filmemacher*innen an einem Drehbuch arbeiten, das eine behinderte Person beinhaltet, die daraufhin von einem*einer nicht-behinderten Schauspieler*in gespielt wird? Ganz einfach: Die Rolle wird nicht der Lebensrealität behinderter Menschen entsprechen, sondern den Vorurteilen und Narrativen, die nicht-behinderte Menschen über uns haben. Diese werden wiederum durch diese vermeintliche »Repräsentation« bei den Zuschauer*innen weiter verstärkt und verfestigt. Behinderung wird also benutzt, um gewisse Narrative zu erzählen und so bestimmte Emotionen auszulösen. Jedoch sind die Filmemacher*innen nicht bereit, sich mit der tatsächlichen Lebensrealität behinderter Menschen auseinanderzusetzen, geschweige denn die Schauspielbranche für sie zugänglich zu machen. Auch hier geht es wieder um Zugänge, und solang diese behinderten Menschen nicht gewährt werden, ist es natürlich weiterhin leicht zu behaupten, es gäbe einfach kaum behinderte Schauspieler*innen. Während ich an einer Hand abzählen kann, wie viele behinderte Menschen einen Oscar für ihre schauspielerische Leistung erhalten haben, ist die Liste der nicht-behinderten Schauspieler*innen, die eine behinderte Person gespielt haben und dafür einen Oscar bekommen haben, lang. Colin Firth in *The King's Speech*,

Dustin Hoffman in *Rain Man,* Tom Hanks in *Forrest Gump* und Eddie Redmayne als Stephen Hawking in *Die Entdeckung der Unendlichkeit,* um nur einige zu nennen. Im Gegensatz zu einem*einer wirklich behinderten Schauspieler*in sind nichtbehinderte Schauspieler*innen, die Cripping up betreiben, nämlich hoch im Kurs und werden überdurchschnittlich oft für Preise nominiert. In einem Interview mit der Zeitschrift *InTouch* sagte der Schauspieler Antonio Banderas: »Ist Ihnen schon einmal aufgefallen, dass man scheinbar eine Art Handicap haben muss, wenn man einen Oscar gewinnen möchte?«[25] Und er scheint nicht der Einzige zu sein, der das denkt. In der Schauspielbranche scheinen viele die Meinung zu vertreten, dass es eine erstrebenswerte und hoch anzusehende Leistung sei, eine behinderte Person »authentisch« abzubilden. Mit authentisch meine ich natürlich so, wie *sie* sich eine behinderte Person vorstellen.

Forrest Gump, Rain Man, Ein ganzes halbes Jahr oder *Ziemlich beste Freunde* – all das sind preisgekrönte Filme, die noch etwas anderes gemeinsam haben: Keine*r der Schauspieler*innen, die in ihnen mitwirken, ist tatsächlich behindert, und sie triefen nur so vor gefährlichen Vorurteilen und Narrativen. Das Bedürfnis, aus der Existenz behinderter Menschen eine Lehre und »Inspiration« zu ziehen, zeigt sich besonders durch das Phänomen des sogenannten Supercrips. Der Supercrip – auf Deutsch »Superkrüppel« – zeichnet sich durch positive Fähigkeiten aus, über die er aufgrund seiner Behinderung verfügt. Die ein oder andere Person wird sich beim Lesen dieses Satzes vielleicht erinnern, dass ich als junge Erwachsene davon ausging, ich müsste meine eigene Behinderung durch positive und außerordentliche Leistungen in anderen Bereichen

»ausgleichen«. Diese Denkweise kommt nicht von ungefähr, sondern ist Teil unserer ableistischen Sozialisierung. Sehen wir also doch mal die ein oder andere behinderte Person in den Medien, so ist die Wahrscheinlichkeit nicht gerade gering, dass sie dem Narrativ des Supercrips entspricht.

Der Supercrip »überwindet« seine Behinderung in den Augen seiner Mitmenschen, und Barrieren scheinen für ihn kein Thema zu sein. Negative Erlebnisse machen ihn nur stärker, und er findet sich nicht selten selbst auch ziemlich »inspirierend«. Das Narrativ des Supercrips tritt also besonders in Verbindung mit Inspiration Porn auf. Dabei kann es sich um tatsächliche behinderte Personen handeln, die diesem Narrativ selbst entsprechen möchten, indem sie zum Beispiel immer wieder beteuern, dass sie mindestens genauso viel leisten könnten wie eine nicht-behinderte Person, oder ihre Behinderung als »Superkraft« deklarieren. Der Versuch, eine behinderte Person in diese Rolle zu drängen, erfolgt jedoch besonders oft von außen, und gerade fiktive Rollen in Filmen und Co arbeiten häufig mit diesem Stereotyp. Auch behinderten Sportler*innen und Paralympionik*innen wird immer wieder die Rolle des Supercrips angehängt. Davon begleitet wird die ständige Annahme, sie haben ihre Behinderung erst überwinden müssen, um diese besondere Leistung erbringen zu können. Dass eine Person gleichzeitig behindert *und* erfolgreich in etwas sein kann, was man ihr aufgrund von Stereotypen nicht zugetraut hätte, wird gar nicht erst in Betracht gezogen.

In Wahrheit ist das Narrativ des Supercrips brandgefährlich. Das Bild von behinderten Menschen wird durch diese stereotype Darstellung verzerrt, und die ableistische Denkweise, dass behinderte Menschen nur eine Daseinsberechtigung haben, wenn sie besondere Leistungen erbringen und nicht-behinderte Menschen von ihnen profitieren können, wird aufrechterhalten. Des Weiteren kommt es zu falschen Erwartungen, woraufhin Aussagen folgen wie: »Die bei den Paralympics können das doch auch. Du musst dich nur mehr anstrengen und darfst dich nicht von deiner Behinderung definieren lassen.« Dabei handelt es sich um nichts anderes als die Forderung, die eigene Lebensrealität und die damit verbundenen Diskriminierungserfahrungen sowie das vermeintlich negative Merkmal Behinderung nicht zu thematisieren und stattdessen Leistung zu erbringen. Denn in den Augen der Dominanzgesellschaft und des Kapitalismus hängt der Wert eines Menschen genau davon ab: von seiner Leistung.

Insbesondere neurodivergente Menschen werden in Film und Fernsehen immer wieder als Supercrips dargestellt. Autismus wird fälschlicherweise mit Hochbegabung gleichgesetzt, darüber hinaus sind die Charaktere selten dazu in der Lage, Empathie zu empfinden oder zwischenmenschliche Beziehungen aufzubauen – im Laufe der Handlung beweisen sie jedoch plötzlich besondere Fähigkeiten, die diese vermeintlichen »Defizite« ausgleichen sollen. Da wäre zum Beispiel der vielfach ausgezeichnete Filmklassiker *Rain Man:* Die autistische Rolle des Protagonisten Raymond wohnt in einer Einrichtung für behinderte Menschen und erbt nach dem Tod seines Vaters drei Millionen Dollar. Daraufhin taucht sein jüngerer Bruder auf, der bisher nichts von der Existenz seines älteren Bruders wusste und es lediglich auf das Erbe abgesehen hat. Als er jedoch erkennt, dass er sich die Fähigkeiten seines autistischen Bruders zunutze machen kann, indem er diesen durch Kartenzählen im Casino viel Geld für ihn gewinnen lässt, ändert sich seine Einstellung zu Raymond. Neben dem ergaunerten Geld gewinnt er schließlich auch noch die Anerkennung seiner Ex-Freundin zurück, die bewundert, mit wie viel Respekt er seinem behinderten Bruder vermeintlich begegnet. Der Film endet damit, dass sich alle einigen, dass es für Raymond das Beste sei, wenn er weiter in der Einrichtung lebt.

Auch die Serie *Monk*, in der der Hauptcharakter Adrian Monk aufgrund seiner offensichtlichen Zwangs- und Angststörung gewisse Verhaltensweisen an den Tag legt, um die sich letzten Endes die ganze Serie dreht, beruht auf dem Supercrip-Narrativ. Durch seine Behinderung verfügt Adrian über einen außergewöhnlichen Blick für Kriminalfälle und arbeitet als Berater für die Polizei, während er von seinem Umfeld jedoch nicht sonderlich ernst genommen wird. Ein weiteres, aktuelleres Beispiel ist die Serie *The Good Doctor*, in der die autistische, hochbegabte Rolle des Shaun die komplexesten Diagnosen seiner Patient*innen wie durch Zauberhand ermittelt, während ihm soziale Interaktionen große Probleme bereiten. Beschäftigen wir uns mit den Narrativen über Behinderung und prüfen die Handlung von Filmen, Serien und Co darauf, kommt unweigerlich das Gefühl auf, dass die Medienschaffenden bei jeder behinderten Rolle nur eine Frage im Kopf hatten: »Was springt für nicht-behinderte Menschen dabei raus, wenn ich diesen Charakter ins Spiel bringe?«

Auch der Film *Ein ganzes halbes Jahr* geriet massiv in die Kritik, da er das Narrativ des lebensunwerten Lebens befeuert wie kaum ein zweiter. Der behinderte Protagonist William ist von Anfang an verbittert – seit er durch einen Unfall behindert wurde, hat er seinen Lebensmut verloren. Er äußert klar seinen

Wunsch nach Sterbehilfe und versucht aktiv, sich das Leben zu nehmen. Seine Mutter verspricht ihm, seinem Wunsch unter der Bedingung nachzukommen, dass er eine Frist von sechs Monaten abwartet. Sie hofft, dass er sich in dieser Zeit umentscheidet. Als Williams neue Pflegerin Louisa von der Vereinbarung erfährt, setzt sie alles daran, ihn umzustimmen. Die beiden verbringen viel Zeit miteinander. Louisa »rettet« William aus seinem »traurigen« Alltag und zeigt ihm, wie schön das Leben sein kann. Bei dieser Storyline handelt es sich, genau wie bei *Ziemlich beste Freunde,* ebenfalls um ein typisches Narrativ, das unter Aktivist*innen auch unter dem Begriff *non-disabled saviorism* bekannt ist. Als William immer mehr Zeit mit seiner Pflegerin verbringt, verlieben sie sich schließlich ineinander. Doch das bringt den behinderten Protagonisten nicht davon ab, sterben zu wollen, da er es nicht ertrage, sein Leben lang in einem Rollstuhl sitzen zu müssen, und er keine Belastung für seine neue Freundin darstellen wolle. Der Film endet, nachdem William sich durch Sterbehilfe das Leben genommen hat. Die Message, die der Film transportiert? Egal wie schön das Leben sein kann, eine Behinderung ist immer ein valider Grund, es aufzugeben, weil es so nicht lebenswert ist. Der Hauptcharakter des Filmes ist also steinreich, hat Menschen um sich herum, die ihn lieben, schwebt auf Wolke sieben und empfindet das Merkmal Behinderung dennoch als so unerträglich, dass er sterben möchte. Wäre der Charakter nicht-behindert und die Autorin hätte sich für das gleiche Ende entschieden, wäre dies bei den Zuschauer*innen höchstwahrscheinlich auf viel Unverständnis und Empörung gestoßen, doch aufgrund des Faktors Behinderung wird kaum jemand diesen Plot-Twist auch nur für einen Moment hinterfragen. Und nicht nur das:

Viele Zuschauer*innen werden diese Entwicklung der Handlung als den einzigen logischen Schluss erachten.

Nun wird es sicherlich Menschen geben, die protestieren und sagen: »Auch behinderte Menschen können ja wohl depressiv und suizidal sein.« Und ja, als psychisch kranke, behinderte Person weiß ich sehr gut, dass dies der Fall sein kann. Gäbe es bereits dreihundert Filme, in denen die Darstellung von behinderten Menschen realistisch und divers ist, würde dieser spezielle Film in Sachen Repräsentation auch nicht so sehr ins Gewicht fallen. Doch gerade weil es Filme der ersten Kategorie *nicht* gibt und Filme wie dieser dann so durch die Decke gehen, ist das Ganze als extrem problematisch zu betrachten.

Ebenso problematisch ist die Tatsache, dass Rollen in Filmen und Co immer wieder Eigenschaften erfüllen, die denen von behinderten Menschen entsprechen, während die Rolle offiziell aber nicht als behindert benannt wird. Das populärste Beispiel hierfür ist wohl der Charakter Sheldon Cooper in *The Big Bang Theory*. Sheldon entspricht so ziemlich jedem Stereotyp, den die Gesellschaft von Autist*innen hat. Gleichzeitig vergeht keine einzige Folge, in der seine angeblich typisch autistischen Verhaltensweisen nicht für Lacher sorgen. Dabei behaupten die Produzent*innen der Serie, dass Sheldon keinen Autisten darstellen soll, und das aus gutem Grund. Denn so müssen sie sich nicht vorwerfen lassen, dass sie beim Versuch, einen Autisten darzustellen, Stereotype bedienen, dass ihr Schauspieler Cripping up betreibt und dass ihre Punchlines auf Kosten eines behinderten Charakters gehen. Bei genauerem Hinsehen finden sich im Entertainment-Bereich viele solcher Charaktere, die *autistic-coded* sind. Also Rollen, in denen Autist*innen sich selbst oder aber Stereotype über Autismus wiedererkennen, ohne dass die Rollen als autistisch benannt werden. Auch andere Behinderungen sowie psychische Erkrankungen finden sich in solchen Kontexten häufig.

Wir wachsen mit diesen Narrativen auf, ohne es überhaupt mitzubekommen. Bereits in jahrhundertealten Märchen wird das Merkmal Behinderung genutzt, um einen Charakter als besonders gruselig oder böse darzustellen. Aber auch als Bestrafung für schlechte Taten oder in Form eines Tauschgeschäftes wie beispielsweise in *Die kleine Meerjungfrau* tritt das Motiv Behinderung immer wieder auf. Sowohl im Original als auch in der Disney-Version tauscht die kleine Meerjungfrau ihre Stimme ein, um Beine zu erhalten, mit denen sie sich an Land fortbewegen kann. Als Kleinkind habe ich diesen Film nahezu jeden Tag gesehen. Ich konnte nicht laufen, meine Beine befanden sich teilweise in Gipshosen, und um mich zumindest einen Moment lang gut beschäftigt zu wissen, startete meine Mutter diese eine VHS-Kassette, die wir irgendwann alle in- und auswendig kannten. Warum es mir gerade Arielle so angetan hatte, blieb für mich lang ein Rätsel. Doch als ich vor Kurzem erneut das Lied *In deiner Welt* hörte, das ich als Kind am allerliebsten mochte, fiel es mir wie Fischschwanzschuppen von den Augen: »Dort wo ich auch wie ein Mensch sein kann. Dort will ich auch mal im Kreise tanzen. Dort geh ich auch mal zu […] Fuß. Fischige Flossen sind ungalant. Beine sind besser zum Springen, Tanzen und zum […] Spazieren«, singt die verzweifelte Arielle in dem Lied, während sie sehnsüchtig in Richtung Wasseroberfläche schaut. Weiter heißt es: »Wäre ich frei. Endlich dabei. In ihrer Welt.« Sie singt von »einer Welt, wo alle geh'n«, und schließlich fragt sie: »Wann bin ich dran? Ich will an Land. Fängt dann mein Leben erst richtig an? Wüsst' ich nur wie, wär' ich wie sie. In ihrer Welt.«[26] Als ich begriff, wo meine Verbindung zu diesem Lied als Kind herrührte, schossen mir Tränen in die Augen. Vor Traurigkeit, weil ich mich daran erinnerte, wie allein ich mich als einziges behindertes Kind in meinem Umfeld gefühlt hatte und wie ich mich noch am ehesten mit einer Zeichentrick-Meerjungfrau identifizieren konnte, aber vor allem aus Wut, weil ich verstand, welche Message ich als kleines Mädchen aus dieser Geschichte mitgenommen hatte. Wie wäre es wohl gewesen, hätte Arielle irgendwann verstanden, dass sie gut ist, genau so wie sie ist, und dass sie nicht laufen können muss, um Glück zu empfinden? Ich finde, dieses Beispiel zeigt sehr deutlich, welchen Einfluss solche Narrative nicht nur auf den nicht-behinderten Teil der Gesellschaft haben, sondern auch auf diejenigen, die durch sie in ihrem Gefühl bestärkt werden, nicht dazuzugehören, nicht gut genug zu sein: die Behinderten-Community. Bereits durch die Märchen, die wir in unserer Kindheit vorgelesen bekommen, durch Disney-Filme und Co lernen wir also, was die Gesellschaft von uns erwartet und wie wir zu sein haben, um als ein Teil von ihr akzeptiert zu werden.

Auch offensichtlichere Behinderungen und Erkrankungen lassen sich in vielen Filmen, Büchern und Serien finden. Jedoch selten bei Charakteren, die wir mögen oder in die wir uns gar hineinversetzen sollen. Meistens sind es eher die, auf deren Kosten der ein oder andere Witz gemacht wird. Vor allem aber die bösen Charaktere, denn einer Rolle eine Behinderung zuzuschreiben, dient meistens einem Zweck. In diesem Fall, um sie als den »ulkigen Weirdo« oder den »gruseligen Bösewicht« abzuwerten und auf diese Weise zu entmenschlichen, sodass es als legitim erscheint, sie nicht zu mögen, keine Empathie für sie zu empfinden, sich über sie zu erheben und sich über sie lustig zu machen. Den Rollen, die böse oder zumindest unheimlich wirken sollen, wird durch das Merkmal Behinderung zusätzlich ein vermeintlicher Grund für ihre Boshaftigkeit und Verbitterung gegeben. Da wären zum Beispiel Captain Hook, Quasimodo, Darth Vader, Freddy Krueger und etliche Bond-Bösewichte, um nur einige wenige zu nennen. Doch auch viel aktuellere Filme bedienen sich dieses schädlichen Narrativs. In dem 2020 erschienenen Remake von *Hexen hexen* zeichnet sich die böse Hexe durch ihre auffälligen Hände aus. An jeder Hand hat sie drei statt fünf Finger, die dafür deutlich länger sind. Behinderte Menschen, deren Hände selbst von der sogenannten Dysmelie betroffen sind, erkannten sofort, dass die Hände der bösen Hexe den ihrigen nachempfunden waren, und schlugen Alarm. Unter dem Hashtag #NotAWitch posteten sie Bilder von ihren eigenen Händen und machten auf den Ableismus aufmerksam, den dieser Film unverkennbar reproduziert. Besonders die Tatsache, dass die Hände im Originalbuch von Roald Dahl ganz anders beschrieben und illustriert sind, lässt darauf schließen, dass der Rolle auch hier nachträglich eine Behinderung verpasst wurde, um sie zu entmenschlichen und gruseliger erscheinen zu lassen.

Ein weiterer Faktor, wenn es um Repräsentation geht, ist die Frage, ab wann eine Person als behindert gelesen wird. Viele von uns werden Filme wie beispielsweise *Forrest Gump* geschaut haben, ohne uns aktiv darüber im Klaren zu sein, dass der Protagonist neben seiner körperlichen Behinderung, die er auf mysteriöse Art und Weise »überwindet«, auch eine Lernbehinderung hat. Letztendlich baut der ganze Film darauf auf, dass Forrest nahezu überall dort auftaucht, wo Geschichte geschrieben wird, und große Abenteuer erlebt, während er diese jedoch nicht als solche begreift. Seine Sicht auf die Dinge wird zur Belustigung der Zuschauer*innen ins Lächerliche gezogen. Während die meisten von ihnen Forrest nämlich mit solch typisch ableistischen Adjektiven wie »lebensfroh« oder »ulkig« beschreiben würden, würden sich viele von ihnen weigern, ihn als behinderten Menschen zu bezeichnen. Ob wir eine behinderte Person als solche erkennen, hängt also immer davon ab, ob sie in das Bild passt, das wir von behinderten Menschen haben. Erinnerst du dich an die Situation, in der ich mich gefragt habe, ob meine Behinderung wirklich jemals nicht sichtbar war oder ob die Menschen um mich herum sie lediglich nicht sehen wollten? Als ich von folgender Geschichte hörte, wurde mir einiges klar. Oder hättest du gewusst, dass einer der bekanntesten Präsidenten der USA Rollstuhlfahrer war?

Der 1882 geborene Präsident Franklin D. Roosevelt erkrankte 1921 an Kinderlähmung und war seitdem auf den Rollstuhl angewiesen. Elf Jahre später wurde er zum Präsidenten der USA gewählt und ist bis heute der einzige US-Präsident, der vier Wahlperioden lang amtierte. Doch von seiner Behinderung wussten nur die allerwenigsten. Hugh Gallagher, der Biograf von Roosevelt, sagte in einem Interview: »Die Menschen woll-ten ihn als Präsidenten, und er wollte Präsident sein. Da stand nur diese kleine Sache mit seiner Verkrüppelung im Weg. Der Präsident performte immer. Er performte vor Publikum, vor Staatsbesucher*innen, dem Kongress und so weiter. Aber auch für seine Familie und alle anderen. Als er Orson Welles traf, sagte er: ›Orson, du und ich sind die beiden besten Schauspieler in Amerika.‹ Und er hatte recht, wissen Sie? Er hatte recht.«[27]

Seine Orthesen ließ Roosevelt schwarz lackieren, er trug lange Hosen und schwarze Schuhe. Bei öffentlichen Auftritten wurden riesige Rampen direkt an die Bühne geschoben, sodass er sich mit dem Auto bis ans Podium fahren lassen konnte, wo ein Stuhl für ihn wartete. Es gibt nur sehr wenige Aufnahmen, in denen er in einem Rollstuhl zu sehen ist. Schaut man sich Bilder an, die ihn stehend zeigen, hält er sich fast immer am Arm einer anderen Person oder an einem Geländer fest. Es gibt sogar die Theorie von einer Art Abkommen zwischen Fotograf*innen und dem Weißen Haus. Fotografierte doch mal jemand den Präsidenten, während seine Behinderung beispielsweise durch seinen Rollstuhl sichtbarer war, so die Spekulation, habe der Secret Service jegliche dieser Film- und Fotomaterialien beschlagnahmt und zerstört. Der so ziemlich größte Aufwand, der betrieben wurde, um die Behinderung von Roosevelt zu verbergen, war wahrscheinlich jedoch der Bau eines geheimen, unterirdischen Bahnhofs, der zu Teilen bis heute noch unter der Central Station in New York zu finden ist. In den Zug, der auf diesen Gleisen fuhr, passte eine Limousine, mit der Roosevelt aus dem Bahnhof heraus direkt in einen maßgefertigten Aufzug gefahren wurde, über den er schließlich in das Hotel Waldorf Astoria gelangte. Dieser Aufzug soll so gut versteckt gewesen sein, dass nicht einmal die Angestellten des Hotels etwas von der Ankunft des Präsidenten mitbekamen.[28]

In Anbetracht all dieser Fakten fällt es schwer zu glauben, dass die US-amerikanische Gesellschaft tatsächlich nichts von der Behinderung ihres Präsidenten gewusst haben will. Sollte seine Behinderung jedoch bekannt gewesen sein, war die Konsequenz daraus nicht, dass die Menschen sagten: »Wir wollen diesen Mann als Präsidenten, und daran ändert auch seine Behinderung nichts!« Viel eher wurde der Teil seiner Identität, der als unerwünscht galt, kollektiv wegignoriert.

Und tatsächlich ist es unwahrscheinlich, dass Roosevelt so gut bei der Wähler*innenschaft angekommen wäre, wenn er offener mit seiner Behinderung umgegangen wäre. Schließlich gilt Behinderung auch heute noch als Schwäche, auf die sich die Medien nicht selten stürzen. Als Videos veröffentlicht wurden, in denen die ehemalige Bundeskanzlerin Angela Merkel zu sehen ist, wie sie bei einer Veranstaltung anfing zu zittern, wurden sofort Stimmen laut, die ihre Fähigkeiten, weiterhin ein Land zu regieren, infrage stellten. Auch als ein Video auftauchte, das zeigt, wie der aktuelle US-Präsident Joe Biden von seinem Fahrrad stürzt, offenbarte sich eine ähnliche Reaktion. Auch nur die Möglichkeit, dass ein Staatsoberhaupt behindert sein oder werden könnte, scheint so bedrohlich, dass Biden wenige Tage später, als er auf Paparazzi traf, demonstrativ hüpfte, um seine Unversehrtheit zu beweisen. Dabei wäre es so wichtig, dass mehr behinderte Menschen in der Öffentlichkeit stehen und die gleichen Chancen haben, Politiker*innen, Moderator*innen, Popstars und Co zu werden. Und das nicht nur, wenn sie zu dem Zeitpunkt, an dem sie Ruhm erlangen, noch nicht-behindert sind oder als »inspirierender« Token vorgezeigt werden.

Eine einzige Situation, in der Selma Blair, eine sichtbare behinderte Frau, den roten Teppich betrat, während Kameras auf sie gerichtet waren, hat mein Leben nachhaltig verändert. Das zeigt, wie wichtig Repräsentation auch für Betroffene selbst ist. Wäre ich als Kind bereits mit behinderten Puppen aufgewachsen, mit Büchern, in denen Charaktere vorkommen, die mehr sind wie ich, mit Werbeplakaten, auf denen glückliche und selbstbewusste Rollstuhlfahrer*innen Mode präsentieren, mit einer Disney-Prinzessin mit Narben, die weiß, dass sie gut ist, wie sie ist – mein Leben hätte wahrscheinlich anders ausgesehen. Darum ist es mir ein großes Anliegen, eine solche Realität zumindest für zukünftige Generationen von behinderten Menschen zu erreichen.

Sprache ist Macht

Wenn ich von *einer* Sache wirklich überzeugt bin, dann dass der Einfluss von Sprache viel zu sehr unterschätzt wird und sie weitaus mehr ist als nur ein paar aneinandergereihte Worte. Ich möchte mich sogar so weit aus dem Fenster lehnen und behaupten, dass Sprache ein Spiegel dafür ist, wie unsere Gesellschaft mit Diskriminierung umgeht. Denn wer definiert sie? Genau – auch hier ist wieder die Dominanzgesellschaft maßgeblich dafür verantwortlich, welche Begriffe sich in unserem Sprachgebrauch durchsetzen. Dies führt dazu, dass es immer wieder zur Fremdbezeichnung von marginalisierten Gruppen kommt, da diese nicht der Dominanzgesellschaft angehören und innerhalb dieser selten Wert darauf gelegt wird, wie diese Gruppen sich selbst definieren. Stattdessen wird marginalisierten Menschen von außen ein Stempel in Form einer Bezeichnung aufgedrückt, die nicht selten die Vorurteile und Narrative widerspiegelt, die die Mehrheitsgesellschaft ihnen gegenüber verinnerlicht hat. Diese Vorurteile und Narrative werden durch das Reproduzieren jener Begriffe wiederum weiter verfestigt und befeuern damit auch diskriminierende Strukturen, die über die Sprache hinausreichen. Welches Bild von Rollstuhlfahrenden schleicht sich beispielsweise bei uns ein, wenn wir nur oft genug in Fernsehbeiträgen und Co hören, eine Person sei »an den Rollstuhl gefesselt«? Auch wenn der Rollstuhl einer gehbehinderten Person in Wahrheit Mobilität ermöglicht, wird er durch diese Formulierung als etwas Beschränkendes und als die Ursache für fehlende Teilhabe dargestellt. Die Bezeichnung ist nicht wertfrei und befeuert das

Leid-Narrativ sowie das medizinische Modell von Behinderung. Unsere Sprache hat also ohne Zweifel auch Einfluss auf unsere Wahrnehmung und dadurch auch auf unser Handeln. Sie ist niemals objektiv, sondern drückt unsere Sicht auf die Welt, unsere Kultur und auch unsere Vorurteile aus. Darüber hinaus unterstützt sie die Festsetzung vermeintlicher Normen, sodass sie zwangsläufig diskriminiert, wenn wir uns nicht aktiv mit ihr auseinandersetzen. Schließlich macht unsere ableistische Sozialisierung auch vor unserer Sprache nicht halt. So sind viele Begriffe, von denen die Mehrheitsgesellschaft täglich Gebrauch macht, massiv ableistisch. Jedoch beschäftigen sich die wenigsten Menschen bewusst mit der Bedeutung der Worte, die sie so selbstverständlich nutzen.

Der wahrscheinlich am häufigsten verwendete Begriff, den wir uns dringend genauer anschauen sollten, ist »dumm«. Laut Definition steht er für geringe Intelligenz, was nichts anderes als eine Lernbehinderung darstellt. »Bist du dumm?« oder »Das ist so dumm!« ist also gar nicht so weit weg von »Bist du behindert?« oder »Das ist so behindert!«. Um zu verstehen, wie gewaltvoll dieses kleine Wort ist, müssen wir uns generell mit der vorherrschenden Meinung auseinandersetzen, Intelligenz sei messbar. Kurz gesagt basiert nämlich auch diese Annahme auf einer willkürlichen Skala, die vorschreibt, über welche Fähigkeiten wir verfügen müssen, um einer vermeintlichen gesellschaftlichen Norm zu entsprechen. Wer als intelligent gilt und wer nicht, wurde von Menschen definiert, die nichts anderes im Sinn hatten, als uns alle in Gruppen zu unterteilen. Wird ein besonders hoher Intelligenzquotient ermittelt, gilt die getestete Person als besonders schlau, und ihr wird in unserer Gesellschaft ein hoher Wert zugeschrieben, während

Menschen, die einen niedrigen IQ attestiert bekommen, als unzureichend abgewertet und diskriminiert werden.

Lernbehinderte Menschen gehören innerhalb der Behinderten-Community zu einer der marginalisiertesten Gruppen, was sich auch in unserer Sprache widerspiegelt. So existieren in unserem Wortschatz etliche Worte, die dazu dienen, einem Menschen eine geringe Intelligenz zu unterstellen oder – im übertragenen Sinne – eine Situation als ungünstig zu bewerten. Dazu gehören beispielsweise Adjektive wie »doof«, »bescheuert« und »bekloppt«, aber auch Substantive wie »Schwachkopf«, »Schwachsinn« oder »Idiot«. Die sogenannte Idiotie galt übrigens bis ins frühe 20. Jahrhundert hinein als anerkannte Diagnose, und während der NS-»Euthanasie« bezeichneten Nationalsozialist*innen behinderte Menschen als »Idioten«, um einen vermeintlichen Grund zu schaffen, sie zu ermorden. Auch die Bezeichnung »Versager« kam in diesem Kontext vor. Genauso kommt auch die Aussage, eine Person habe »gute Gene«, weil sie gewissen Schönheitsidealen entspricht oder über gewisse Eigenschaften verfügt, die als besonders erstrebenswert gelten, ursprünglich aus der Eugenik und suggeriert, dass es so etwas wie »schlechte Gene« gäbe.

Neben Begriffen, die lernbehinderte Menschen abwerten, sind in unserem Sprachgebrauch auch Bezeichnungen stark vertreten, die ihren Ursprung in der Psychiatrie haben und Menschen mit psychischen Erkrankungen diskriminieren. Da wären beispielsweise Begriffe wie »geisteskrank«, »Psycho«, »Wahnsinn«, »verrückt« oder das englische Äquivalent »crazy«. Doch was meinen wir eigentlich, wenn wir mit diesen Begriffen um uns werfen? Stelle ich Teilnehmer*innen in Workshops diese Frage, blicke ich meistens erst mal in fragende Gesichter.

Letzten Endes werden all diese Worte nämlich ziemlich austauschbar eingesetzt, um einen meist negativen Sachverhalt zu beschreiben. Wir haben also gelernt, dass diese Worte beliebig verwendet werden können, ohne dass wir genauer benennen, was uns eigentlich an einem Menschen oder einer Sache stört.

Und genau hier liegt die Lösung des Problems. Warum genau finden wir eine Person »dumm«? Hat sie sich ignorant, rücksichtslos oder ungeschickt verhalten? War sie vielleicht unaufmerksam, zu gutgläubig oder einfach nicht ganz bei der Sache? Und war die Person wirklich »blind vor Liebe«, oder könnten wir auch einfach sagen, dass es ihr wegen ihrer Verliebtheit schwerfiel, eine Situation richtig einzuschätzen? Letzten Endes ist Sprache auch immer eine Gewöhnungssache. Wir lernen bereits früh, dass wir mit gewissen Begriffen unseren Unmut ausdrücken können, ohne genauer zu benennen, was uns stört – und dennoch weiß so gut wie jede Person, was ungefähr gemeint ist. Haben wir einmal verinnerlicht, dass dies der einfachste Weg ist, uns auszudrücken, werden wir zunächst Schwierigkeiten haben, in solchen Situationen Ersatzworte zu finden, die keinen diskriminierenden Ursprung haben. Doch genauso wie wir diese diskriminierenden Begriffe erlernt haben, können wir uns auch angewöhnen, kurz innezuhalten und zweimal zu überlegen, was wir wirklich sagen wollen, bevor wir sie aussprechen. Auch ich habe aus Unwissenheit über lange Zeit hinweg viele dieser Worte reproduziert, sodass ich weiß, wovon ich rede. Im Zweifel gibt es immer noch das gute alte »scheiße«, und wer nun sagt, dass Fäkalsprache zu drastisch sei, sollte überlegen, warum sie*er ein weniger großes Problem damit hat, gewaltsame und unterdrückende Begriffe zu verwenden, die Behinderung negativ belegen und Betroffene abwerten, als einfach mal verbal in die Kloschüssel zu greifen. Hören wir das erste Mal davon, dass ein Wort, das wir bisher so selbstverständlich zu unserem Vokabular gezählt haben, diskriminierende Ursprünge hat, haben wir meistens zunächst einmal den Impuls, uns abzugrenzen. »Du weißt aber doch, wie ich das meine!« oder »Ich meine das doch nicht böse!«, sprudelt es aus uns heraus. Jedoch geht es hier nicht um unsere Intention. Ob ich jemandem absichtlich auf den Fuß trete oder aus Versehen, macht schmerztechnisch für die Person schließlich auch wenig Unterschied.

Bis heute besteht der Gedanke fort, dass nur »böse Menschen« diskriminierend sein können. Mit dieser Überzeugung grenzen wir uns von dem Vorwurf der Diskriminierung ab, weil wir uns selbst natürlich zu den »guten Menschen« zählen. Damit machen wir es uns allerdings viel zu leicht und entziehen uns der Verantwortung, die wir gegenüber marginalisierten Gruppen haben. Dennoch ist es kein Wunder, dass wir überrascht reagieren, wenn wir hören, dass ein Wort oder ein Vorurteil, das sich solcher Popularität erfreut, in Wahrheit problematisch ist. Wir hören diese Begriffe schließlich täglich in unseren Lieblingssendungen, im Radio auf dem Weg zur Arbeit, in den sozialen Medien und im Austausch mit Freund*innen, Verwandten und Kolleg*innen. -ismen zu reproduzieren, ist unser »normal«. Wird uns dann plötzlich diskriminierendes Verhalten unterstellt, reagieren wir natürlich erst mal mit Abwehr, Zorn und dem Gefühl, missverstanden worden zu sein. Immerhin gilt es in unserer Gesellschaft als radikal, jemandem Diskriminierung vorzuwerfen. Für viele Menschen scheint es in der Tat kaum etwas Schlimmeres zu geben, als zu hören, sie hätten sich diskriminierend ausgedrückt. »Wie kannst du mir das nur vorwerfen? Das ist so verletzend!«, ist eine häufige Reaktion auf so einen Vorwurf. Damit wird der Versuch unternommen, den Spieß umzudrehen und sich selbst als die ungerecht behandelte Person in der Situation darzustellen. Für Reaktionen wie diese, bei denen vom ursprünglichen Thema abgelenkt wird, gibt es einen Begriff – das sogenannte Derailing. Die Person lässt die Diskussion also wortwörtlich entgleisen und lenkt von der eigentlichen Aussage ab, indem sie versucht, ein anderes Thema in den Fokus zu rücken, das ihren eigenen Standpunkt untermauert. Als behinderte Person, die regelmäßig auf Ableismus aufmerksam macht, habe ich schon Hunderte Male erlebt, dass mir verletzendes Verhalten vorgeworfen wird, während eigentlich ich diejenige bin, die verletzt wurde. Statt konstruktiv zu reagieren und das eigene Verhalten zu überdenken, werfen die betreffenden Personen mir an den Kopf, ich würde jedes Wort auf die Goldwaage legen und damit allen die Stimmung versauen. Wenn ich eine Person auf ihr ableistisches Verhalten hinweise, muss ich also immer damit rechnen, daraufhin mit noch mehr Ableismus konfrontiert zu werden. Gerade deshalb ist es so wichtig, dass nichtbehinderte Menschen ihr Privileg nutzen und sich für antidiskriminierende Sprache einsetzen.

Diskriminierung hat nichts mit Intention zu tun, und sie ist gerade deshalb so komplex, weil sie nicht für jede*n gleich sichtbar ist und weil sie von Menschen, die sich nicht mit ihr befassen, stur verteidigt wird. Ein Teil von struktureller Diskriminierung besteht nämlich auch darin, Betroffenen immer wieder abzusprechen, dass sie überhaupt diskriminiert worden seien. Im Zusammenhang mit diskriminierender Sprache stützt das System sich hartnäckig auf die »Das war doch nicht böse gemeint«-Behauptung, denn wem kann schließlich etwas vorgeworfen werden, wer ist überhaupt verantwortlich, wenn letzten Endes nur in den seltensten Fällen eine böse Absicht hinter einer Aussage nachgewiesen werden kann? Beweise dafür, dass strukturelle Diskriminierung überhaupt existiert, werden von den Betroffenen dagegen ziemlich häufig eingefordert. »Erzähl doch mal, was dir passiert ist«, heißt es beispielsweise immer wieder in Interviews. Ich verstehe zwar den Grundgedanken, Alltags-Ableismus durch Beispiele greifbarer machen zu wollen, jedoch finden wir uns damit schnell in einem Labyrinth der Rechtfertigungen wieder, indem behinderten Menschen das Gefühl gegeben wird, sie müssten ihr Gegenüber erst davon überzeugen, dass sie wirklich diskriminiert werden. Indem wir immer wieder von vorn beweisen sollen, dass Ableismus existiert und verheerende Auswirkungen hat, kommen wir niemals über diesen Punkt hinaus. Marginalisierte Gruppen immer wieder in diese Form der Beweispflicht zu drängen, ist nämlich auch ein Unterdrückungsmechanismus, der verhindert, dass wir uns mit Lösungen für dieses Problem befassen. Bestünde allgemeiner Konsens darüber, dass Ableismus existiert und nur behinderte und chronisch kranke Menschen darüber zu entscheiden haben, was ihnen gegenüber diskriminierend ist und was nicht, befänden wir uns bereits an einem ganz anderen Punkt. Wir könnten endlich Fortschritt vorantreiben und uns mit dem Abbau diskriminierender Strukturen befassen. Doch während von marginalisierten Menschen erwartet wird, dass sie ihre Diskriminierung beweisen, haben diejenigen, die ihnen diese Erfahrungen absprechen, keine diesbezügliche Beweispflicht zu befürchten. Dabei liefern sie sich mit ihrer Gegenrede genau genommen selbst den Beweis für jene Diskriminierung, denn auch das Absprechen dieser ist ein Teil von ihr. Wie in einem anderen Kapitel bereits thematisiert wurde, fällt dieses Argumentationsmuster unter das sogenannte Gaslighting, bei dem einer Person ihre Erfahrungen abgesprochen werden und der Versuch unternommen wird, ihre Realität zu verdrehen, indem behauptet wird, alles sei ganz anders.

Um Ableismus zu rechtfertigen und zu verteidigen, werden so ziemlich alle Register gezogen. »Die Bekannte von meiner Cousine hat einen Sohn, der im Rollstuhl sitzt und der sagt, es ist okay, wenn ich das sage. Der findet das sogar lustig!« – so oder so ähnlich wird der Versuch unternommen, die eigene Sprache bloß nicht reflektieren oder gar ändern zu müssen. Doch ironischerweise scheint das Verallgemeinern behinderter Individuen nur so lang als Argument zu gelten, wie es dazu dient, die eigene ableistische Denk- und/oder Verhaltensweise zu rechtfertigen. Erfährt die gleiche Person jedoch Kritik durch eine behinderte Person und kann keinen Token aus dem Ärmel schütteln, der ihr als vermeintliche Legitimation für ihr diskriminierendes Verhalten dient, scheint die eben noch angewendete Strategie der Verallgemeinerung plötzlich an Validität zu verlieren. Auf einmal heißt es dann nämlich: »Du kannst nicht für alle behinderten Menschen sprechen!« – und das, während die gleiche Person in einer anderen Situation liebend gern die Aussage einer einzelnen behinderten Person auf alle behinderten Menschen überträgt, um ihre Sichtweise zu verteidigen. Und natürlich: Keine Person kann für alle sprechen. Aber was wäre denn die Alternative dazu, laut gegen Diskriminierung zu sein? Nichts sagen? Leise bleiben, aus Angst, die eigenen Aussagen könnten verallgemeinert werden?

Diskriminierende Strukturen deshalb einfach hinnehmen? Das hätten viele Menschen wohl gern! Der Vorwurf, wir würden für alle behinderten Menschen sprechen wollen, ist nichts weiter als der Versuch, uns den Mund zu verbieten – mal wieder. Dabei handelt es sich ebenfalls um eine klare Unterdrückungsstrategie, die die Annahme aufrechterhält, dass unsere Diskriminierungserfahrungen immer individuell sind und deshalb keineswegs ein System dahinterstecken kann. Dass sie nicht für alle sprechen könnten, hören dabei überwiegend marginalisierte Gruppen, und das, während ihnen das Recht auf Individualität ansonsten grundsätzlich abgesprochen wird. Dahingegen würden wir wahrscheinlich nie auf die Idee kommen, einem nicht-behinderten, *weißen,* hetero cis Mann auf seinen Tweet zu entgegnen, er könne ja wohl nicht für alle nicht-behinderten, *weißen,* hetero cis Männer sprechen.

Eine weitere Strategie, Kritik abzuwenden oder als haltlos zu erklären, ist das sogenannte Tone Policing. Dabei wird vorgegeben, dass Kritik grundsätzlich erwünscht sei, jedoch nur, wenn sie auf eine gewisse Art und Weise geäußert werde. Während sich Menschen mit vielen Privilegien eine vermeintliche Objektivität in Bezug auf Diskriminierungsthemen zusprechen, bekommen die von der Diskriminierung Betroffenen zu hören, sie seien zu emotional und zu befangen, sodass sie gar keinen neutralen Blick auf das Thema haben könnten. Dabei ist keine Perspektive wirklich neutral, denn wenn wir über Diskriminierung sprechen, müssen wir auch über jene sprechen, die durch sie profitieren. »Man kann Kritik doch auch freundlich äußern«, bekommen marginalisierte Menschen oft zu hören. Sogar dann, wenn wir freundlich sind, und das, obwohl wir jedes Recht hätten, wütend zu sein. Jedoch lässt sich bei Kritik, die freundlich und zaghaft angebracht wird, auch deutlich leichter behaupten, man habe sie nicht gehört. Über behinderte Menschen gibt es sogar ein eigenes Narrativ, das auf Tone Policing aufbaut – das des »Angry Cripple«, also auf Deutsch des wütenden Krüppels. Zeigen sich behinderte Menschen wütend, wird die Annahme laut, der Grund für ihre Unzufriedenheit oder vermeintliche Verbitterung sei ihre Behinderung. Die Angst, als wütend wahrgenommen zu werden und deshalb als Angry Cripple zu gelten, ist selbst unter Aktivist*innen teilweise verbreitet. »Wir müssen aufpassen, dass wir nicht wie Angry Cripples wirken!«, heißt es. Aber haben wir nicht jedes Recht dazu, wütend zu sein? Sollten wir wirklich um unsere Rechte bitten und betteln, anstatt sie laut und deutlich einzufordern? Dieser Gedanke wuchs immer mehr in mir heran, bis ich 2021 schließlich zusammen mit meiner Freundin und Kollegin Alina Buschmann die »Angry Cripples« gründete – eine Empowerment-Plattform von behinderten Menschen für behinderte Menschen. Sich unterdrückende Worte anzueignen, die zur Diskriminierung der eigenen Person beitragen, nennt sich »Reclaiming«. Dies muss nicht für jede Person und mit jedem Begriff funktionieren, kann aber durchaus eine sehr empowernde Wirkung haben.

Auf Social Media lese ich oft Aussagen wie: »Das ist doch nur Sprache! Was bringt es dir, wenn ich dieses eine Wort nicht mehr sage? Was ändert es an der eigentlichen Diskriminierung?« Und klar, Diskriminierung verschwindet nicht vollständig, nur weil wir unsere Sprache ändern. Doch wie weit ist die Gesellschaft überhaupt bereit, sich antidiskriminierend zu verhalten und Ressourcen in Teilhabe zu investieren, wenn sie es nicht einmal schafft, etwas zu ändern, was sie keinen Cent kostet? Auch das Argument, man habe das doch schon immer so gemacht und könne Sprache nicht einfach ändern, lässt sich leicht entkräften. Sprache befindet sich schließlich ständig im Wandel, oder glaubt irgendjemand wirklich, dass die Menschen, die vor hundert Jahren gelebt haben, sich genauso ausgedrückt haben wie wir heute? Selbst unsere Großeltern verfügen teilweise über ein anderes Vokabular und eine andere Ausdrucksweise als wir. Woher kommt also das dringende Bedürfnis, diesen ständig vonstattengehenden Wandel zu leugnen, wenn wir ihn doch sowieso nicht aufhalten, jedoch sehr wohl mitprägen können?

Geht es um antidiskriminierende Sprache und darum, dass wir gewisse Dinge einfach nicht mehr sagen sollten, um marginalisierte Gruppen nicht auszuschließen oder abzuwerten, gibt es immer Menschen, die dies als ein Verbot auffassen. »Darf man heutzutage gar nichts mehr sagen?«, heißt es dann. Dabei geht es in meinen Augen gar nicht darum, ob wir gewisse Worte benutzen dürfen sollten oder nicht, sondern darum, ob wir uns verantwortungsbewusst und rücksichtsvoll verhalten und unseren Teil dazu beitragen wollen, dem Ziel von sozialer Gerechtigkeit ein Stück näher zu kommen. Du möchtest nicht hören, dass nicht alle Menschen in unserer Gesellschaft die gleichen Zugänge haben? Du ignorierst oder streitest sogar ab, dass täglich Menschen durch strukturelle Diskriminierung sterben? Dir ist egal, was marginalisierte Gruppen sagen, und du stellst deine »Meinung«, wie du es nennst, über ihre? Du befürchtest, dir definitiv einen Zacken aus der Krone zu brechen, wenn du nicht regelmäßig diskriminierende Aussagen wie ein Mantra immer und immer wieder wiederholst? Gut, aber dann musst du auch mit der Kritik an alldem leben. Wir alle lernen ständig dazu. Zumindest wenn wir uns nicht davor verschließen. Letzten Endes wissen vermutlich die wenigsten Menschen, wie problematisch ein Teil ihres täglichen Sprachgebrauches ist. Doch in meinen Augen ist das Entscheidende, wie wir damit umgehen, wenn wir es einmal wissen. Wir wurden alle ableistisch sozialisiert, und wir alle haben uns schon ableistisch verhalten. Der erste Schritt einer antidiskriminierenden Praxis ist, dies anzuerkennen und marginalisierten Gruppen zuzuhören. Diskriminierung ist keine Meinung, auch wenn sich Menschen, die darauf bestehen, ihre diskriminierenden Aussagen weiterhin zu tätigen, gern auf die sogenannte Meinungsfreiheit berufen. Doch wenn wir schon mal bei Gesetzen sind, berufe ich mich auf Artikel 3 des Grundgesetzes, das Diskriminierung und Bevorzugung aufgrund bestimmter Eigenschaften verbietet.

Sich mit den eigenen verinnerlichten Denkmustern zu beschäftigen, beinhaltet oft das Aushalten von unangenehmen Gefühlen. Niemand findet es angenehm, auf Fehler hingewiesen zu werden, aber wir alle machen sie. Doch wenn ich einmal davon weiß und mich dann weiterhin aus Bequemlichkeit und Ignoranz dagegen entscheide, etwas an meinem Verhalten zu ändern, damit sich der Fehler nicht wiederholt, muss ich auch mit den Konsequenzen leben. Nur weil ein Wort mich persönlich nicht trifft, heißt das nicht, dass es für andere Menschen nicht die Welt bedeuten kann, wenn ich dieses Wort nicht mehr nutze. Sprache ist längst nicht »nur« Sprache. Sie kann Zusammengehörigkeit ausdrücken, das Gefühl, nicht allein zu sein, sie kann Rücksichtnahme und Verständnis ausdrücken. Aber sie kann auch spalten, Hass, Gewalt und Unterdrückung fördern. Und letzten Endes entscheidet jede*r Einzelne von uns selbst, ob sie*er mit ihren*seinen Worten dazu beitragen will, in die eine oder andere Richtung zu lenken. Es liegt allein in unserer Verantwortung.

Wie inklusiv ist unsere Gesellschaft wirklich?

In Interviews werde ich oft gefragt, wie weit wir bereits mit der Inklusion seien. Die Fragenden möchten den aktuellen Stand erfahren, am liebsten in Form eines Prozentsatzes oder wie die Kilometeranzeige auf einem Navigationsgerät. »In 120 Kilometern haben Sie Ihr Ziel erreicht.« Dabei ist das gar nicht so einfach zu sagen. Genauso wie beim Thema Barrierefreiheit müssen wir Inklusion nämlich erst mal allumfassend begreifen, sodass es momentan noch deutlich zu früh wäre, um sich bereits für Geleistetes auf die Schulter zu klopfen. Behinderte Aktivist*innen predigen schon seit vielen Jahren, dass Inklusion keine Checkliste ist, die einmal abgearbeitet und dann zur Seite gelegt werden kann. Schließlich befindet sich unsere Infrastruktur in einem ständigen Wandel, und bei jeder technischen Innovation, bei jeder baulichen Maßnahme, bei jeder neu erarbeiteten Strategie, quasi bei jeder noch so kleinen Veränderung müssen behinderte Menschen erneut mitgedacht werden. Und auch nachträglich müssen Anpassungen jederzeit möglich sein, wenn Lücken in der Barrierefreiheit erst in der Praxis ans Tageslicht kommen.

Doch bis dahin ist es noch ein langer Weg, denn momentan zeigt sich die Gesellschaft selten bemüht, besagte Lücken zu beseitigen, selbst wenn sie offensichtlich sind und schon seit Jahren kritisiert werden. Dies kann lebensgefährliche Folgen für behinderte Menschen haben, zum Beispiel aufgrund der fehlenden Inklusion bei Warn- und Katastrophenschutzsystemen, durch die wir Naturkatastrophen und anderen Extremsituationen nahezu schutzlos ausgesetzt sind. So waren beispielsweise überdurchschnittlich viele Menschen, die durch den Hurrikan Katrina ihr Leben verloren, behindert. Wegen fehlender Barrierefreiheit bei der Evakuierung und Kommunikation erhielten sie nach der Evakuierung keine ausreichende medizinische Versorgung oder wurden sogar gar nicht erst evakuiert.

Auch in Deutschland kostete erst kürzlich eine Naturkatastrophe zwölf behinderte Menschen das Leben: Bei der Flutkatastrophe im Ahrtal im Jahr 2021 starben die Bewohner*innen einer Einrichtung der Lebenshilfe Sinzig. Als wir Inklusionsaktivist*innen von ihrem Tod erfuhren, wussten wir sofort, dass sie hatten sterben müssen, weil man sie aufgrund ihrer Behinderung nicht als schützenswert genug erachtet hatte. Als ich diesen Verdacht jedoch auf Social Media aussprach, prasselten Hasskommentare und -nachrichten auf mich herein, die den Tod der behinderten Menschen als Unfall abtaten und den Spieß umdrehten, indem sie mir vorwarfen, mir seien die nicht-behinderten Menschen, die durch die Flutkatastrophe gestorben waren, egal. Jedoch behielten wir recht mit unserem Verdacht, denn auch Harald Kruse von der Staatsanwaltschaft Koblenz stellte kurze Zeit später fest: »Für diese Personen ist anzunehmen, dass sie bei einer früheren, deutlicheren Warnung vor den Gefahren und bei einer früheren, deutlicheren Evakuierungsanordnung hätten gerettet werden können.«[29] Der Bürgermeister von Sinzig, Andreas Geron, behauptete dahingegen, sie hätten lediglich mit einer deutlich geringeren Überschwemmung gerechnet und deshalb keinen Grund zur Evakuierung gesehen. Doch da sich die Einrichtung der Lebenshilfe laut Hochwasserkarte in einem Risikogebiet befindet, wäre selbst eine deutlich geringere Überschwemmung bereits Grund genug gewesen, um die Bewohner*innen des Erdgeschosses zu evakuieren. Auch das Landesamt für Umwelt hatte bereits am Nachmittag vor einem Pegelstand von fünf Metern gewarnt. Um zwanzig Uhr rechnete man sogar schon mit sieben Metern, und dennoch ordnete der Landkreis keine Evakuierung des Wohnheims an. Stattdessen überließ man die Bewohner*innen der Einrichtung ihrem Schicksal, und auch intern befand man es nicht einmal für nötig, eine weitere Nachtwache einzusetzen. Vor Ort blieb daher nur ein einziger Betreuer, der als Nachtwache neben dem Haupthaus noch für ein weiteres zuständig war.

Wer genau für den Tod der zwölf Bewohner*innen verantwortlich ist, ist schwer ersichtlich, denn während der Ermittlungen ergaben sich Unstimmigkeiten. Während besagter Betreuer behauptet, die Feuerwehr sei zwar bei ihm gewesen, doch von einer Evakuierung sei nicht die Rede gewesen, bestreitet die Feuerwehr dies. Sie habe dem Pfleger dazu geraten, die Bewohner*innen des Erdgeschosses in den ersten Stock zu verlegen, doch dieser habe sich nicht an die Empfehlung gehalten und sich später im anderen Haus aufgehalten, während das Erdgeschoss des Haupthauses volllief und dessen Bewohner*innen ertranken.[30] Und auch wenn es wichtig ist, dass die Schuldigen ausgemacht und für ihre Taten belangt werden, so ändert es nichts daran, dass nun zwölf behinderte Menschen tot sind. Ertrunken in ihrem eigenen Zuhause, weil man ihr Leben nicht als schützenswert genug erachtete. Und während die Medien kurze Zeit später über traumatisierte Betreuer*innen und Tragödien titelten, sprach mal wieder so gut wie niemand über das eigentliche Problem: über Ableismus, der tötet.

Wenn behinderte Menschen sterben, lesen wir auffällig oft von »Unglück«, »Tragödien« und »Unfällen«. Damit wird impliziert, dass der Tod dieser Menschen nicht vermeidbar war und er nicht strukturelle Diskriminierung zur Ursache hat, sondern einfach nur sehr viel Pech. Klar, mit einem »Traurig, aber da kann man nichts machen!« fällt es leichter, sich abzugrenzen und einfach so weiterzumachen wie bisher. Doch auch Sinzig war längst nicht der erste Fall, bei dem behinderte Menschen durch Naturkatastrophen starben, weil sie zurückgelassen oder nicht ausreichend versorgt wurden. Und wenn wir nicht endlich den Ursachen dafür auf den Grund gehen und sie bekämpfen, wird es auch nicht der letzte sein. Aufgrund des Klimawandels müssen wir damit rechnen, dass sich in Zukunft mehr solcher Katastrophen ereignen werden, die die Sicherheit behinderter Menschen zunehmend gefährden. Anti-Ableismus beinhaltet also auch Klimaschutz und den Abbau von Strukturen, die die Sicherheit nicht-behinderter Menschen über die von behinderten Menschen stellen.

Gleiches gilt für Strukturen, bei denen nicht von der Hand zu weisen ist, dass sie Gewalt fördern. So starben behinderte Menschen in der Vergangenheit nicht nur durch Naturkatastrophen und fehlende Inklusion bei Evakuierungsplänen, sondern auch durch die Hand ihrer eigenen Pfleger*innen. Neben mehreren bekannten Fällen, zum Beispiel in den USA, ist für die größte Mordserie der bundesdeutschen Kriminalgeschichte der Krankenpfleger Niels Högel verantwortlich, der während seiner Dienstzeit zwischen 1999 und 2005 mehrere seiner Patient*innen bewusst durch Überdosen tötete. Schon früh sei der Oldenburger Klinik, in der er beschäftigt war, aufgefallen, dass deutlich mehr Todesfälle sowie Wiederbelebungsversuche registriert wurden, während Högel im Dienst war. Schließlich wurde er zur Kündigung gedrängt, erhielt vom Klinikum Oldenburg allerdings ein einwandfreies Arbeitszeugnis ausgestellt. Niels Högel arbeite »umsichtig, gewissenhaft und selbstständig«[31] und handle in »kritischen Situationen überlegt und sachlich richtig«, hieß es darin. 2002 wechselte er schließlich ins Klinikum Delmenhorst. Auch dort habe man ihm gegenüber schon bald ein komisches Gefühl gehabt, doch die Vorgesetzten seien dem nicht nachgegangen. 2005 ertappte man Högel schließlich auf frischer Tat, als er einem Patienten ein Medikament verabreichte, das bei falscher Anwendung Herzrhythmusstörungen auslöst. Als schließlich endlich Ermittlungen stattfanden, stellte sich heraus, dass sich die Zahl der Todesfälle seit der Anstellung Högels verdoppelt hatte. Insgesamt wurden in 332 Fällen Ermittlungsverfahren wegen Mordverdachtes eingeleitet, daneben etliche Verfahren wegen gefährlicher Körperverletzung. Wegen über achtzig Morden wurde der Krankenpfleger bereits verurteilt.[32]

Der aktuellste solcher Fälle begab sich 2021 in Potsdam, als die Pflegerin des Thusnelda-von-Saldern-Hauses Ines R. fünf behinderte Bewohner*innen mit einem Messer attackierte und vier von ihnen tötete. Nach der Tat sei sie nach Hause gefahren und habe ihrem Mann die Tat gestanden. Erst nach Hinweisen des Ehemannes seien die Leichen entdeckt worden. Dass zuvor niemand aus dem Umfeld der Pflegerin geahnt hatte, dass dies passieren würde, fällt jedoch schwer zu glauben, denn sie hatte schon früher Gewaltfantasien in Bezug auf behinderte Menschen geäußert. Bereits über zehn Jahre zuvor vertraute sie ihrer damaligen Psychoanalytikerin an, sie habe schreckliche Vorstellungen darüber, wie sie ihre Patient*innen massakriere.

Eine Woche vor den Morden versuchte Ines R. bereits, eine Patientin mithilfe von Medikamenten zu vergiften und einen anderen Patienten zu ersticken. Als dies nicht funktionierte, habe sie sich von ihm provoziert gefühlt und schließlich ein Messer geholt. »... dass der noch die Frechheit besessen hat zu leben!«, sagte sie dazu im Prozess. Ines R. ist selbst Mutter eines behinderten Sohnes, und auch über seine Ermordung habe sie nachgedacht. »Wenn er nicht mehr wäre, wären alle Probleme gelöst«, so die Pflegerin.[33] Ihre Aussagen entsprechen alle dem Narrativ des lebensunwerten Lebens sowie der Sichtweise, behinderte Menschen würden eine Belastung darstellen. Doch auch in diesem Fall streuten die Medien bei der Berichterstattung über die Tat Salz in die Wunden der trauernden und geschockten Behinderten-Community. Neben der Inszenierung der Tat als trauriger Einzelfall wurde sogar von »Erlösung« gesprochen, und es ließ sich klar eine Debattenverschiebung erkennen. Plötzlich ging es um die Arbeitsbedingungen für Pflegekräfte und den Pflegenotstand. Als handle es sich dabei um valide Gründe, um Menschen zu ermorden – als gäbe es überhaupt irgendeinen validen Grund dafür. Die einzig angebrachte Frage nach einem »Warum« wäre in diesem Fall die, die die tatsächlichen Gründe für die Tat aufdeckt. »Diese Menschen sind gestorben, weil wir ein großes Ableismus-Problem haben, das wir dringend angehen müssen« – das wäre die einzige richtige Schlussfolgerung. Stattdessen stürzten die Medien sich auf die psychische Erkrankung von Ines R. und benannten sie als vermeintlichen Grund für ihre Tat. Doch neben der Tatsache, dass durch diese Form der Berichterstattung impliziert wird, es gäbe valide Gründe für Mord, wurden hiermit erneut psychische Erkrankungen stigmatisiert und kriminalisiert.

Ein paar Tage später richtete das Oberlinhaus, zu dem das Thusnelda-von-Saldern-Haus gehört, eine Trauerfeier aus. Doch anstatt den Verstorbenen Martina W., Lucille H., Christian S. und Andreas K. auf angemessene Weise zu gedenken, wurden vier weiß angemalte Rollstühle auf die Bühne gestellt.[34] Angelehnt an das sogenannte Earthquake Memorial in Christchurch, das aus weiß angestrichenen Stühlen besteht, die für jene Menschen stehen, die durch das Erdbeben dort zu Tode gekommen sind. Nicht nur ist es makaber, den Vierfachmord durch eine Pflegerin, die schon lang Gewaltfantasien äußerte, mit einem Erdbeben zu vergleichen – leere Rollstühle aufzustellen, um behinderten Menschen zu gedenken, zeigt auch deutlich, wie sie gesehen und worauf sie reduziert wurden: auf ihre Behinderung.

Bei den genannten Fällen handelt es sich lediglich um jene, die von Gerichten als solche erkannt und verurteilt wurden. Dies ist jedoch leider nicht immer der Fall, und so ist davon auszugehen, dass die Dunkelziffer der Gewalttaten an behinderten Menschen deutlich höher ist. Denn auch hier stellt die Annahme, alle Menschen hätten die gleichen Rechte, ein gefährliches Trugbild dar. Geht es um Alltags-Ableismus, erlebe ich immer wieder, wie nicht-behinderte Menschen von behinderten Menschen fordern: »Beschwer dich doch einfach!« Doch dafür müssten wir zuerst einmal davon ausgehen, dass unsere Beschwerde auch ernst genommen wird. Ein klares Privileg, über das viele marginalisierte Menschen nicht oder nur bedingt verfügen. Die traurige Realität ist nämlich, dass wir potenziell mit noch mehr Diskriminierung und Gaslighting konfrontiert werden, wenn wir den Versuch anstellen, uns zu beschweren. Erfährt eine behinderte Person Ableismus und entscheidet sich gegen eine Beschwerde, so ist dies ihr absolutes Recht, und es sollte keine Täter*innen-Opfer-Umkehr stattfinden, bei der der betroffenen Person gesagt wird, dass sie sich dann ja wohl nicht wundern müsse, dass ihr so etwas passiere. Stattdessen sollten nicht-behinderte Menschen zuhören, antiableistisch handeln, solidarisch sein und dazu beitragen, dass es gar nicht mehr zu solchen Situationen kommt. Und ganz davon abgesehen: Wie sollen sich behinderte Menschen beschweren, wenn sie bereits all ihre Kapazitäten in den Kampf um Teilhabe stecken – in den Kampf, in diesem ableistischen System zu überleben? Und was, wenn es für diese Menschen bereits zu spät ist, wie in den oben genannten Fällen? Wer ergreift Partei für behinderte Menschen, wo sie in unserer Gesellschaft doch einen so niedrigen Stellenwert haben? All diese Punkte lassen darauf schließen, dass nur ein Bruchteil aller Verbrechen an behinderten Menschen überhaupt zur Anzeige gebracht wird.

Sterben behinderte Menschen, so liegen dem nicht selten Narrative über sie zugrunde. Ja, richtig gelesen: Narrative können tödlich sein. Klingt drastisch, oder? Doch was passiert wohl, wenn wir bereits in dem Glauben aufwachsen, dass gewisse Menschengruppen weniger Recht auf Teilhabe und Selbstbestimmung haben und dass ihr Leben weniger lebenswert und schützenswert ist? Was passiert, wenn wir niemals lernen zu hinterfragen, warum Hunderttausende behinderte Menschen nicht auch zu Hause leben dürfen, weil wir von klein auf verinnerlicht haben, dass sie eine Belastung für die Gesellschaft darstellen und deshalb besser in Heimen aufgehoben sind? Was passiert, wenn wir mit der Überzeugung aufwachsen, dass behinderte Menschen dankbar dafür sein müssen, überhaupt existieren zu dürfen?

Das Reproduzieren dieser Narrative, selbst wenn dies noch so subtil geschieht, fördert und normalisiert Gewalt an behinderten Menschen. Während der Coronapandemie wurden die Auswirkungen davon ein weiteres Mal deutlich. Das fing damit an, dass in so gut wie jedem Bericht, in dem es um die aktuellen Zahlen der durch das Virus Verstorbenen ging, erwähnt wurde, wie viele von ihnen bereits vorerkrankt waren. Das führte nicht nur dazu, dass sich gesunde und nicht-behinderte Menschen von dieser Zahl abgrenzen konnten, sondern implizierte außerdem, es sei weniger tragisch, wenn Menschen mit Vorerkrankungen und Behinderungen sterben. Schnell wurden Stimmen laut, die forderten, wir, die Risikogruppe, sollten nicht weiter so egoistisch sein und stattdessen lieber den eigenen Tod in Kauf nehmen, damit sich die Dominanzgesellschaft nicht länger an einschränkende Maßnahmen halten müsse. Dabei waren diese im Gegensatz zu den Maßnahmen, die wir Menschen aus der Risikogruppe während der Pandemie wohl oder übel einhalten mussten, noch vergleichsweise gering. In Krisensituationen wie diesen verstärken sich nämlich normalerweise marginalisierende Strukturen und die darauf basierende Ungleichbehandlung. Werden privilegiertere Menschen eingeschränkt, kannst du dir also sicher sein, dass weniger privilegierte Personen noch stärker eingeschränkt und bedroht sind, als sie es bereits zuvor waren.

Während der Coronapandemie traf ich über ein Jahr lang lediglich eine einzige Freundin, die genauso wie ich zur Risikogruppe gehört. Einen Großteil meiner Familie sah ich eineinhalb Jahre gar nicht, genauso wenig bekam ich in dieser Zeit ein Restaurant, ein Kino, nicht einmal einen Supermarkt von innen zu Gesicht. Während andere schon wieder ihren Sommerurlaub planten und ich mich weiterhin isolierte, verschob das Krankenhaus, in dem eine Bauch-OP für mich geplant gewesen war, diese um viele Monate. Eine andere Operation im Oktober 2020 konnte gerade noch so stattfinden, bevor ein weiterer Lockdown beschlossen wurde. Es war die zehnte und bisher größte OP meines Lebens, bei der mein kompletter Rücken geöffnet und ein Großteil meiner Wirbelsäule aufgerichtet und mit Stangen versteift wurde. Zwei Wochen lang lag ich mit großen Schmerzen allein in einem Krankenhaus weit von zu Hause entfernt und sah aufgrund von Corona kein einziges Mal ein vertrautes Gesicht, während viele nicht-behinderte Menschen darüber ätzten, dass sie sich nur mit einem Haushalt treffen durften oder im Supermarkt eine Maske tragen mussten. Auch in der Klinik galt die Maskenpflicht, und so trug ich sie, während ich vor Schmerzen schrie, während mir Drainagen aus dem Rücken gezogen wurden und auch als ich schnaufend versuchte, gestützt auf einen Gehbock und mit zwei Physiotherapeut*innen links und rechts von mir die ersten Schritte zu gehen. Selbst als dann endlich ein Impfstoff verfügbar war, hörte der Albtraum längst nicht auf, denn Menschen mit neuromuskulären sowie vielen weiteren Erkrankungen, die die Lunge betreffen, wurden von der Politik nicht mitgedacht und gingen viele weitere Monate lang leer aus. Währenddessen wurde in der Öffentlichkeit jedoch längst davon gesprochen, dass die Risikogruppe angeblich abgedeckt worden sei, und man fuhr damit fort, nicht-behinderte Menschen zu impfen, während wir ein weiteres Mal feststellen mussten, dass wir vergessen worden waren.

Seit Beginn der Pandemie hatte ich, genauso wie viele andere junge behinderte und chronisch kranke Menschen, darüber aufgeklärt, wie wichtig es ist, dass die Risikogruppe geschützt wird – und dass diese längst nicht nur aus älteren Menschen besteht, sondern Menschen aller Altersgruppen umfasst. Die Anfeindungen, die ich daraufhin zum Beispiel auf Social Media bekam, waren von Anfang an zahlreich. Wir stünden doch sowieso schon mit einem Bein im Grab und sollten aufhören, so egoistisch zu sein und damit die Wirtschaft zu behindern – so oder so ähnlich lauteten etliche Kommentare und Nachrichten. Auch die Medien waren voll von Artikeln, die Menschenleben gegen Wirtschaft aufwogen. So wurde beispielsweise in einem Artikel in der FAZ gefragt: »Rechtfertigt der Schutz einer bestimmten Bevölkerungsgruppe, für die das Virus lebensbedrohlich ist, erhebliche Teile der Gesellschaft in wirtschaftliche Existenzängste zu stürzen?«[35] Sogar Forderungen nach einer Art »Durchseuchung« wurden laut, die für viele Mitglieder der Risikogruppe den Tod bedeuten würde. Viele dieser Aussagen beruhen auf sozialdarwinistischen Ansätzen, die ein Kernelement des Rechtsextremismus darstellen. Vielleicht hast auch du schon einmal vom sogenannten *survival of the fittest* oder der »natürlichen Selektion« gehört. Diese Ideologien beruhen auf der Annahme, dass wir alle die gleiche Freiheit haben, uns im sogenannten »Kampf ums Dasein« zu behaupten, bei dem nur die Stärksten und am besten Angepassten überleben. Weniger leistungsfähige und/oder weniger angepasste Menschen hingegen werden als minderwertig und als Belastung für die Dominanzgesellschaft angesehen. Der Sozialdarwinismus geht Hand in Hand mit Eugenik und hat eine möglichst leistungsstarke und angepasste Gesellschaft zum Ziel, in der diskriminierende Strukturen weiter aufrechterhalten werden.

Sprechen wir von Leistungsfähigkeit, müssen wir uns auch unweigerlich mit dem Kapitalismus auseinandersetzen, da diese Systeme eng miteinander verflochten sind. Wächst der Kapitalismus, wächst zwangsläufig auch der Ableismus, denn das stetige Streben nach Gewinn im kapitalistischen System lässt keinen Platz für individuelle Umstände und macht den Wert eines Menschen von seiner Leistung abhängig. Kein Wunder also, dass eine Gesellschaft, die sich an diesen Werten orientiert, kaum Anstalten macht, einer marginalisierten Gruppe, die weniger Leistung – zumindest nach kapitalistischer Definition – erbringt, Anspruch auf Teilhabe zuzusprechen. Denn ohne Frage: Inklusion kostet Ressourcen. Vorurteile und Narrative über behinderte Menschen abzubauen, trägt zwar zu unserer Inklusion bei, jedoch nicht, wenn die Praxis nicht mit der Theorie übereinstimmt. Das heißt, dass für eine konsequente Inklusion auf allen Ebenen Barrieren abgebaut werden müssen – und das kostet nun mal Geld. Wie passt diese Tatsache aber in ein System, das möglichst wenig Geld ausgeben und möglichst viel einnehmen will und das von jeder einzelnen Person erwartet, dass sie*er sich für dieses Ziel bedingungslos aufopfert? Die richtige Antwort lautet: gar nicht. Anti-Ableismus setzt also immer auch Kapitalismuskritik voraus. Denn Fakt ist: Der Kapitalismus basiert darauf, dass wir immer wieder unsere persönlichen Grenzen und Kapazitäten überschreiten, weil wir sonst Angst haben, in diesem gnadenlosen System durch eine andere, leistungsstärkere Person ersetzt zu werden. Würden alle Menschen nur so viel arbeiten, wie es ihre individuellen Kapazitäten zulassen, könnte sich unsere Wirtschaft, so wie sie gerade ist, nicht aufrechterhalten. Kapitalismus schließt damit nicht nur behinderte und chronisch kranke Menschen aus – er macht auch krank. Immerhin ist nicht zu unterschätzen, wie viele Erkrankungen überhaupt erst durch Überarbeitung und Stress entstehen. Wollen wir dies ändern, darf der Fokus nicht länger auf der Bereicherung ein paar weniger Menschen liegen, sondern muss auf das Wohlergehen und die Gleichberechtigung der gesamten Gesellschaft gerichtet werden.

Damit in unserer kapitalistischen Gesellschaft möglichst wenig Geld in die Teilhabe behinderter Menschen investiert werden muss, sind die Auflagen streng, um von offizieller Seite überhaupt als solcher anerkannt zu werden. Das Narrativ der »Sozialschmarotzer*innen« oder auch des sogenannten »Behindertenbonus«, bei dem es sich in Wahrheit nur um den Versuch handelt, einen Nachteil auszugleichen, erfreut sich deshalb bis heute großer Popularität. Und so sehen behinderte Menschen sich ständig einer Art Rechtfertigungsdruck ausgesetzt, um zum Beispiel den Schwerbehindertenstatus, eine bestimmte Pflegestufe, Hilfsmittel und Co zu erhalten. Entsprechen wir nicht genau den Kriterien, die Bedingung für einen gewissen Grad der Behinderung, einen bestimmten Pflegegrad oder Ähnliches sind, fallen wir gegebenenfalls durchs Raster – und der Staat spart Geld. Doch selbst wenn uns ein solcher Status zugesprochen wird, müssen wir in jedem Fall teuer mit unserer Privatsphäre dafür bezahlen, indem wir dazu gezwungen sind, den jeweiligen Institutionen im Tausch für ein Fitzelchen Teilhabe intime Details aus unserem Leben offenzulegen. So bin ich es von klein auf gewohnt, völlig fremden Menschen Einblick in sämtliche meiner Krankenakten zu gewähren, mich im wahrsten Sinne des Wortes vor ihnen auszuziehen und Fragen von Stuhlgang über persönliches Kaufverhalten bis hin zu meinem Sozialleben über mich ergehen zu lassen. Im schlimmsten Fall legen wir alles offen und erhalten nichts außer Gaslighting und Ableismus. Selbstzweifel sowie internalisierten Ableismus gibt es noch gratis obendrauf. Dabei ist es kein Wunder, dass die meisten nicht in die Schubladen der Institutionen passen, die darüber entscheiden, wer Anspruch auf Nachteilsausgleiche, Pflege und Co hat und wer nicht. Schließlich werden diese Kategorien von nicht-behinderten Menschen definiert und speisen sich aus Vorurteilen. Lässt du als behinderter Mensch beispielsweise bei der Befragung zur Feststellung der Pflegestufe durchblicken, dass du auch nur einen Hauch sozialer Kontakte hast, kann dies gegen dich verwendet werden. So wurde die Entscheidung, meine Pflegestufe vorerst nicht zu erhöhen, zum Beispiel unter anderem mit meinen kommunikativen Fähigkeiten sowie meinen vermeintlichen sozialen Kontakten begründet, nachdem ich angegeben hatte, auf Social Media aktiv zu sein. Auf meine Frage, was mir diese Dinge nützen würden, um unter die Dusche zu kommen oder Lebensmittel einzukaufen, wurde nicht eingegangen. Die Lebensrealität eines Menschen lässt sich nun mal nicht durch so etwas Verallgemeinerndes wie ein Punktesystem ausdrücken. Eine solche vermeintliche Objektivität verhindert immer den individuellen Blick auf die Lebenssituation der Betroffenen.

Dass wir uns überhaupt immer und immer wieder diesen demütigenden Befragungen und Untersuchungen aussetzen müssen, um für etwas zu kämpfen, was für andere selbstverständlich ist, ist an sich schon ein Problem. Während wir uns aber anhören dürfen, dass unsere Teilhabe so teuer sei, investieren Institutionen jedes Jahr Millionen von Euro, um in aufwendigen Verfahren zu prüfen, ob wir in ihren Augen Anspruch auf Nachteilsausgleiche, Pflege und teilhabefördernde

Maßnahmen haben, anstatt dieses Geld einfach in genau jene Teilhabe zu investieren. Wie absurd ist es eigentlich, dass behinderte Menschen permanent damit beschäftigt sind, der Gesellschaft zu beweisen, dass wir mehr können, als sie denkt, beispielsweise bei der Bewerbung um einen Job, während wir gleichzeitig Institutionen beweisen müssen, wie wenig wir können, um auch nur ansatzweise die Teilhabe zu erhalten, die uns von Grund auf zusteht? Sprechen wir mit Arbeitgeber*innen oder neuen Bekanntschaften über unsere Barrierefreiheitsanforderungen, sind wir schnell »zu behindert«. Wiederum sind wir »nicht behindert genug«, wenn es nach Institutionen geht, die für die Sicherstellung unserer Teilhabe zuständig sind. In einem solchen System können behinderte Menschen nicht gewinnen. Wir werden für Institutionen niemals »behindert genug« sein, um uns nicht mehr rechtfertigen zu müssen, auch wenn genau diese Institutionen uns regelmäßig vermitteln, dass dies bei anderen behinderten Menschen der Fall sei.

Fehlende Teilhabe und die Gier nach immer mehr Kapital führen zu Exklusion und Ausbeutung. So werden viele behinderte Menschen nach wie vor in Förderschulen untergebracht, anstatt sie in Regelschulen zu inkludieren, obwohl dies als Ziel in der 2009 ratifizierten UN-BRK festgehalten wurde. Viele dieser Personen erhalten in der Förderschule keine Chance auf einen Abschluss. Des Weiteren sind Wohneinrichtungen nach wie vor oft die einzige Möglichkeit für behinderte Menschen, angemessen versorgt zu werden, während sie abgekapselt vom Rest der Welt leben. Ich selbst habe drei Jahre meines Lebens in einer Einrichtung für behinderte Menschen verbracht, denn auch wenn ich es als Jugendliche eher als eine Art Internat verstand, war es doch nichts anderes als eine Sonderwelt, in der ausschließlich behinderte Menschen lebten. Eine Sonderwelt, die ich damals brauchte, um irgendwo existieren zu dürfen, nachdem der Ableismus, den ich erlebt hatte, gedroht hatte, mich aufzufressen, und die Barrieren zu hoch waren, um weiterhin eine Regelschule zu besuchen. Doch was sagt es über unsere Gesellschaft aus, wenn viele behinderte Menschen kaum eine andere Wahl haben, als sich in diese Sonderwelten zu flüchten, weil die Außenwelt so wenig auf sie ausgerichtet ist, dass sie dort um ihre Sicherheit fürchten müssen? Nicht dass es innerhalb dieser Strukturen besser um die Sicherheit behinderter Menschen stünde – das wissen wir ja nun bereits. Aber warum hatte ich nicht das Recht gehabt, in meinem gewohnten Umfeld gute Erfahrungen zu machen, weiter bei meiner Familie aufzuwachsen und meine Freund*innen aus der Schule zu mir nach Hause einladen zu können, anstatt mit einem kaum existenten sozialen Umfeld zurückzubleiben, nachdem ich diese Sonderwelt nicht länger besuchte? Die Kritik an diesen Sonderwelten setzt sich übrigens nicht zum Ziel, diese Einrichtungen von einem auf den anderen Tag zu schließen, sondern die Menschen darin nach und nach in unsere Gesellschaft zu inkludieren, sodass es diese Sonderwelten irgendwann nicht mehr braucht, weil die Teilhabe und Versorgung überall gewährleistet sind.

Doch nach der Schule sieht es für behinderte Menschen nicht besser aus – denn hier folgt bekanntlich der erste Arbeitsmarkt, der genauso wenig zugänglich ist und außerdem neue Probleme birgt. So zahlen beispielsweise immer noch viele Unternehmen lieber die Strafabgabe, als auch nur eine behinderte Person einzustellen und damit die vorgegebene Beschäftigungsquote zu erfüllen.[36] Und während in der UN-BRK gleiches Entgelt für behinderte Menschen gefordert wird und wir über den Mindestlohn »für alle« sprechen, scheint dieser für behinderte Menschen in Werkstätten nicht zu gelten. Zählen diese schließlich nicht offiziell zu den Arbeitnehmer*innen und erhalten daher auch nicht die gleichen Rechte wie diese. So verdienen behinderte Menschen in Werkstätten durchschnittlich 1,35 Euro pro Stunde und sind trotz ihres Vollzeitjobs oft auf die Unterstützung vom Staat angewiesen. Im Vergleich zur Gesamtbevölkerung sind behinderte Menschen deutlich stärker von Armut bedroht, haben weniger Zugänge zu Bildung sowie zum ersten Arbeitsmarkt, und die Erwerbslosenquote unter ihnen ist nahezu doppelt so hoch.[37]

2015 empfahlen die Vereinten Nationen, in Deutschland diese Werkstätten, kurz WfbM, sukzessive abzuschaffen, weil sie nicht konform mit der UN-Behindertenrechtskonvention sind. Wir erinnern uns: Diese ist bereits seit 2009 in Deutschland ratifiziert. Und dennoch ist die Zahl der Hauptwerkstätten, die 2007 noch bei 651 lag, mittlerweile auf 700 gestiegen. Wie ernst nehmen wir also die UN-BRK, wenn heute an 2.850 Standorten deutschlandweit über 320.000 Werkstattbeschäftigte arbeiten, während es 2007 nur rund 259.000 Menschen waren? Die Behindertenwerkstätten gelten aufgrund mangelnder Zugänge auf dem ersten Arbeitsmarkt sowie schlechterer Chancen auf Bildung leider nach wie vor als einziger Ausweg für viele behinderte Menschen. Auch ich wäre vor wenigen Jahren beinahe dorthin vermittelt worden.

Schon seit meinem 16. Lebensjahr ging ich regelmäßig zum Arbeitsamt, denn meiner Mutter war bereits früh bewusst, dass ich es auf dem ersten Arbeitsmarkt einmal schwerer haben würde. Sie erklärte mir, dass es deshalb wichtig sei, dass mich das Arbeitsamt bereits frühzeitig kennenlerne, um mich bei meiner zukünftigen Ausbildungssuche zu unterstützen und zu sehen, wie viel Mühe ich mir gab. Also ging ich zu allen möglichen Terminen: Beratungen, Eignungstests und jede Menge Gespräche über meinen Berufswunsch. Zu dieser Zeit wollte ich unbedingt Fotografin werden, doch davon wurde mir von Anfang an entschieden abgeraten. Ich solle lieber einem Schreibtischjob nachgehen, hieß es. Das sei in meiner Situation das Beste. Doch als ich wiederholt äußerte, dass ich mich persönlich nicht darin sehen würde, jeden Tag ausschließlich am Schreibtisch zu sitzen, fühlte sich meine Sachbearbeiterin mit ihrem eigenen Schreibtischjob sichtlich auf den Schlips getreten. Nachdem ich ausgezogen war, meldete ich mich beim Arbeitsamt meiner neuen Heimatstadt an, obwohl ich große Probleme hatte, Telefonate zu führen, geschweige denn allein zu Terminen zu erscheinen. Ich befand mich zu dieser Zeit noch mitten in meinem Fernstudium, über das ich meine Mittlere Reife nachholte, und kommunizierte von Anfang an sehr deutlich, worum es mir ging. Dass ich lediglich da sei, um Unterstützung dabei zu erhalten, nach meinem Schulabschluss eine passende Ausbildungsstelle zu finden, die ich auch mit meiner Behinderung bewältigen könnte, und dass ich mich über meine Rechte als behinderte Arbeitnehmerin informieren wolle. Besonders wichtig war mir die Frage nach dem richtigen Zeitpunkt, an dem ich meine Behinderung meinen potenziellen Arbeitgeber*innen gegenüber ansprechen sollte. War es besser, direkt in der Bewerbung zu erwähnen, dass ich behindert war, oder sollte ich dieses Detail lieber erst später preisgeben?

Auch wenn ich damals noch deutlich mehr Unsicherheiten in Bezug auf meine Behinderung hatte, wusste ich bereits zu diesem Zeitpunkt, dass es mir niemals möglich sein würde, Vollzeit in einem Angestelltenverhältnis zu arbeiten. Ich hatte bereits von Teilzeitausbildungen gehört – und wer würde mehr über verschiedene Ausbildungsmodelle wissen als das Arbeitsamt? Das hatte ich zumindest bis dato gedacht. Doch anstatt individuell auf meine Fragen einzugehen, wurden vonseiten des Amtes nur weitere Termine vereinbart, und ich fühlte mich nach jedem Kontakt abgewertet und verurteilt – als würde ich mich einfach nicht genug anstrengen. In den Standardschreiben, die teilweise sehr kurzfristig neue Termine ankündigten, ohne dass ich überhaupt gefragt wurde, ob es mir möglich wäre, zu diesen zu erscheinen, wurde mir regelmäßig damit gedroht, meine Leistungen zu kürzen – dabei bezog ich nicht mal Leistungen, noch erhielt ich sonst irgendeine sinnvolle Hilfe.

Selbst als Alex seinen Unfall hatte und ich rechtzeitig einen geplanten Termin beim Amtsarzt verschieben wollte, wurde mir kein Verständnis entgegengebracht. Als eine Person vom Amt nach dem Grund für die Verschiebung fragte, schilderte ich kurz die Situation, woraufhin mir in einem schnippischen Ton mitgeteilt wurde, dass dies kein akzeptabler Grund sei, solang ich selbst keinen Unfall gehabt hätte. Ein paar Wochen später fand der Termin statt, bei dem meine Leistungsfähigkeit sowie meine Eignung für den ersten Arbeitsmarkt festgestellt werden sollten. In der Vorbereitung für diesen Termin hatte ich seitenweise Schweigepflichtsentbindungen unterschreiben müssen, um Einblick in meine Krankenakten zu gewähren. Diese stapelten sich in den bis zum Bersten gefüllten Ordnern links und rechts neben dem Arzt, als ich schließlich das kleine Untersuchungszimmer betrat. Da Alex zu diesem Zeitpunkt wegen seines Auges kein Auto fahren durfte, war uns nichts anderes übrig geblieben, als mit dem Zug zu der Untersuchung zu fahren. Schon der Weg dorthin war für mich die reinste Tortur gewesen, und ich brach, noch bevor wir den Bahnhof erreicht hatten, das erste Mal zusammen. Ich trug eine Jeans, ein schwarzes Oberteil mit langen Ärmeln, meine langen roten Haare waren frisch geglättet, und ich trug etwas Make-up. Ein Fehler, wie ich heute weiß, denn meine Optik wurde von Anfang an gegen mich verwendet. Ich sähe nicht aus, als könnte ich psychisch krank sein, hieß es bereits nach wenigen Augenblicken. Von der ersten Minute an wurde ich in einen Strudel aus Rechtfertigungen gesogen, während die Fragen immer intimer und übergriffiger wurden und das Klackern der Tastatur, in die die Arzthelferin hinter mir alles wortlos eintippte, immer lauter. Lediglich ein Taschentuch reichte sie mir, als ich in Tränen ausbrach, während ich versicherte, dass ich an vielen Tagen nicht aus dem Bett käme und ohne Alex nicht in der Lage wäre, auch nur einen Schritt vor die Tür zu setzen. Nach diesem Verhör musste ich mich bis auf die Unterwäsche ausziehen, zeigen, wie ich laufe, und mich schließlich auf eine Liege legen, auf der der Arzt die Beweglichkeit meiner Hüftgelenke prüfte, indem er meine angewinkelten Beine nacheinander nach außen spreizte. Gedemütigt und verängstigt verließ ich schließlich das Gebäude und wusste, dass ich mich in Zukunft nicht mehr auf diese Institution verlassen könnte.

Einen letzten Termin nahm ich noch beim Arbeitsamt wahr. Dabei verkündete der Mitarbeiter das Urteil des Arztes, der behauptete, ich sei in der Lage, Vollzeit zu arbeiten. Als ich protestierte, fragte der Mitarbeiter mich genervt: »Was wollen Sie denn noch? Das Einzige, was ich Ihnen sonst noch anbieten kann, ist, Sie an eine Behindertenwerkstatt zu vermitteln.«

In diesem Moment platzte alles aus mir heraus. »Ich passe doch nur nicht in eine Ihrer Schubladen«, sagte ich. »Ich bin hier lediglich hergekommen, um Hilfe bei meiner Ausbildungssuche zu erhalten. Ich frage Sie und Ihre Kollegin seit einem Jahr, ob ich meine Schwerbehinderung in die Bewerbungsschreiben mit aufnehmen soll, und ich erhalte keine Antwort. Stattdessen wollen Sie mich dauernd in irgendwelche Maßnahmen stecken oder schicken mich zu Ärzt*innen. Ich will doch arbeiten, aber ich brauche Unterstützung dabei!«

Nach einer schier endlosen Stille zog der Mitarbeiter die Schultern hoch und sagte: »Na, warum haben Sie das nicht gleich gesagt? Unsere Inklusionsbeauftragte sitzt einen Raum weiter. Ich schaue mal, ob sie Zeit hat.«

Während ich noch um Fassung rang, wurde ich einige Minuten später in den Nebenraum gerufen, wo eine Mitarbeiterin saß, die mir zumindest in Bezug auf meine Bewerbungen ein paar Antworten liefern konnte. Was eine Teilzeitausbildung anging, konnte sie mir jedoch keine Informationen geben. Auch wenn ich nun endlich an die richtige Zuständige geraten war, waren die Möglichkeiten ernüchternd. Jahrelang war ich in dieses Amt gestiefelt, wo ich Tränen und Angstschweiß vergossen hatte, mich hatte demütigen lassen und Gaslighting erlebt hatte. Ab jetzt müsste ich die Dinge selbst in die Hand nehmen, das wusste ich. Das Arbeitsamt war nicht an meinem Wohlergehen interessiert. Sie wollten mir dort nicht helfen, sondern mich in Schubladen stecken und möglichst schnell ins kapitalistische System drängen, ohne mir die nötigen Mittel an die Hand zu geben, um selbstbestimmt zu arbeiten. Dabei sollten behinderte Menschen eigentlich selbst am besten wissen, wo und wie sie arbeiten können und was sie dafür benötigen.

Und auch das Recht, aufgrund ihrer Situation nicht arbeiten zu können, sollten sie haben, ohne in ausbeuterische Strukturen oder in Armut zu geraten.

Als ich im Alter von 21 Jahren endlich mein Abschlusszeugnis für die Mittlere Reife in den Händen hielt, machte ich mich allein auf die Suche nach Ausbildungen. Der Wunsch, Fotografin zu werden, war längst hinfällig geworden, und so träumte ich von einer Ausbildung zur Logopädin. Sprache war schon immer meine Leidenschaft gewesen, doch die Hürden, um Zugang zu so einer Ausbildung zu erhalten, waren hoch, da Gesundheit und eine hohe Belastbarkeit normalerweise Voraussetzungen für diesen Beruf sind. Umso ausgelassener freute ich mich, als mir dennoch eine Schule einen Ausbildungsplatz anbot. Diese Schule gab ihr Bestes, um mir eine faire Chance zu ermöglichen, diesen Beruf zu erlernen. Und dennoch war mein Alltag dort nicht frei von Barrieren, und vereinzelt begegneten mir Mitschüler*innen immer wieder mit Ableismus. Nachdem ich meine Ausbildung nach einem Jahr für meine Rückenoperation unterbrechen musste, entschied ich schließlich schweren Herzens, nicht mehr dorthin zurückzukehren. Ich hatte bereits vorher gewusst, dass eine Ausbildung in Vollzeit meinen Körper maßlos überfordern würde, und dennoch hatte ich keine andere Wahl gehabt, als es zu versuchen. Während meiner Pause hatte mein Instagram-Profil immer mehr Aufmerksamkeit erhalten, und mir wurden die ersten kleinen Jobs im Bereich Inklusion und Antidiskriminierungsarbeit angeboten. Ich fing an, teilweise mit meiner Freundin und Kollegin Alina und teilweise allein, Vorträge zu halten, Workshops zu geben und Unternehmen zu Repräsentationsthemen, antidiskriminierender Sprache, Barrierefreiheit und inklusivem

Marketing zu beraten. Zwar war ich noch weit davon entfernt, von dieser Tätigkeit leben zu können, dennoch wurde mir, je näher mein erneuter Einstieg in die Ausbildung rückte, immer klarer, dass der Job als Logopädin nicht mein Weg war. Doch die Entscheidung, meine Ausbildung endgültig an den Nagel zu hängen, fiel mir alles andere als leicht. Was, wenn sich diejenigen, die von Anfang an nicht an mich geglaubt hatten, nun in ihren ableistischen Vorurteilen bestätigt fühlten? Was, wenn die Schule einer weiteren behinderten Person keine Chance mehr einräumen würde, nur weil ich es nicht geschafft hatte? Ich hatte große Angst, anderen den Weg zu verbauen, nur weil es nicht mein eigener gewesen war. Schließlich entschied ich mich dennoch für meinen Körper und gegen die Ausbildung und begann, freiberuflich in dem Bereich zu arbeiten, in dem ich mich schon so lang ehrenamtlich engagiert hatte.

Es handelt sich dabei bis heute um die einzige Möglichkeit für mich, auf dem ersten Arbeitsmarkt stattzufinden. Die Selbstständigkeit bietet mir den Raum, meine Kapazitäten größtenteils selbst aufzuteilen, ohne dass ich jemandem Rechenschaft schuldig bin, wenn mein Körper es mir nicht erlaubt zu arbeiten. Doch dieser Weg ist auch mit extremen Risiken und Unsicherheiten verbunden. Ich weiß nie, wie viel Geld ich im nächsten Monat verdienen werde, und ich weiß nie, ob das Finanzamt oder die Krankenkasse plötzlich entscheiden wird, dass ich eine Nachzahlung leisten muss. Wenn meine Arbeitsmaterialien kaputtgehen, muss ich selbst für neue aufkommen, und wenn ich durch eine Operation oder einen Schub ausfalle, übernimmt niemand die Arbeit für mich, und ich verdiene kein Geld.

In Artikeln über die Inklusion behinderter Menschen am ersten Arbeitsmarkt werden nicht selten Argumente genannt wie: Behinderte Menschen seien genauso leistungsfähig oder sogar noch engagierter als nicht-behinderte Mitarbeiter*innen. Sie seien oftmals durch Ausbildungen oder Studiengänge hoch qualifiziert, und man könne von ihren »besonderen Fähigkeiten« sogar mehr profitieren. Doch während die Intention dabei ist, behinderte Menschen in ein möglichst positives Licht zu rücken, wird das Problem letzten Endes nur verlagert und Ableismus reproduziert. Denn was ist mit den behinderten Menschen, die tatsächlich weniger leistungsfähig sind oder aufgrund der ableistischen Strukturen keine faire Chance auf einen Schulabschluss, ein Studium oder eine Ausbildung hatten? Es geht doch gerade darum anzuerkennen, dass Leistungsfähigkeit individuell ist und weder sie noch ein bestimmter Bildungsgrad etwas damit zu tun haben sollten, welche Rechte einer Person zugesprochen werden.

Mit dem Blick auf all das fällt es mir schwer, die verhältnismäßig kleinen Fortschritte zu loben, die wir in Richtung Inklusion bereits gemacht haben. Sollten wir uns wirklich auf diese winzigen »Erfolge« konzentrieren, während auch noch im Jahr 2022 behinderte Menschen aufgrund von Ableismus sterben, ausgebeutet werden und mit einem deutlich höheren Risiko leben, von Armut sowie von sexualisierter Gewalt betroffen zu sein? Oder handelt es sich hierbei nur um den Versuch, von diesen lebensbedrohlichen und menschenverachtenden Missständen abzulenken und sich frühzeitig auf die Schulter zu klopfen? Wie viel Vertrauen sollten behinderte Menschen in den Staat haben, wenn nach wie vor kaum Maßnahmen ergriffen werden, um die Ziele der UN-BRK tatsächlich großflächig umzusetzen, obwohl diese zu diesem Zeitpunkt bereits vor 13 Jahren ratifiziert wurde? Wenn ich bedenke, mit wie viel Alltags-Ableismus wir bis heute umgehen müssen, um welche fundamentalen Rechte wir immer noch kämpfen, welche Demütigungen wir immer und immer wieder durch Institutionen über uns ergehen lassen müssen und wie oft uns das Recht auf Teilhabe und Sicherheit abgesprochen wird, fällt es mir schwer, in puncto Inklusion eine Prognose für die Zukunft abzugeben – stehen wir doch noch ganz am Anfang.

Gemeinsam gegen Ableismus

Prangern marginalisierte Gruppen strukturelle Diskriminierung und Barrieren an, so folgt als Reaktion meistens Ablehnung oder aber die Forderung nach einem sogenannten Gegenvorschlag. Damit gemeint ist normalerweise eine Lösung, die selbstverständlich nichts kosten darf, die Privilegien der Dominanzgesellschaft nicht angreift und generell kaum Aufwand erfordert. Eine solche Lösung soll der Dominanzgesellschaft schließlich auf einem Silbertablett serviert werden, bevor sie diese dann mit einer abwinkenden Handbewegung für nichtig erklärt. »Übertrieben«, »unfair gegenüber nichtbehinderten Menschen«, »zu teuer« oder »nicht umsetzbar« heißt es, während sie sich weiterhin auf ihren Privilegien ausruht, ohne auch nur eine Sekunde lang ernsthaft in Erwägung gezogen zu haben, etwas an den bestehenden Strukturen zu verändern.

Dass es eine solche Lösung nicht gibt, sollte dir, nachdem du dieses Buch gelesen hast, hoffentlich klar sein. Komplexe und über Jahrhunderte verfestigte Strukturen lassen sich nun mal nicht mit einem Fingerschnipsen beseitigen, sondern bedürfen einer ebenso komplexen Lösung. Aber warum sollten wir Missstände nur dann ansprechen dürfen, wenn wir eine Lösung dafür haben? Warum wird diese Lösung überhaupt von *uns* gefordert, anstatt von denjenigen, die dieses unterdrückende System aufrechterhalten? Warum geraten wir immer wieder in Erklärungsnot, während privilegiertere Menschen für ihr Schweigen keine Konsequenzen befürchten müssen? Wir sollten nicht dafür verantwortlich gemacht werden, unsere eigene

Unterdrückung zu beenden – die Verantwortung hierfür liegt klar bei nicht-behinderten Menschen. Natürlich, um Inklusion, Anti-Ableismus und Barrierefreiheit umzusetzen, braucht es zwingend behinderte Expert*innen. Jedoch muss ihre Arbeit auch als solche anerkannt, geschätzt und bezahlt werden und sollte nicht als Selbstverständlichkeit von diesen Menschen eingefordert werden. Bis heute erreichen mich regelmäßig Anfragen für Beratungen, Workshops und Vorträge, in denen von vornherein steht, dass kaum oder kein Budget zur Verfügung stehe, aber dass es sich hierbei ja um die »gute Sache« handle und es schließlich auch in meinem »persönlichen Interesse« sei, dass sich etwas ändert. Doch wie ironisch ist es eigentlich, nach eigenen Aussagen etwas gegen diskriminierende Strukturen tun zu wollen und gleichzeitig eine*n behinderte*n Berater*in weniger fair bezahlen zu wollen als beispielsweise die eigenen Rechts- oder Finanzberater*innen? Ein Anfang wäre also, als Unternehmen anzuerkennen, dass behinderte Inklusionsberater*innen genauso dringend benötigt werden wie Berater*innen aus anderen Bereichen, und sie deshalb auch gleichwertig zu bezahlen.

Gesamtgesellschaftlich ist der erste Schritt, um das ableistische System zu zerschlagen, erst mal anzuerkennen, dass es existiert, und sich über seine Auswirkungen bewusst zu werden. Wir könnten längst viel weiter sein, würden wir nicht mehr ständig darüber verhandeln, ob Ableismus überhaupt existiert und wie schlimm er ist. Stattdessen sollten wir uns viel eher fragen, wie wir dazu beitragen können, Ableismus zu bekämpfen. Und zwar aktiv. Es reicht nicht, sich möglichst nicht ableistisch zu verhalten, auch wenn dies ohne Frage ein guter Anfang ist. Um wirklich gegen Ableismus anzugehen, müssen wir uns jedoch anti-ableistisch verhalten. Das heißt, wir müssen aktiv gegen Diskriminierung angehen und unser Umfeld darauf hinweisen, wenn es Ableismus reproduziert.

Ein nicht-behinderter Mensch, der anerkennt, dass Ableismus existiert, und der etwas dagegen tut, wird »Ally«, also auf Deutsch »Vebündete*r«, genannt. Allies reflektieren ihre eigenen Privilegien gegenüber marginalisierten Gruppen und nutzen diese Privilegien – wie zum Beispiel, dass man ihnen mehr zuhört –, um auf strukturelle Diskriminierung aufmerksam zu machen und die Stimmen marginalisierter Menschen in den Mittelpunkt zu stellen. Damit ist nicht gemeint, dass nicht-behinderte Menschen für uns sprechen oder uns sogar übertönen sollen, sondern dass sie das, was sie von behinderten Aktivist*innen lernen, auf ihren Alltag übertragen und ihr Umfeld dafür sensibilisieren sollen. Ein*e Ally weiß, dass sie*er ableistisches Verhalten bei nicht-behinderten Menschen immer kritisieren kann, jedoch einer behinderten Person niemals die Erfahrung, dass etwas ableistisch ist, absprechen sollte. Dabei muss ein*e Ally nicht allwissend sein – im Gegenteil! Es geht viel eher darum, marginalisierten Gruppen zuzuhören, sie ernst zu nehmen und anzuerkennen, dass die eigene Perspektive nicht die einzige ist, die zählt. Das heißt: Nur weil man eine bestimmte Erfahrung selbst nicht gemacht hat, bedeutet das nicht, dass andere Menschen sie nicht gemacht haben. Verbündete nehmen mit ihrem anti-ableistischen Handeln das unangenehme Gefühl in Kauf, eine andere Person auf ihr diskriminierendes Verhalten hinzuweisen, weil ihnen bewusst ist, dass dieses unangenehme Gefühl nicht ansatzweise mit dem Schmerz zu vergleichen ist, den behinderte Menschen empfinden, wenn sie selbst mit diesem Verhalten konfrontiert werden und ihre Ressourcen dafür nutzen müssen, darauf aufmerksam zu machen. Allies handeln auch dann anti-ableistisch, wenn keine*r guckt, die*der ihnen danach anerkennend auf die Schulter klopft. Sie bleiben auch dann in der Diskussion, wenn es unangenehm wird, und zwar auch auf die Gefahr hin, in der Folge selbst als »anstrengend« oder »überkorrekt« betitelt zu werden.

Es reicht also nicht, einfach zu sagen, dass man sich von Diskriminierung jeglicher Form distanziere, um sich daraufhin entspannt zurücklehnen zu können. So ziehen wir uns nur aus der Verantwortung, anstatt anzuerkennen, dass wir alle ableistisch sozialisiert wurden und dass wir alle Fehler machen. Letzten Endes geht es darum, sich diese Fehler einzugestehen und aktiv daran zu arbeiten, sie nicht zu wiederholen. Ertappen wir uns beispielsweise dabei, wie wir in einem Gespräch diskriminierende Sprache reproduzieren, kann es hilfreich sein, die ausgesprochenen Worte laut zu korrigieren. Zum Beispiel so: »Oh Moment, ich habe gelernt, dass ich dieses Wort nicht mehr sagen sollte, ich meinte, das ist total ...« Und auch wenn wir von anderen darauf hingewiesen werden, dass wir uns diskriminierend verhalten oder ein bestimmtes Wort reproduziert hätten, sollten wir uns in Erinnerung rufen, dass diese Person dies höchstwahrscheinlich weder macht, um uns zu ärgern, noch um uns als einen »bösen Menschen« darzustellen. Eine gute Reaktion darauf wäre demnach: »Oh, danke für den Hinweis! Ich werde mich mal darüber informieren und versuchen, es in Zukunft besser zu machen.«

Und, ganz wichtig: Obwohl die wenigsten von uns in Führungspositionen sitzen, hochrangige Politiker*innen sind oder auf eine andere Art und Weise über überdurchschnittlich viel Macht verfügen, können wir alle dazu beitragen, dass die Rechte behinderter Menschen umgesetzt werden. Fällt dir zum Beispiel in deiner Umgebung etwas auf, was für behinderte Menschen eine Barriere darstellen könnte oder Ableismus reproduziert, kannst du die Verantwortlichen darauf aufmerksam machen. Vielleicht ändert das allein anfangs nichts daran, doch wenn die Verantwortlichen immer und immer wieder von verschiedensten Menschen auf dieses Detail angesprochen werden, erlangt das Thema damit mehr Gewicht und Relevanz. Barrieren sollten nicht länger als das alleinige Problem behinderter Menschen angesehen werden, sondern als ein Missstand in unserer Gesellschaft, dessen Beseitigung in der Verantwortung nicht-behinderter Menschen liegt. Wir brauchen keine Charity und auch keine Rampen aus Lego, gespendet von Privatpersonen, die im Internet dafür so gefeiert werden, als hätten sie damit das Problem der fehlenden Teilhabe für immer gelöst. Wir brauchen Gesetze, die zur Barrierefreiheit verpflichten und den Staat für ihre Umsetzung in die Verantwortung nehmen. Wir brauchen Gesetze, die es uns einfacher machen, Teilhabe durchzusetzen. Wir brauchen Sichtbarkeit, echte Repräsentation und Solidarität. Wir brauchen harte Sanktionen, die in Kraft treten, sollten die Ziele der UN-BRK nicht eingehalten werden.

Und auch wenn ich im Kampf gegen Ableismus immer wieder das Gefühl von Machtlosigkeit spüre, werde ich eines niemals aufgeben: meine Hoffnung in eine bessere Zukunft. Eine Zukunft, in der die kommenden Generationen behinderter Menschen gleichberechtigt und selbstbestimmt aufwachsen können. Eine Zukunft, in der Ableismus der Vergangenheit angehört. In der Filmreihe *Die Tribute von Panem* sagt der machthabende Präsident Snow: »Hope. It is the only thing stronger than fear. A little hope is effective. A lot of hope is dangerous.« (Deutsche Übersetzung: »Hoffnung. Sie ist das Einzige, was stärker ist als Angst. Ein bisschen Hoffnung ist effektiv. Viel Hoffnung ist gefährlich.«) Einer Sache bin ich mir also ganz sicher: dass wir dieses System stürzen können, wenn nur genug Menschen daran glauben, darauf hoffen und nicht müde werden, sich dafür einzusetzen.

Fest steht: Jede einzelne nicht-behinderte Person sollte sich dafür verantwortlich fühlen, dass sich die Bedingungen für behinderte Menschen verbessern. Wir müssen nicht immer erst selbst betroffen sein oder befürchten, dass wir irgendwann betroffen sein könnten, um unsere Verantwortung zu erkennen und entsprechend zu handeln. Und doch würde sich die Situation für uns alle verbessern, wenn der Ableismus in unserer Gesellschaft abgebaut werden würde. Warum das so ist? Auch wenn nicht-behinderte Menschen durch Ableismus in erster Linie profitieren, heißt das nicht, dass sie durch ihn nicht auch negative Auswirkungen zu spüren bekommen. Vielleicht ist das ein bisschen vergleichbar mit dem Patriarchat. Nur weil Männer im Patriarchat bevorzugt werden und aus der Unterdrückung und Benachteiligung von FLINTA* profitieren, heißt das nicht, dass das Bild, dem ein Mann in einer patriarchalen Gesellschaft entsprechen muss, nicht auch Druck auf ihn ausüben kann. So heißt es zum Beispiel, Männer müssten stark sein, dürften keine Gefühle zeigen und müssten als Alleinernährer das Wohlergehen ihrer Familie sichern. Jedoch entsprechen längst nicht alle Männer diesem Bild – was teilweise folgt, ist ein enormer Druck, ein bestimmtes Verhalten an den Tag legen zu müssen, um möglichst gut in die Schublade »männlich« zu passen. Natürlich lässt sich diese Problematik nicht ansatzweise mit der Unterdrückung und Diskriminierung von FLINTA* vergleichen, dennoch würde es auch den Männern in unserer Gesellschaft besser gehen, würden diese unrealistischen Anforderungen und Stereotype nicht länger existieren. Übertragen wir dieses Konzept auf das Thema Ableismus, stellt sich mir die Frage: Was wäre, wenn wir zum Beispiel alle keine Angst mehr davor haben müssten, uns auf der Arbeit erneut krankzumelden, nur weil wir dadurch als faul wahrgenommen werden könnten und um unseren Job bangen müssten? Was wäre, wenn wir der Leistungsgesellschaft den Rücken kehren könnten, weil an erster Stelle nicht mehr Leistung, sondern unser persönliches Wohlergehen stünde? Würden wir davon nicht alle profitieren? Mir ist dabei allerdings wichtig zu betonen, dass der Druck, den nicht-behinderte Menschen durch Ableismus verspüren können, nicht ansatzweise mit der strukturellen Diskriminierung vergleichbar ist, der behinderte und chronisch kranke Menschen tagtäglich ausgesetzt sind. Sprechen wir also von negativen Auswirkungen von Ableismus auf nicht-behinderte Menschen, darf ihr Privileg gegenüber behinderten Menschen niemals außer Acht gelassen werden.

Nachdem du dieses Buch gelesen hast, sollte kein Zweifel mehr daran bestehen: Nicht-behindert zu sein, ist in unserer Gesellschaft ein Privileg. Nicht weil es tatsächlich besser ist, sondern weil in unserer Gesellschaft gewisse Merkmale und Fähigkeiten als erstrebenswert und damit essenziell erachtet werden, über die nicht alle Menschen verfügen. Gehören wir zur letzteren Gruppe, werden wir in diesem System aufgrund unseres vermeintlichen Mangels diskriminiert und unterdrückt. Doch diese Aufspaltung der Gesellschaft ist willkürlich – Behinderung ist also ein Konstrukt. Das bedeutet aber auch: Genauso wie es offensichtlich möglich war, diese willkürlichen Kategorien zu konstruieren, sollte es auch möglich sein, sie wieder zu dekonstruieren. Wer sagt eigentlich, dass alle Menschen gehen, hören oder sprechen können müssen, um am Alltag teilzuhaben? Wer hat beschlossen, dass Treppen vor dem Eingang eines Gebäudes für alle okay zu sein haben? Wer hat entschieden, dass manche von uns einer vermeintlichen Norm entsprechen und andere nicht? Was spricht dagegen, Konzepte zu entwickeln, durch die auch Menschen mit geringeren Kapazitäten in ihrem eigenen Tempo Bildung erlangen und Berufe ausüben können? Und wer sagt eigentlich, dass unsere Leistung unseren Wert bestimmt? Warum gehen wir überhaupt davon aus, dass wir alle über gewisse Fähigkeiten verfügen müssen? Was spricht dagegen, diese Denkmuster als das zu sehen, was sie sind: ausgedachte Wertungen, die dazu dienen, Machtverhältnisse aufrechtzuerhalten und die menschenunwürdigen Bedingungen, unter denen marginalisierte Gruppen leben, zu rechtfertigen. Nun mag sich die ein oder andere Person denken: »Aber wäre die Konsequenz daraus nicht, dass wir einfach nicht mehr zwischen behindert und nicht-behindert unterscheiden?« So einfach ist das allerdings nicht. Es geht beim Kampf gegen Diskriminierung nämlich nicht darum, die vorangegangene Geschichte unter den Tisch zu kehren und einen Teil der Identität von marginalisierten Menschen zu verleugnen. Das Ziel sollte stattdessen sein, sich selbst als behinderter Mensch benennen zu dürfen oder als solcher gelesen zu werden, ohne in unserer Gesellschaft daraufhin strukturelle Diskriminierung zu erfahren und Zugänge verwehrt zu bekommen.

In Deutschland versuchen wir nach wie vor, Behinderung zu bekämpfen statt Ableismus und Barrieren. Als behinderte Person in dieser Gesellschaft zu existieren, ist politisch. Ich kann Ableismus nicht für einen Tag wie einen Mantel abstreifen, denn er ist überall, und er lauert. Behinderte Menschen sind nicht sicher, bis auch der letzte Mensch verinnerlicht hat, dass wir das gleiche Recht auf Sicherheit, Unversehrtheit und Teilhabe haben wie nicht-behinderte Menschen. Wirklich alle müssen das verstehen: Sei es ein*e Chirurg*in, der*die mich operiert und unterbewusst weniger dafür tut, um mich bei Komplikationen zu retten. Sei es ein*e Rettungssanitäter*in, der*die oft genug dabei war, während behinderte Menschen entmenschlicht wurden, und sie daher ebenfalls mit weniger Empathie und Wohlwollen behandelt. Sei es ein*e Richter*in, der*die genauso ableistisch sozialisiert wurde wie wir alle und mir nicht hilft, mein Recht auf Teilhabe durchzusetzen. Sei es ein*e Polizist*in, der*die mir nach einer Vergewaltigung noch weniger glaubt als nicht-behinderten FLINTA*, weil er*sie davon ausgeht, dass behinderte Menschen nicht von sexualisierter Gewalt betroffen sein können. Und hier spreche ich nur von Menschen, die behinderte Personen aufgrund ihrer ableistischen Sozialisierung und ohne Intention in Gefahr bringen könnten. Dann gibt es jedoch auch noch ganz andere Szenarien: Geht es zum Beispiel um die Gewalt, die von Rechtsradikalen ausgeht, werden behinderte Menschen nur selten als davon Betroffene benannt. Dabei tragen wir auch hier ein besonders hohes Risiko, wie die Geschichte beweist. Bis heute hat dieser Teil unserer Vergangenheit jedoch kaum Aufarbeitung erfahren, dabei wäre dies so wichtig, damit sich die Geschehnisse aus der Zeit des Nationalsozialismus in Zukunft nicht wiederholen.

Um mich selbst auf die Spur der Geschichte meiner Community zu begeben, habe ich im April dieses Jahres die Gedenkstätte Hadamar besucht. Dabei handelt es sich um eine ehemalige Tötungsanstalt, in der von 1941 bis 1945 im Rahmen der sogenannten »Aktion T4« sowie später der dezentralen »Euthanasie« etwa 15.000 Menschen systematisch ermordet wurden, die zuvor mit einer Erkrankung und/oder Behinderung diagnostiziert worden waren.[38] Insgesamt gab es sechs dieser Anstalten, in die die Menschen in den sogenannten grauen Bussen aus Orten in ganz Deutschland gebracht wurden, um anschließend ermordet zu werden. Anfangs passierte dies durch Ersticken in der Gaskammer, später durch Vernachlässigung und Medikamentenüberdosen. Die Angehörigen der betroffenen Menschen erhielten Sterbeurkunden aus dem hauseigenen Standesamt, in denen falsche Todesursachen sowie falsche Todeszeitpunkte festgehalten wurden, um die Massenmorde zu vertuschen. Die Leichen wurden im angeschlossenen Krematorium verbrannt oder in Massengräbern verscharrt. Zwar habe die Gesellschaft offiziell nicht gewusst, was in den Tötungsanstalten tatsächlich passierte, jedoch ist schwer zu glauben, dass tatsächlich niemand misstrauisch wurde, nachdem jeden Tag Busse voll mit Menschen den Berg hinauf zur Anstalt fuhren, nur um kurze Zeit später leer wieder hinabzufahren, während der Schornstein des Krematoriums qualmte.

Es war ein sonniger Tag, als ich Hadamar besuchte, und das Wetter passte nicht so recht zu meiner Stimmung. Ich hatte mir zuvor lang Gedanken darüber gemacht, ob ich mich dem wirklich aussetzen wollte, und hatte mich letzten Endes dafür entschieden. Als ich schließlich die Busgarage betrat, eine große Holzhütte mit drei Toren, von der die dort ankommenden

Menschen direkt über einen Durchgang in die Tötungsanstalt geführt wurden, überkam mich zum ersten Mal das Gefühl, das mich von nun an den ganzen Tag über begleiten würde. Während ich den Eingangsbereich betrat, als ich schließlich den Keller erreichte, in dem ich die Gaskammer, den Seziertisch und zuletzt die Überreste des Krematoriums sah, und auch noch später, als ich auf dem Friedhof der ehemaligen Tötungsanstalt stand. »Vor gerade mal achtzig Jahren wärst du hier gelandet«, hämmerte es in meinem Kopf. Die Sonnenstrahlen, die durch die einzelnen Bretter der hölzernen Garage schienen, wären das letzte Tageslicht gewesen, das ich in meinem Leben gesehen hätte, bevor sie mich in den Keller und schließlich in die Gaskammer getrieben hätten, um anschließend meine Leiche zu sezieren, wie sie es mit allen behinderten Menschen mit seltenen Erkrankungen taten. Sich dessen bewusst zu werden, macht hoffentlich nicht nur mir klar, wie wichtig die Aufarbeitung dieser Geschichte ist, damit sie sich niemals wiederholt. Die bloße Existenz behinderter Menschen in der heutigen Zeit ist nichts anderes als Widerstand in einem Land, das uns vor gerade mal achtzig Jahren tot sehen wollte und alles daransetzte, uns auszulöschen. Doch wir sind immer noch hier – und wir bleiben hier.

Von Herzen danke

Wie es sich anfühlt, so ein Buch zu schreiben, lässt sich mit Worten kaum beschreiben. Eine Gefühlsachterbahn, die mit nichts zu vergleichen ist. Danke an alle, die während des Schreibprozesses für mich da waren. Die meinen Sicherheitsgurt festgezogen, die mir nicht nur bei meinen Hochs, sondern vor allem bei meinen Tiefs beigestanden und mir, wenn nötig, auch mal die ein oder andere Kotztüte gereicht haben.

Ich möchte mich bei allen meinen Leser*innen bedanken sowie bei allen anderen, die meine Arbeit in irgendeiner Art und Weise unterstützen. Bei denen, die den Mut haben, gesellschaftliche Normen und Denkweisen zu hinterfragen, auch wenn es unbequem wird.

Danke an meine Community. Dafür, dass ihr mir immer wieder zeigt, dass wir viele sind und wofür wir hier kämpfen. Für euren Zuspruch, euer Vertrauen und eure Unterstützung. Mir fällt es immer noch schwer zu glauben, dass das alles mit einem kleinen Tagebuch auf Instagram angefangen hat. Ohne euch wäre dieses Buch nicht möglich gewesen.

Herzlichen Dank an Ninia LaGrande. Du warst mir schon ein Vorbild, als ich selbst noch stille Mitleserin war. Hätte irgendjemand mir vor ein paar Jahren gesagt, dass gerade du mich eines Tages für dieses Projekt vorschlagen würdest, wäre ich rückwärts vom Stuhl gekippt.

Ein riesiges Danke geht natürlich an Eden Books. Dafür, dass ihr meiner Perspektive Raum gebt und mir den Traum, ein eigenes Buch zu schreiben, erfüllt habt. Danke insbesondere an Sophie Priester. Dafür, dass ich mich in deiner Gegenwart immer sicher fühlen konnte und du stets ein offenes Ohr für mich hattest. An Tanja Bertele für das großartige Lektorat und dein Verständnis, wenn es zeitlich doch mal wieder knapp wurde. An meine fellow Buchautor*innen. Durch den Austausch mit euch habe ich so viel über meinen eigenen Schreibprozess gelernt.

Danke, Oma, dass du immer an mich geglaubt hast. Meine liebe Mimama, ohne dich wäre ich heute nicht dieselbe. Danke, dass ich bei dir immer so sein darf, wie ich bin. Ich hoffe, ihr beiden wisst, dass ich ohne eure Unterstützung heute nicht hier wäre.

Danke auch an meine liebe Schwester Charlotte und an Franca, meine Schwester im Herzen.

An Klaudia, meine Physiotherapeutin, fürs Immer-wieder-Zusammenflicken nach einem langen Tag am Schreibtisch.

Alina, du großartiger Mensch. Danke fürs Immer-wieder-Erden, für deine Bestätigung, wenn ich strauchle und mir den Kopf mal wieder so sehr zerbrochen habe, dass ich das Gefühl habe, nicht mehr zwischen Richtig und Falsch unterscheiden zu können. Danke fürs Bis-um-vier-Uhr-nachts-Wachbleiben und Elendig-lange-Sprachnachrichten-Anhören, in denen ich dir jedes einzelne Kapitel vorlese, während mir alle zwei Minuten eine bessere Formulierung einfällt. Ich bin unendlich dankbar für unsere Freund*innenschaft.

Danke an Alex, mein Herz. Du hast viel mehr zu diesem Buch beigetragen, als du je zugeben würdest, hast mir den Rücken freigehalten, wenn es irgendwie ging, hast hier acht Monate allein den Laden geschmissen, hast mich aufgefangen, immer dann, wenn ich an allem gezweifelt habe. Hast jeder Person stolz von diesem Projekt erzählt, hast geduldig zugehört, wenn ich dir zum dritten Mal den gleichen Absatz vorgelesen habe, und hast dir Zeit freigeschaufelt, um mich überallhin zu begleiten. Ich liebe dich.

Und auch, wenn es vielleicht nicht üblich ist, seine Hunde in der Danksagung zu erwähnen, würde es sich doch unvollständig anfühlen ohne Matti, Phoebe und Chili, die mir in dieser aufwühlenden Zeit so viel Wärme und Ruhe gespendet haben.

Quellennachweise

1 Vgl. Destatis, *7,8 Millionen schwerbehinderte Menschen leben in Deutschland,* Juni 2022. Online: https://www.destatis.de/DE/Themen/Gesellschaft-Umwelt/Gesundheit/Behinderte-Menschen/_inhalt.html (zuletzt aufgerufen: 04.09.2022)

2 Vgl. World Health Organization, *Weltbericht Behinderung,* 2011, S. 29. Online: https://www.bar-frankfurt.de/fileadmin/dateiliste/rehabilitation_und_teilhabe/Internationale_Themen/Reha_International/downloads/weltbericht-behinderung-2011.pdf (zuletzt aufgerufen: 04.09.2022)

3 Vgl. https://commons.wikimedia.org/wiki/File:Bundesarchiv_Bild_102-16748,_Ausstellung_%22Wunder_des_Lebens%22.jpg#/media/Datei:Bundesarchiv_Bild_102-16748,_Ausstellung_"Wunder_des_Lebens".jpg (zuletzt aufgerufen: 04.09.2022)

4 Fotostrecke »NS-Euthanasie: Bischof von Galen – die Brandpredigt des ›Löwen von Münster‹«, *Spiegel online,* September 2016. Online: https://www.spiegel.de/geschichte/euthanasie-programm-der-nazis-der-tod-von-ernst-lossa-14-a-1113550.html (zuletzt aufgerufen: 04.09.2022)

5 https://commons.wikimedia.org/wiki/File:EuthanasiePropaganda.jpg#/media/Datei:EuthanasiePropaganda.jpg (zuletzt aufgerufen: 04.09.2022)

6 Stella Young, *I'm not your inspiration, thank you very much,* Juni 2014. Online: https://www.ted.com/talks/stella_young_i_m_not_your_inspiration_thank_you_very_much (zuletzt aufgerufen: 08.08.2022)

7 Kimberlé Crenshaw, zitiert nach: Heinrich-Böll-Stiftung, *Intersektionalität,* April 2019. Online: https://www.gwi-boell.de/de/intersektionalitaet (zuletzt aufgerufen: 04.09.2022)

8 Gisela Hermes / Eckhard Rohrmann (Hg.), *Nichts über uns – ohne uns! Disability Studies als neuer Ansatz emanzipatorischer und interdisziplinärer Forschung über Behinderung,* Neu Ulm: AG SPAK Bücher, 1. Auflage 2006, S. 16.

9 Vgl. Destatis, *7,8 Millionen schwerbehinderte Menschen leben in Deutschland,* Juni 2022. Online: https://www.destatis.de/DE/Themen/Gesellschaft-Umwelt/Gesundheit/Behinderte-Menschen/_inhalt.html (zuletzt aufgerufen: 04.09.2022)

10 Generalversammlung der Vereinten Nationen, *Übereinkommen über die Rechte von Menschen mit Behinderungen,* Dezember 2006. Online: https://www.behindertenrechtskonvention.info/uebereinkommen-ueber-die-rechte-von-menschen-mit-behinderungen-3101/ (zuletzt aufgerufen: 16.08.2022)

11 Alle Zitate ebd.

12 Vgl. Bundesministerium für Familie, Senioren, Frauen und Jugend, Frauen vor Gewalt schützen: Gewalt gegen Frauen mit Behinderungen, November 2021. Online: https://www.bmfsfj.de/bmfsfj/themen/gleichstellung/frauen-vor-gewalt-schuetzen/frauen-mit-behinderungen-schuetzen/gewalt-gegen-frauen-mit-behinderungen-80650 (zuletzt aufgerufen: 04.09.2022)

13 Ines Anioli auf Instagram, Januar 2022. Online: https://www.instagram.com/tv/CZSJsZ-sRYr/?igshid=MDJmNzVkMjY%3D&__coig_restricted=1 (zuletzt aufgerufen: 04.09.2022)

14 Bundesministerium für Familie, Senioren, Frauen und Jugend, *Frauen vor Gewalt schützen: Gewalt gegen Frauen mit Behinderungen,* November 2021. Online: https://www.bmfsfj.de/bmfsfj/themen/gleichstellung/frauen-vor-gewalt-schuetzen/

frauen-mit-behinderungen-schuetzen/gewalt-gegen-frauen-mit-behinderungen-80650 (zuletzt aufgerufen: 04.09.2022)

15 Bundesministerium für Arbeit und Soziales, *Gewalt und sexualisierte Gewalt,* Mai 2019. Online: https://www.gemeinsam-einfach-machen.de/DE/AS/Themen/HilfeBeiGewalt/GewaltundsexualisierteGewalt/GewaltundsexualisierteGewalt_node.html (zuletzt aufgerufen: 16.08.2022)

16 Vgl. Julia Zinsmeister, »Zur Einflussnahme rechtlicher Betreuerinnen und Betreuer auf die Verhütung und Familienplanung der Betreuten«, BtPrax, 6/2012, S. 227–232, hier S. 231.

17 Staatliche Koordinierungsstelle nach Artikel 33 UN-Behindertenrechtskonvention, *Zwangssterilisation. Positionspapier der Staatlichen Koordinierungsstelle nach Art. 33 UN-BRK. (Fachausschuss Freiheits- und Schutzrechte),* April 2017, S. 6. Online: http://docplayer.org/61876654-Zwangssterilisation-positionspapier-der-staatlichen-koordinierungsstelle-nach-art-33-un-brk-fachausschuss-freiheits-und-schutzrechte.html (zuletzt aufgerufen: 16.08.2022)

18 C. Ewinkel/G. Hermes u. a. (Hg.), *Geschlecht: behindert, besonderes Merkmal: Frau – ein Buch von behinderten Frauen,* München: AG SPAK Bücher, 2. Auflage 1986, S. 97.

19 Vgl. Yasmina Banaszczuk, »Bloß kein Baby: Frauen mit geistiger Behinderung haben bei der Verhütung keine Wahl«, vice.de, Oktober 2017. Online: https://www.vice.com/de/article/gyjb34/kein-baby-frauen-mit-geistiger-behinderung-verhuetung-sexualitaet (zuletzt aufgerufen: 04.09.2022)

20 Bundeszentrale für gesundheitliche Aufklärung, *Die Dreimonatsspritze,* Juli 2019. Online: https://www.familienplanung.de/index.php?id=318 (zuletzt aufgerufen: 16.08.2022)

21 Vgl. »Nichtinvasive Pränataltests: Warum diagnostische Tests oft fehlinterpretiert werden«, aerzteblatt.de, Januar 2020. Online: https://www.aerzteblatt.de/nachrichten/108646/Nichtinvasive-Praenataltests-Warum-diagnostische-Tests-oft-fehlinterpretiert-werden (zuletzt aufgerufen: 04.09.2022)

22 Natalie Dedreux, *Menschen mit Down-Syndrom sollen nicht aussortiert werden!*, Petition auf change.org, ohne Datum. Online: https://www.change.org/p/menschen-mit-downsyndrom-sollen-nicht-aussortiert-werden-ich-will-nicht-dass-die-krankenkasse-den-bluttest-bezahlt-eskensaskia-nowabofm-akk-abaerbock-dietmarbartsch-amira-m-ali-c-lindner-rbrinkhaus (zuletzt aufgerufen: 17.08.2022)

23 Vgl. Carla Bleiker, »Pränataler Down-Syndrom Test: Der Befund ist erst der Anfang«, dw.com, März 2021. Online: https://www.dw.com/de/pr%C3%A4nataler-down-syndrom-test-der-befund-ist-erst-der-anfang/a-56912423 (zuletzt aufgerufen: 04.09.2022)

24 Vgl. Elizabeth Wagmeister, »Able-Bodied Actors Play 95% of Disabled Characters in Top 10 TV Shows, Says New Study«, *Variety*, Juli 2016. Online: https://variety.com/2016/tv/news/disabled-actors-television-study-1201813686/ (zuletzt aufgerufen: 04.09.2022)

25 »Antonio Banderas: Nur mit Handicap zum Oscar-Erfolg?«, *InTouch*, März 2012. Online: https://intouch.wunderweib.de/antonio-banderas-nur-mit-handicap-zum-oscar-erfolg-6849.html (zuletzt aufgerufen: 17.08.2022)

26 Naomi van Dooren, »In deiner Welt«, von Alan Menken und Howard Ashman, *Arielle, die Meerjungfrau (Deutscher Original Film-Soundtrack)*, 2022.

27 American Experience, *Hiding a Disability*, ohne Datum. Online: https://www.youtube.com/watch?v=ivlyBOvL5U4&t=3s (zuletzt aufgerufen: 04.09.2022)

28 Vgl. Kirsten Acuna, »The Abandoned Subway Station In ›The Amazing Spider-Man 2‹ Actually Exists«, *Insider,* Mai 2014. Online: https://www.businessinsider.com/amazing-spider-man-2-abandoned-roosevelt-subway-station-2014-5 (zuletzt aufgerufen: 18.08.2022)

29 Zitiert nach Nils Metzger, »Tote in Behinderten-Einrichtung: Sinzig-Wohnheim: dem Hochwasser ausgeliefert?«, zdf.de, August 2021. Online: https://www.zdf.de/nachrichten/panorama/hochwasser-sinzig-lebenshilfe-warnungen-100.html (zuletzt aufgerufen: 22.08.2022). Zum Folgenden vgl. ebd.

30 Vgl. Axel Spilcker, »12 Tote in Behindertenheim: Akten offenbaren das ungeheure Versagen in Flutnacht«, *FOCUS online,* Juli 2022. Online: https://www.focus.de/perspektiven/flutreporter/schwerpunkt-woche-auf-focus-online-12-tote-in-behinderteneinrichtung-untersuchung-offenbart-versagen-in-flutnacht_id_115050633.html (zuletzt aufgerufen: 23.08.2022)

31 Zitiert nach Marco Seng und Karsten Krogmann, »Klinikum Oldenburg: Gutes Zeugnis für Mörder Högel trotz Verdachts«, *NWZ Online,* Juni 2016. Online: https://www.nwzonline.de/blaulicht/gutes-zeugnis-trotz-verdachts_a_31,0,1719256849.html# (zuletzt aufgerufen: 22.08.2022)

32 Vgl. Wiebke Ramm, »Urteil gegen Patientenmörder Niels Högel: Unbegreiflich«, *Spiegel Online,* Juni 2019. Online: https://www.spiegel.de/panorama/justiz/patientenmoerder-niels-hoegel-verurteilt-das-sagte-der-richter-a-1271239.html (zuletzt aufgerufen: 22.08.2022)

33 Beides zitiert nach »Mordprozess in Potsdam: Angeklagte Oberlin-Pflegerin über die Bluttat: ›Fünf reichen mir‹«, *Märkische Allgemeine,* Dezember 2021. Online: https://www.maz-online.de/lokales/potsdam/angeklagte-oberlin-pflegerin-ueber-die-bluttat-

fuenf-reichen-mir-UEKH4FPADRSKY34GHHVQ6VINFE.html (zuletzt aufgerufen: 22.08.2022)

34 Vgl. Luisa L'Audace und Alina Buschmann, »Ein Jahr nach Potsdam – wir sprechen mit einer ehemaligen Bewohnerin des Oberlinhauses«, *Angry Cripples*, ohne Datum. Online: https://www.angrycripples.com/Ein-Jahr-nach-Potsdam (zuletzt aufgerufen: 23.08.2022)

35 Julia Löhr, »Das Virus kostet Menschenleben – eine Rezession birgt aber auch große Gefahren. Was wiegt schwerer, und was folgt daraus? Deutschland steht eine heikle Debatte bevor«, faz.net, März 2020. Online: https://www.faz.net/aktuell/wirtschaft/unternehmen/warum-eine-rezession-schlimmer-sein-kann-als-das-coronavirus-16696572.html (zuletzt aufgerufen: 22.08.2022)

36 Vgl. »Behinderte – Schwerin: Firmen zahlen lieber Strafe statt Behinderte einzustellen«, *Süddeutsche Zeitung*, Januar 2019. Online: https://www.sueddeutsche.de/leben/behinderte-schwerin-firmen-zahlen-lieber-strafe-statt-behinderte-einzustellen-dpa.urn-newsml-dpa-com-20090101-190120-99-639331 (zuletzt aufgerufen: 22.08.2022)

37 Hierzu und zum Folgenden vgl. Mirjam Bittner, »Petition fordert Mindestlohn: Menschen mit Behinderung verdienen in Werkstätten einen Stundenlohn von 1,35 Euro«, *Stern*, April 2021. Online: https://www.stern.de/wirtschaft/job/mindestlohn-gefordert--menschen-mit-behinderung-verdienen-in-werkstaetten-einen-stundenlohn-von-1-35-euro--30492366.html (zuletzt aufgerufen: 22.08.2022)

38 Hierzu und zum Folgenden vgl. Gedenkstätte Hadamar, Geschichte. Online: https://www.gedenkstaette-hadamar.de/geschichte/ (zuletzt aufgerufen: 23.08.2022)

Eden Books
Ein Verlag der Edel Verlagsgruppe GmbH

www.edenbooks.de
2. Auflage 2024

Einige der Personen im Text sind aus Gründen des Persönlichkeitsschutzes anonymisiert. Die Zitate von Judith Heumann und Corbett O'Toole zu Beginn dieses Buches entstammen dem 2020 veröffentlichten Dokumentarfilm *Crip Camp: A Disability Revolution* (dt. Titel: *Sommer der Krüppelbewegung*).

Lektorat: Tanja Bertele
Korrektorat: Rotkel. Die Textwerkstatt
Layout und Satz: Datagrafix GSP GmbH, Berlin | www.datagrafix.com
Druck und Bindung: CPI books GmbH, Leck
ISBN 978-3-95910-383-1

Printed in Germany

Eden Books unterstützt bei der Produktion dieses Buches das Projekt »Junge Riesen für die nächsten 100 Jahre«. Damit wird ein Anteil der unvermeidbaren CO_2-Emissionen im direkten Umfeld des Produktionsstandortes kompensiert.

FSC www.fsc.org
MIX
Papier | Fördert gute Waldnutzung
FSC® C083411